W0200317

DELIUS KLASING

FSC
www.fsc.org
MIX
Papier aus verantwortungsvollen Quellen
Paper from responsible sources
FSC® C105338

TOUR

JÜRGEN LÖHLE

GEKONNT LEIDEN

BEST-OF BRÄGEL
DIE ULTIMATIVE LEBENSHILFE FÜR HOBBY-RADSPORTLER

ILLUSTRIERT VON
CORNELIA VON SEIDLEIN

DELIUS KLASING VERLAG

INHALT

4. BRÄGEL AUF REISEN

5. BRÄGEL GIBT SICH FAMILIÄR

1

IMMER KETTE RECHTS – BRÄGELS SPEZIELLE ART, EIN RENNRAD (UND MEHR) ZU BEWEGEN

KURZ UND FLACH? GESCHENKT!

WAS RADFAHRER SO ALLES SAGEN, UND WAS SIE DAMIT WIRKLICH MEINEN: EIN KLEINER KURS FÜRS ÜBERLEBEN AUF ZWEI RÄDERN

1994

»Gaaaanz ruhig bleiben«, ölt Brägel und kratzt sich die frisch rasierte Wade, »mach' dir doch nicht ins Hemd. Wir fahren kurz und flach, und der Schwächste macht das Tempo.« Danach setzt er ein derart hundsgemein souveränes Lächeln auf, dass jedem Idioten sofort klar wird, dass er mit dem Schwächsten nur mich meinen kann. Da schau her, Brägel hat offenbar gewaltige Frühform. Wenn ich jetzt mitfahre, senkt mir der Kerl eine Tonne Blei in die Schuhe. Aber darum geht es gar nicht, man muss auch mal verlieren können. Viel gemeiner ist die Sprache. Wer Sprüche mit »kurz und flach« auch noch glaubt, den holt später der Teufel, das ist sicher. Verbale Stellungnahmen von Hobbyradlern sind nämlich ungefähr so wahrheitsgetreu wie die von Berufspolitikern. Eine Trainingsrunde unter zwei Stunden und ohne Steigungen ist genauso wahrscheinlich wie die Annahme, dass der liebe Herr Schäuble den Waffenhändler mit dem Koffer für einen Finanzbeamten mit einer Steuerrückerstattung gehalten hat. In Brägels speziellem Fall war »kurz und flach« übrigens 90 Kilometer über Mallorca, mit dem Anstieg nach Soller und einem Abstecher nach Valldemossa. Extrem flach und ziemlich kurz, stimmt schon. Einer, den Brägel erfolgreich überredet hat, saß am Abend ziemlich grau überm Spaghettiteller. Opfer der verbalen Radlerkeule.

Damit Sie nicht auch solche leidvollen Erfahrungen machen müssen, erklären wir Ihnen den Unterschied zwischen Äußerungen Rad fahrender Menschen und ihrem tatsächlichen Handeln. Und das ist ein gewaltiger, das können Sie glauben. »Kurz und flach« ist dabei das Paradebeispiel. Wer tatsächlich piano rollen will, sagt nämlich in aller Regel gar nichts. Gut trainierte Hobbyrenner versuchen Sie dagegen mit »kurz und flach« zunächst aufs Rad und an der ersten Steigung ins Verderben zu locken. Sie können den wahren Inhalt der Aussage aber am Blick erkennen. Wer kurz und flach sagt und dabei lächelt, der meint das Gegenteil. Wenn Sie darauf hereinfallen, erleben Sie am ersten Anstieg die nächste Schweinerei. »Lass' dir ruhig Zeit, wir warten oben«, heißt es dann gönnerhaft. Aber auch das ist nur die halbe Wahrheit. Neulich bin ich mit so einer Horde gefahren und plötzlich kam Brägel (wirklich erstaunliche Frühform) mir wieder entgegen und erkundigte sich mit grauenhafter Fürsorge, ob denn wirklich alles in Ordnung sei, mit dem Puls und so und überhaupt. Das ist dann die Höchststrafe. Und »oben warten« heißt in Wahrheit, dass die Meute mit genervtem Blick am Straßenrand steht. Manche gähnen demonstrativ, andere tun so, als stünden sie schon vier Stunden dort. Mindestens. Und wenn du schließlich halbtot angekeucht kommst, schwingen sie sich in der gleichen Sekunde wieder in den Sattel. »Weiter, wir werden sonst kalt«, heißt es. Das stimmt ausnahmsweise, aber mir kocht die Birne und der Pulsmesser jault. Mit Warten hat das nun gar nichts zu tun.

Unten dann die nächste Lüge. »Häng' dich hinten rein, wir nehmen dich mit«, heißt es. Hier die Übersetzung: »Jetzt fahren wir dich vollends aus den Schuhen, du Schattenparker. Wir drücken immer schön den dicken Gang, genau einen Zacken härter, als du Weichei es verträgst.« »Geht's denn mit dem Tempo?«, nervt Brägel (der muss übrigens gedopt sein, jede Wette). »Nein«, japse ich, »es ist ein bisschen zu schnell.« Die Reaktion: nullkommanull. Überhaupt nix passiert, der Zug donnert weiter auf den nächsten Anstieg zu, keine Chance, den Puls in den aeroben Bereich zu drücken. Aber das soll auch genau so sein. Kurz und flach ins Verderben.

Die verbale Trickserei setzt sich im Radladen fort. Immer wieder gern genommen werden die Bezeichnungen »geschenkt«, »fast geschenkt« oder »echt geschenkt«; insbesondere gegenüber nichtradelnden Lebenspartnern in Gütergemeinschaft. Brägels echt geschenkte neue Magnesium-Pedale haben 356 Mark gekostet, der Alurahmen fürs Zweitrad war für 1.998 Märker natürlich »fast geschenkt«. Ich wollte auch so ein Ding und habe leider erst beim Zahlen bemerkt, dass geschenkt wohl ein kleines bisschen billiger gewesen wäre. Jetzt habe ich Madame zu erklären, warum ein bisschen Nichts, das kaum mehr wiegt als ein gemischter Salat für zwei Personen, genau so viel kostet wie eine Woche Skiurlaub im Viersterne-Hotel. Den habe ich nämlich mit Blick auf die Finanzen abgelehnt.

Auch bei Trainingsleistungen wird gelogen, dass sich die Speichen biegen. »Ich habe in diesem Jahr noch nichts trainiert«, steht für mindestens 1.000 Kilometer bis Ende März. Ein »klein wenig Training« deutet auf 1.500 bis 2.000 Kilometer hin. Auffällig ist auch, dass Radfahrer vor Beginn einer gemeinsamen Trainingsfahrt grundsätzlich sterbenskrank sind oder es gerade waren. Wobei sich die Heftigkeit der Krankheit umgekehrt proportional zur eigenen Leistung verhält. Wer nichts draufhat, wurde noch bis vorgestern von einem unbekannten Virus aus der afrikanischen Graswurzelsteppe malträtiert, der ältere Menschen oder Kinder mit hoher Wahrscheinlichkeit das Leben gekostet hätte. Deshalb sei es sowieso ein Wunder, dass man überhaupt auf dem Sattel sitzen könne. Gut kommt auch eine rätselhafte Autoimmunerkrankung, die noch nicht exakt diagnostiziert werden konnte, aber einen furchtbar quält. Meist handelt es sich dabei schlicht um einen Schnupfen. Seltsamerweise jammert Brägel nicht; und er ist verdammt gut in Form. »Na, Alter, hast wohl schon 'ne Menge trainiert?«, frage ich. Die Antwort ist klar: »Nein, so gut wie nicht, höchstens 100 Kilometer bisher und ein-, zweimal Hometrainer.« Geschenkt.

WER, BITTE, IST JAN ULLRICH?

RADPROFIS, FUSSBALLER, AUTORENNFAHRER – WELCHE SPORTLER SIND DENN NUN DIE GRÖSSTEN?

1994 bis 2001

Brägel befindet sich zur Zeit im Wintertraining, wie er das nennt. Das bedeutet: Der Lapp schaufelt jeden Abend beim Italiener Unmengen Pasta in sich rein, garniert mit einer Drei-Mann-Dosis Chianti. Neulich habe ich mich erweichen lassen und bin mitgegangen.

Am Tisch sitzen noch zwei Herren, die etwas befremdet aus der Wäsche schauen, als Brägel nach Vorspeisen, Fettucini mit Steinpilzen und Pizza Tonno noch eine Portion Spaghetti Carbonara ordert. Brägel blökt: »Ullrich, meine Herren, nimmt im Winter auch immer zu.« Das mag ja sein, nur wiegt der selbst nach 24 Dinnerparties noch zehn Kilo weniger als Brägel vor seiner Mast, will ich gerade einwerfen, als einer der Männer fragt: »Verzeihung bitte, aber wer ist Ullrich?« Brägel starrt fassungslos sein Gegenüber an, aus seinem offenen Mund fällt ein Stück Tunfisch-Pizza in den Chianti.

Einige Minuten später hat sich geklärt, dass wir mit einem Fan von Bayern München und einem Formel-1-Freak am Tisch sitzen. Urplötzlich waren wir mittendrin in einer heftigen Diskussion über Für und Wider der Sportarten. »Fußballer, ha«, höhnt Brägel. Das seien doch alles grinsende Sonnenbank-Zombies, Goldkettchenträger, schwafelnde Dummbeutel, die den ganzen Tag nur »Ich sach mal« oder »Ja gut« rausbringen. »Und bei Länderspielen müssen die immer den

Text der Nationalhymne auf der Anzeigetafel ablaufen lassen, weil der Basler sonst wieder oins, zwoa, gsuffa brüllen würde.«

Der Bayernfan holt Luft und fährt den Konter. »Hören Sie doch auf mit Ihren Stramplern. Die sind ja wie Hamster im Laufrad. Und dazu noch vollgestopft mit Chemie. Lauter radelnde Apotheken. Wie die schon aussehen mit ihren lächerlich bunten Hemdchen, den Nachttöpfen auf dem Kopf und den Angeber-Sonnenbrillen.« Ganz nebenbei seien die Rennen auch stinklangweilig, weil man wochenlang zuschauen muss, bis endlich einer gewinnt. Und dazwischen passiert nichts, außer die Polizei nimmt Hotelzimmer auseinander.

Quatsch, mault Brägel, allein die Kunst beim Sprint, der runde Tritt am Berg, die diffizile Steuertechnik bei der Abfahrt – das Stichwort für den Schumi-Fan: »Technik, Geschwindigkeit, das Spiel im Grenzbereich; das hat keiner besser im Griff als Schumacher«, schwärmt er. Dafür bläst er Tonnen Dreck in die Luft, maulen die anderen. Mag sein, aber das sei ökologisch auch nicht schlimmer, als wenn die Bayernspieler nach dem Training ihre S-Klasse starten oder ein gedopter Radler seinen sondermüllpflichtigen Urin in eine Wiese pinkelt.

Jetzt waren wir mittendrin in der schönsten Schreierei. Einmischen sinnlos. Aber die Frage bleibt: Welche Sportart taugt zu was? Hier nun die ultimativen Definitionen, die, logischerweise, wissenschaftlich abgesichert sind:

Berufsfußballer sind Menschen, die ihr Geld damit verdienen, dass sie einmal in der Woche luftgefüllten Lederkugeln hinterherrennen. Die Kugeln werden meist mit dem Fuß, gelegentlich auch mit dem Kopf geschlagen, wobei letzteres in vielen Fällen dazu führt, dass Berufsspieler im Lauf der Jahre ein eher einfaches Gemüt entwickeln. Bestätigt wurde dies jüngst durch einen Test. Auf die Frage: »Welches Buch beeindruckt Sie am meisten?«, antworteten 94,6 Prozent mit: »Mein Sparbuch«. Weitere Nennungen: »Drei Schwedinnen auf Ibiza« und: »Kicker-Sonderheft Bundesliga«. Fußballer haben deshalb Trainer, die ihnen sagen, wo das Tor steht und wieviel Uhr es ist. Dazu noch Manager, die ihre Verträge aushandeln, sie bescheißen und sie

am Ende ihrer Karriere in eine Lottoannahmestelle oder eine Autowaschanlage entlassen.

Berufsradfahrer verdienen ihr Geld sehr viel härter. Die meisten haben in ihrer Jugend auch mal versucht, Loddarmadäus zu werden, wurden aber als Grobmotoriker ausgemustert. Wie Fußballprofis auch, verbringen sie den Januar meist auf einer Kanaren- oder Baleareninsel zum Training. Fußballprofis erkennt man an der Golftasche, Radprofis am etwas ungelenken Gang und Badelatschen mit drei Streifen. Berufsfahrer verdienen zwar sehr viel weniger Geld als Kicker, bekommen dafür aber Medikamente umsonst, die andere noch nicht einmal kaufen können. Außerdem werden sie nahezu ununterbrochen ärztlich untersucht und sind deshalb die gesündesten Menschen auf diesem Planeten. Dafür müssen sie während der Saison jeden Tag arbeiten und oft genug in lausigen Hotels schlafen. Radprofis brauchen selten einen Manager und haben am Ende ihrer Karriere fünf Alternativen: Radgeschäft, Sportlicher Leiter, Co-Kommentator ARD, Co-Kommentator Eurosport oder Pharma-Repräsentant.

Formel-1-Helden haben den härtesten Job. Sie müssen derart schnell um die Kurven jammern, dass es ihnen beinahe den Kopf von den Schultern reißt. Deshalb trainieren sie neun Stunden am Tag ihre Halsmuskulatur, was derart anstrengend ist, dass es einem das Kinn dauerhaft verzieht – siehe Michael S. Daneben müssen die Herren unentwegt langbeinige Blondinen mit Sonnenbrillen abwehren und sich um so lästige Dinge wie einen Liegeplatz für die Yacht in St.-Tropez kümmern. Ihre wenige Freizeit nutzen sie zum Fußballspielen, Radfahren oder Kinder zeugen. Sollte nicht ein kleiner Schraubenbruch bei Tempo 350 die Karriere beenden, droht Rennfahrern am Ende die totale Öde. 30 Jahre lang auf der Luxusyacht durch die Südsee – ein Alptraum, weshalb viele so lange in anderen Rennserien weiterfahren, bis doch noch ein Schräubchen bricht, oder auf Polo oder Hundeschlittenrennen umsatteln.

Die drei Herren in der Kneipe jedoch sind strengen Definitionen nicht zugetan. Sie brüllen weiter, wobei ein Verlierer feststeht. Brägels Carbonara sind kalt geworden.

KONZENTRATION AUFS WESENTLICHE

DIE STARS MACHEN ES VOR: MAN KANN NICHT DAS GANZE JAHR ÜBER IN BESTFORM SEIN. JEDER BRAUCHT SEINEN SAISONHÖHEPUNKT …

1994 bis 2001

Zu meiner großen Freude kommt Brägel zur Zeit ziemlich bleich daher. »Na, Alter, was ist? Hast du Grippe, oder ist deine neue Flamme doch wieder mit einem anderen abgezwitschert?« Eigentlich müsste er nach so einer Ansprache am Montagmorgen aus der Haut fahren. Wenigstens ein kleines bisschen. Statt dessen nimmt mich der Lapp mit Leidensmiene zur Seite. »Pass gut auf«, flüstert er. Und dann geht es los. Von wegen Grippe. Er habe sich beim Italiener durch eine mit alter Sahne verhunzte Lasagne eine Schädigung seiner empfindlichen Darmflora zugezogen (Durchfall). Das wiederum hatte eine katastrophale Störung seines Trainings zur Folge. Besonders, weil auch noch eine hartnäckige bakterielle Infektion der oberen Atemwege (Husten) dazukam. Zudem plagen ihn eine Einblutung in die unteren Hautschichten am linken Oberschenkel (blauer Fleck nach Kontakt mit der Schreibtischkante) und eine chronische Entzündung in der Mundhöhle (Zahnfleischbluten nach Biss in einen grünen Apfel). »Von wegen ein bisschen blass; ich bin am Ende«, nuschelt der Nachbar.

Das mag ja sein, seine weinerliche Art ist aber doch ziemlich neu. Zumindest, wenn er noch nicht einmal im Sattel sitzt. Also bohre ich ein bisschen nach, bis er endlich mit dem Grund seiner Leiden rüberkommt. Brägel hat ein Buch der »Arbeitsgemeinschaft Radsportärzte in Deutschland« (ARD) gelesen. Der Titel: »Jan Ullrich – in 100 Tagen vom Totenlager zum Toursieg«. Das hat ihn schwer beeindruckt und mit zwei Erkenntnissen zurückgelassen. Erstens: Jeder sportive Mensch ist im Prinzip dermaßen krank, dass er sekündlich mit seinem Ende rechnen muss. Zweitens: Radsport auf höchstem Niveau ist nur dann möglich, wenn man maximal einmal im Jahr ernsthaft in die Pedale tritt. Für ihn heißt das: Alle Konzentration gilt dem 18. Juli 1999, einem Sonntag. Da findet die RTF »Rund um Kleckersdorf« statt, und Brägel hat für die mittlere Strecke gemeldet. 90 Kilometer mit zwei Hügeln.

So ein Schmarrn. Der Kerl weiß genau, dass wir jedes Jahr Kleckersdorf fahren, manchmal sogar die 135 Kilometer. Und er weiß auch, dass wir uns an diesem Tag, wie jedes Jahr, nachmittags auf meiner Terrasse zur Übertragung der Touretappe treffen werden. Den Hinweis kontert er freilich gnadenlos. »Du willst ja auch nur mitfahren. Ich will alles, ich will den Sieg.«

Und deswegen ist er jetzt sterbenskrank. Weil ja auch der Ullrich immer erst zu dick und dann zu schwächlich daherkommt, kopiert Brägel gnadenlos das südbadische Erfolgsmodell, was ihm beim Gewicht sowieso nicht schwerfällt. Und den ganzen Krankenzirkus macht er nur, um mich an einem lächerlichen Fünfprozenter abzuhängen; was ihm im übrigen nicht gelingen wird. Ganz sicher nicht.

Der Wahnsinnige konsultiert jetzt einen Sportmediziner, einen Ernährungsberater, einen Physiotherapeuten, einen Akupunkteur, vier Geistheiler, eine spiritistische »Gnade« und einen Guru aus der Schweiz, der gut gegen Blähungen sein soll und 500 Mark pro Sitzung kassiert. Dienstag abends geht er zudem in ein Rebirthing-Seminar. Brägel glaubt ganz fest daran, dass er die Wiedergeburt von Fausto Coppi sei. Das ist natürlich völliger Blödsinn, weil der Nachbar schon gelebt hat, als Coppi noch gar nicht tot war. Außerdem ist der Italiener nie von Lasagne krank geworden. Capito? »Dann war ich eben Eddy Merckx«, grollt er. Himmel, hilf; am Ende einigen wir uns

darauf, dass er früher vielleicht einmal als Josef Fischer unterwegs war. Nein, nicht unser Außenminister. Fischer hat 1896 die erste Auflage von Paris–Roubaix gewonnen und müsste damit 1999 eigentlich für eine Wiedergeburt zur Verfügung stehen. Aber auch das ist unwahrscheinlich, schließlich haben die Jungs damals nicht so geschwächelt.

Brägel hat jetzt erst einmal alle RTF-Termine bis Mitte Juni abgesagt. Er will mit seiner Entourage im warmen Süden trainieren und sich zum ersten Mal Mitte Juni über 60 Kilometer bei einer 200-Kilometer-Touristikfahrt in der Emilia Romagna ausbelasten. »Bei der ersten Verpflegung gehe ich aber raus«, sagt er. Wenn das der alte Fischer hören könnte.

Auch das Training hat er radikal umgestellt. Brägel radelt mit vorgeschnalltem Pollenfilter und trinkt vorher zwei Liter Blutreinigungstee. Auch das ist von Ullrich im übrigen nicht bekannt, ebensowenig wie der tägliche Einlauf mit Bachblütenextrakt. Für die Zeit nach dem 18. Juli hat Brägel eine Serie kleinerer RTFs (so um die 40 Kilometer) eingeplant. »Und einige Pressetermine«, erklärt er. Sollen wir ihm wirklich sagen, dass die örtliche Zeitung seit Wochen stöhnend seine Faxe in den Papierkorb wirft? Besser nicht, er ist schon bleich genug. Außerdem wird ihn die Erkenntnis hart treffen, dass es bei der Kleckersdorfer RTF gar keine Zeitmessung gibt. Zumindest nicht bei der mittleren Runde.

Aber, wie gesagt, er hat sowieso keine Chance, auch gesund nicht. Doch dass er im Moment so blass ist, macht einem schon Sorgen. So sieht Jan Ullrich nicht mal im Dezember nach einer Woche Vollgas-Fete aus. Vor einigen Jahren gab es ja einmal einen Dopingverdacht gegen Brägel. Er soll mit Eigenurin experimentiert haben. Es ist zwar (leider) nicht bewiesen worden, aber eines ist auch klar: Nie wieder ein Schluck aus seinem Bidon. Am Ende wird man davon noch krank.

PRIMAT DER TECHNIK

RADFAHREN IST EINE GESUNDE, SPORTLICHE BETÄTIGUNG AUF EINEM GERÄT, DAS PERFEKT AUF DIE BEDÜRFNISSE DES MENSCHEN ABGESTIMMT IST. ODER?

1994 bis 2001

Früher hockte der Mensch auf Bäumen, die Knie irgendwo bei den Ohren, zupfte ein paar Blätter und war eigentlich ganz zufrieden. Wenn er mal in die Welt hinein wollte, sauste er auf allen vieren durchs hohe Gras, schrie gelegentlich »Ugah, ugah«, damit nicht aus Versehen ein Mammut auf ihn drauftrampelte, und ließ es sich gut gehen. Das waren halt noch so richtig schöne Zeiten. Das Leben kam heiter daher und beschwingt.

Jetzt haben wir den aufrechten Gang und einen rechten Stress. Was hat uns denn die Evolution gebracht? Richtig – viel Arbeit, viel Ärger, und hätte nicht irgendein genialer und aufrechter Mensch die Braukunst erfunden, dann gäb's noch nicht einmal ein Weizenbier.

Man kann nun aber leider nicht jeden Abend gläserweise Weißbier in sich reinschütten. Erstens leidet die Form, zweitens schmeckt's im Winter nicht so recht und drittens jault die Gattin, weil immer die Zitronen aus sind. Dem Himmel sei Dank, gibt es aber noch das gute Radel und neuerdings eine Entwicklung, die am Zahn der Zeit ein paar Millionen Jährchen abschleift. Der Velo-Mensch hat allerlei aerodynamische Hilfen am Lenker entdeckt, die ihn zurück in die heitere Vergangenheit zwingen. Jetzt duckt sich der Homo Strampelcus aufs Gerät, krümmt sich zusammen wie ein Wurm, beugt wie einst der Primat das Kreuz dem Boden zu. Und wo sich der Mensch wieder zum

Halbaffen entwickelt, ist einer natürlich nicht weit – genau, Kamerad Brägel.

Der kam neulich mit einer abenteuerlichen Konstruktion daher. Nach einer Fernsehübertragung vom Stundenweltrekord in Manchester war er in den Keller geflitzt, hatte den Wäscheständer seiner Freundin auseinandergeschraubt, aus den Einzelteilen ein Rechteck aus vier Rohren gebastelt und das Ganze mit Schraubschellen an seinen Lenker geklemmt. Danach sah das arme Velo aus wie eine Fernsehantenne auf Rädern, und wenn Brägel nach den Griffen (mindestens einen Meter vor dem Vorbau) fingerte, berührte sein Hintern gerade noch so die Sattelspitze. Kurzum – wieder einmal ein Bild des Jammers. »Genau wie Boardman«, jubelte der Lapp dagegen, als er mühsam die Straße runtereierte. Ein klarer Fall von Selbstüberschätzung. Der Brite hat sich bei seinem Stundenweltrekord flach gemacht wie ein Bierdeckel, Brägel dagegen klemmte wie ein aufgeklappter Zollstock auf seiner peinlichen Konstruktion. An jenem Tag waren das übrigens seine letzten Worte. Die Aluröhrchen gaben unter seinen 95 Kilo nach, er stieg kopfüber ab und musste sich auch noch vor seinem Hausbesitzer in Sicherheit bringen. Der war nämlich kurz zuvor fassungslos vor seinem durchgeschnittenen Gartenschlauch gestanden. Brägel hatte noch irgendetwas als Griff gebraucht ...

Es dauerte fast vier Tage, um die Szenerie wieder zu beruhigen. Schließlich packte Brägels Freundin ihren Koffer wieder aus, der Vermieter nahm die Kündigung wegen Vandalismus zurück, Brägel wurde im Krankenhaus an der Stirn genäht und bekam 14 Tage Sportverbot.

Das Problem aber bleibt – Aerolenker, das muss jetzt einfach sein. Damit ist der Mann nun allerdings nicht allein auf der Welt. Wer was auf sich gibt, macht sich krumm. Angefangen hat das Ganze seinerzeit mit einem Ami namens Greg LeMond, der sich bei der letzten Etappe der Tour de France 1989 einen, damals nur Triathleten bekannten, Lenkerbügel ans Rad schraubte und im abschließenden Zeitfahren Laurent Fignon noch aus dem Gelben Trikot fuhr – um acht Sekunden nach 4.000 Kilometern. Das hat schon Eindruck gemacht auf die Szene. Und heute gibt es nun Sachen, die gibt es eigenlich gar nicht. Aberwitzig verbogene Rohre, mit Polster und ohne, Griffe mit Gummi oder mit Kork, Hörnchen und Sticks und weiß der Teufel, was noch.

Das Resultat dieser Art von Aufrüstung bleibt aber in jedem Fall das gleiche. Der Mensch bringt sich in eine Position, die ungefähr so bequem ist wie Unkraut jäten im Stehen.

Und weil bei vielen die Lendenwirbelsäule auch schon ein bisschen steif geworden ist, wird der Bügel eben solange nach oben gebogen, bis es wieder bequemer wird. Da sitzt nun unser Aeroradler, fast wieder aufrecht, aber mit zusammengedrückter Lunge, weil er den engen Bügel nicht loslassen will.

Genaugenommen können die ganzen Dinger ja nur von Orthopäden erfunden worden sein, die sich Gedanken um die Patienten von morgen gemacht haben. Der letzte Lenkerschrei bestätigt das. Die spartanischen Griffe vorn zwischen den Bremsen sollen ja schon Jan Ullrich über die Pyrenäen geholfen haben. Mittelgriff und dann rein ins Pedal. Man nennt das übrigens »Spinaci« (zu deutsch: Spinat), was bedeutet, dass man davon so dicke Arme wie weiland Popeye bekommt. Allerdings nicht wegen der Muskeln, sondern weil die Unterarme ungeschützt auf dem harten Lenkerrohr abgestützt werden müssen.

Nein, wir wollen hier nicht meckern. Streng wissenschaftlich gesehen ist es ja sogar gesund, sich ins Lenkerhorn zu legen. Aber nur dann, wenn alles stimmt. Auflage 20 Zentimeter unter Sattelhöhe, Winkel zwischen Ober- und Unterarm zwischen 90 und 105 Grad, desgleichen auch zwischen Oberarm und Oberkörper. Und wenn das Knie hochkommt, darf es maximal zehn Zentimeter am Ellenbogen vorbeidrehen. Soweit die Theorie: Wer Brägel gesehen hat, braucht keinen Winkelmesser. Seine Knie können gar nicht bis auf zehn Zentimeter an die Ellenbogen heran, weil dazwischen die Wampe schwabbelt. 90 Grad kennt der nur in der Sauna, und was passiert, wenn die Arme 20 Zentimeter unterm Sattel sind – siehe oben.

Es gibt eben einfach leichtere Wege zurück zu den Wurzeln der Menschheit. Zum Beispiel mit einem Weizenbier in der Hand auf einem Baum hocken, die Knie an den Ohren, warum nicht? Beim Radeln darf es aber schon noch ein bisschen mehr moderner Mensch sein. An dieser Stelle müssen wir leider aufhören – Brägel kommt mit farbigen Nasenpflastern über die Straße gehetzt. Aber das ist eine ganz andere Geschichte.

GLEICHBERECHTIGUNG

WENN ZWEI DAS GLEICHE TUN, IST DAS NOCH LANGE NICHT DASSELBE...

2002

Es hat sich doch einiges geändert in den vergangenen hundert Jahren. Zum Beispiel sind Frauen und Männer gleichberechtigt. Das steht sogar im Grundgesetz, wobei das Thema Radfahren dort leider nicht explizit erwähnt wird. Auf dem Velo sind Männer deshalb immer noch ein bisschen gleicher als Frauen, was besonders für unseren Sportskameraden Brägel und seine Viola gilt. Brägel hat im Frühjahr beschlossen, seine mittlerweile Angetraute und Mutter seines Sohnes in die Geheimnisse des sportiven Radfahrens einzuführen. Brägel junior ist aus dem Gröbsten raus, also will der Lapp die Mutter des späteren Toursiegers Jan-Miguel ein bisschen auf ihren künftigen Lebensinhalt einstimmen.

Dazu hat er zuerst einmal sein Equipment für knapp 1.500 Euro »upgedated«, wie er das nennt: Einen Satz neue Laufräder, superleichte Pedale, Schuhe und einen Wahnsinnscomputer, der Dinge misst, von denen er nicht mal weiß, was sie bedeuten. Außerdem versucht er, das in TOUR vorgestellte Buch von Richard R. Türck zu bestellen, weil er sich unbedingt Seegurken ans Tretlager schrauben will. Darüber lachen wir im Radclub seit zehn Tagen, aber das ist ein anderes Thema. Brägel ist jedenfalls bereit.

Für Viola hat Brägel auch was passendes gefunden. Ganz hinten im Keller, sein altes Staiger-Zehngang, mit dem er vor gut 30 Jahren in die Schule geradelt ist. Rund 18 Kilo schwer und mit sehr hübschen, antiken Rostblüten im Lack. Das bringt er zwecks Modernisierung zum Händler, der allerdings lapidar zum sofortigen Verschrotten rät. Brägel juckt das aber nicht. Er wühlt ein bisschen in der Altmetall-Sammelkiste seines Händlers und legt dem Mechaniker eine uralte Siebenfach-Schaltung, Riemenpedale, Unterrrohrschalthebel und einen gebrauchten Ledersattel auf die Werkbank. Und ein paar museumsreife Modolo-Bremsen. »Sie soll fahren, nicht bremsen!«, scherzt Brägel. Keiner lacht. Und weil er schon mal da ist, kauft er noch ein neues Telekom-Trikotset und eine smarte Sonnenbrille. Für sich.

Ausfahrt am nächsten Sonntag. Brägel sitzt in Magenta und mit geölten Waden auf seinem 4.000-Euro-Renner und zupft gutgelaunt an der verspiegelten Brille. Der neue Computer ermittelt leise summend Außentemperatur, Blutdruck und anaerobe Schwelle, die Sonne blitzt in den blanken Speichen. Dahinter Frau Viola in Tennisschuhen, Shorts und einem T-Shirt der örtlichen Bausparkasse. »Wir fahren locker, maximal mit Puls 120, runder Tritt, etwa 25 Kilometer. Du fährst vorne, denn wenn ich das mache, muss ich dauernd zurückschauen, ob du mitkommst«, doziert Brägel mit öligem Lächeln. Viola nickt brav und rollt an. Brägel gibt ihr noch gönnerhaft einen Klaps auf den Po und will dann auch losfahren. Leider kommt er nicht richtig ins linke Pedal, sucht erst fluchend den Klick, und dann, als er endlich drin ist, Viola. Die hat sich aber schon hundert Meter abgesetzt. »Weiber«, denkt er. Ein kurzer, geschmeidiger Antritt à là Cipollini, und schon ist er wieder dran.

Viola fährt und freut sich, und Brägel gibt schlaue Anweisungen: »Mehr über das Tretlager setzen, höhere Frequenz, auf den Puls achten, schalten.« Viola antwortet nicht und fährt. Nach zehn Kilometern kommt ein kleiner Hügel. Brägel wird einsilbig. »Wenn du weiter so drückst, geht dir gleich die Luft aus.« Viola sagt nix und drückt. Brägel sagt auch nicht mehr viel – weil er Luft braucht. »Hey, ruhiger, Himmelhergottnochmal, fahr' einen Gang leichter«, bellt er sie an. Viola sagt nix, schaltet nicht, fährt. Eine Gruppe Hobbyradler saust vorbei und freut sich an dem Anblick: Die Dame auf

dem Oldtimer, und dahinter der High-Tech-Macho mit leicht rotem Schädel. »Du brauchst wohl Windschatten, Alter?«, ruft einer. Brägel kocht über. »DU BIST VIEL ZU SCHNELL«, herrscht er nach vorn. Viola sagt nix und fährt.

Nach 20 Kilometern bekommt Brägel echt Probleme. Rührt im Getriebe, tritt mal schneller, mal langsamer, nimmt einen Schluck aus der Trinkflasche. Viola trinkt nicht und fährt. »Du kannst morgen vor Muskelkater nicht mehr laufen«, keucht Brägel, »wir sind hier beim Radfahren und nicht auf der Flucht.« Viola sagt nix. Brägel auch nicht. Dafür beginnt jetzt sein Pulsmesser zu piepsen. Der Kerl verflucht den Tag, als er für seine Flamme das Rad entdeckt hat. »Entweder ich bin krank oder die ist gedopt«, presst er kaum hörbar hervor.

Finale. Die letzten fünf Kilometer, es geht leicht bergauf. Viola sagt nichts und fährt, Brägel verliert den letzten Rest Selbstachtung, macht sich ganz klein, konzentriert sich auf das Hinterrad seiner

Holden und würde ihr liebend gern in die Waden schießen oder sie in siedendem Kettenfett braten. Sagen kann er nichts mehr. Den Pulsmesser hat er ausgeschaltet. »Ist das sehr langsam für dich, Schatzi?«, kommt es plötzlich von vorn. Brägels Schädelfarbe wechselt von Rot zu Purpur, was Viola aber nicht sieht. »Geht schon, Mausi«, flötet der Dampfkochtopf hinter ihr mit letzter Kraft.

Ziel. Viola strahlt, wischt sich ein paar Schweißtropfen von der Stirn. »War richtig klasse, Männe, das können wir jeden Sonntag machen.« Brägel sagt nichts mehr. Erst am Abend in der Kneipe. »Ich lass mich scheiden!«, mault er beim ersten Hefeweizen. Aber dann grinst er maliziös und beschließt, einen Kinderanhänger zu kaufen. Für Viola – damit die Mutter-Kind-Bindung während des Trainings nicht leidet.

WEIL ..., WEIL ...

BRÄGEL KANN AUCH NÜTZLICH SEIN: SEINE BESTEN AUSREDEN FÜR PLÖTZLICHE FORMSCHWÄCHEN. ZUR FREIEN VERFÜGUNG ...

2001 bis 2004

So Buben; auf geht's, suupi, jetzt nochmal richtig«, jubelt Brägel am Anstieg zum Col de la grande Finale. In Wahrheit heißt der Hügel natürlich nicht wie ein französisch-italienischer Eisbecher. Es ist eine namenlose Erhebung mit etwa 180 Meter Höhenunterschied, die immer am Ende der Trainingsrunde unseres Radclubs liegt. Aber wir wollten ja von Brägel berichten. Der also haut zwei Gänge hoch, geht aus dem Sattel, tritt, was er kann und zwar ziemlich exakt 24 Sekunden. Dann platzt Brägelchen wie zu erwarten, rührt in den Gängen, stellt die Knie seitlich aus, ruckt am Lenker und bleibt fast stehen. Wir fahren vorbei, grüßen freundlich. »Suupi«, ruft einer. Die anderen lachen.

Abends, im Clubhaus, erzählt uns Brägel mit stockender Stimme, warum es wider mal nicht ging. Er sei seit zwei Monaten Mitglied im esoterischen Zirkle »Kreisender Kosmos« und hätte zur seelisch körperlichen Läuterung just vor der Winterausfahrt vier Tage bei Gemüsebrühe und Mineralwasser gefastet.

Das sei zwar suupi, mache aber ein bisschen müde. Warum der Lapp jetzt einem Widergeburtsverein beigetreten ist, fragen wir erst gar nicht, weil es eh keiner glaubt, zumal Brägel gerade das zweite Weizen zu seinem Schniposa-Teller (Schnitzel, Pommes, Salat) bestellt. Mal abgesehen davon, dass der Menschheit nicht viel verloren ginge, wenn es Brägel nur einmal im Kosmos gäbe, fällt

die Geschichte wohl eher unter die Rubrik »Beste Ausreden« – und darin ist der Mann Weltmeister, wenn nicht gar Master of the Universe. Keine Schwäche, die Brägel nicht haargenau erklären könnte. Im Folgenden deshalb seine Best-of-Liste, ohne Anspruch auf Vollständigkeit.

Das Naheliegendste sind körperliche Probleme, die er allerdings exclusiv auf dieser Welt hat. Zum Beispiel die chronische Virusinfektion, die seit Monaten verschiedene Spezialisten deutschlandweit in Atem hält, die aber auch nicht so genau wissen, was dem Mann fehlt. Der Virus lässt den armen Kranken die meiste Zeit völlig in

Ruhe und entfaltet seine zerstörerische Kraft nur bei körperlicher Beanspruchung, wobei durchzechte Nächte bei Weihnachtsfeiern nicht dazu gehören. Gut macht sich auch die Aussage, dass Nebenwirkungen der Medikamente, die er wegen seiner rätselhaften Infektion ständig einnehmen müsse, wichtige Stoffwechselvorgänge negativ beeinflussen und ein Verkleben der roten Muskelfasern zur Folge haben würden. Wahlweise zu diesem Szenario philosophiert Brägel nach peinlichen Auftritten am Berg über eine orthopädische Schwäche im rechten Kniegelenk. Dabei wirft er mit Ausdrücken wie Meniskus-Läsion, chronisch entzündeter Kapsel und ähnlichem um sich, kann aber mit dem final geschädigten Gelenk problemlos vier Stunden suupi Ski fahren. Wir raten ihm zu einer Operation, Brägel lehnt ab, weil »jede Narkose dein Leben um ein Jahr verkürzt«, wie er sagt. Angesehen davon, dass ein Jährchen angesichts seiner anstehenden Wiedergeburt locker zu verschmerzen sein dürfte, hat er dieses Wissen um die Narkosefolgen exclusiv.

Gern rharbarbert Brägel auch über Statikprobleme an und auf seinem Velo. Neulich hat er sich dabei selbst übertroffen. Der Lapp hat zu Geburtstag von seiner Viola suupi-neue Radsocken geschenkt bekommen, mit einer etwas dickeren Sohle, weil ja der Winter vor der Tür steht. Diese Socken waren dann für einen Schwächeanfall verantwortlich, den er damit erklärte, dass sich durch die dicke Sohle seine Sitzposition verändert habe. Er sei plötzlich vier Millimeter zu hoch gesessen und hätte deshalb seine urwüchsige Kraft nicht optimal aufs Pedal übertagen können. Himmel, hilf. Einer hat diese Geschichte tatsächlich geglaubt und die Sohlendicke seiner Socken vermessen. Kein Witz.

Vor jeder Ausfahrt unternimmt Brägel zudem exakte Vermessungen an seinem Rad. Zwischen Sattelspitze und Vorbau müssten eineinhalb Armeslängen Luft sein; wobei er meistens so draufsitzt, als habe er die Armlänge eines Orang Utan zum Maß genommen, und zwar zweieinhalbmal. Auch Messfehler zwischen Satteluntersseite und Tretlagermittelpunkt müssen oft als Grund herhalten. Peinlich war aber die Ausrede mit dem Sattelstand. Da die Sattelspitze sechs Grad zu steil nach oben ging, habe es ihm wegen verstärkten Hodendrucks die Blutversorgung im Oberschenkel abgestellt, jaulte er neulich.

Unerreicht sind Brägels psychologische Ausreden: Natürlich sei die Weltlage alles andere als suupi und wirke leistungsmindernd aufs Gemüt; vor allem durch die Baisse an den Finanzmärkten, Sabine Christiansens Trennung von ihrem Mann oder den Film »Drei Schwedinnen auf Ibiza« in RTL2. Warum gerade der? »Weil er erst um 02:45 Uhr anfing«, sagt Brägel, »war zwar suupi, aber jetzt bin ich müde.« Ganz neu ist die Eingebung, dass er sich in diesem Leben nicht so plagen soll, weil ihm die Wiedergeburt als Skilehrer in St. Moritz avisiert wurde. »Und da braucht man volle Power«, sagt Brägel.

Suupi. Wir nicken voller Verständnis und fragen ihn, ob er bei unserer 50-Kilometer-Weihnachtstour am 6. Dezember mitfahren will. »Natürlich bin ich dabei«, behauptet es, »im Moment bin ich suupi in Form«. Das wird sich ändern bis zum Start, das ist sicher. Wahrscheinlich waren dann die Zimtsterne schlecht, wenn es ihn wieder aus der Gruppe raushaut. Oder die Vorfreude auf das Nikolausfest mit seinem Junior ist schuld, oder das traurige Leben von Dieter Bohlen – warum auch immer. Wir werden's erfahren. Subito.

CARBONRENTNER

DER GENERATIONENKONFLIKT MACHT BRÄGEL ZU SCHAFFEN. ALSO ERFINDET ER DEN KNIGGE FÜR RENNRADFAHRER

2005

Es ist nur ein kleiner Anstieg. Wir fahren locker dahin, als von hinten eine Gruppe anrollt. »Keinen Stress jetzt«, keucht Brägel, »lassen wir sie einfach vorbei.« Auch der alte Hans nickt eifrig. Na gut. Es ginge zwar noch was, aber es muss ja nicht jedes Mal Rennen sein. Die anderen fahren vorbei, wir grüßen freundlich. Keine Antwort. Der alte Hans hebt mangels Luft die Hand. Keine Reaktion. »SERVUS«, kräht Brägel, als sie fast schon vorbei sind, aber die anderen bleiben stumm, schauen hinter ihren verspiegelten Brillen starr nach vorn, nach links oder durch uns durch. Lauter junge, schlanke Kerle. Einer rotzt (nach rechts), die anderen schweigen. Als der letzte vorbei ist, hören wir deutlich: »Viel Kohle, kein Tritt – typisch Carbonrentner.« Die anderen Schnösel lachen. »Los, die blasen wir aus den Schuhen«, ächzt Brägel. Ich mache ihm klar, dass er fast am Limit ist, die da vorn aber höchstens im Standby rollen, dass die Lackel fast unsere Söhne sein könnten und die beste Reaktion unsererseits jetzt gar keine ist. Brägel fügt sich schnaubend, der Präsident murmelt ein gequältes »Pedalpack, mistiges«, wir rollen schweigend weiter und hängen dunklen Gedanken nach.

Zwei Stunden später im Clubhaus die Aufarbeitung. Wir fragen uns, ob wir selbst früher auch derart respektlos gegenüber älteren Sportkumpeln waren. Der alte Hans verneint, wobei nicht sicher ist, ob es überhaupt schon ältere Rennradler gab, als Hans jung war.

Damals waren gestandene Männer schließlich mit dem Wiederaufbau, dem Wirtschaftswunder und der Produktion geburtenstarker Jahrgänge beschäftigt. Brägel meint, dass er als Jugendlicher im Fußballverein den Kickern der AH immer die Sporttaschen getragen hat, was wir nicht so recht glauben wollen. Wahrscheinlich hat er da Biermarken fürs Sommerfest bekommen. Es besteht also der begründete Verdacht, dass wir auch nicht anders waren und den Respekt vor Älteren erst entwickelt haben, seit wir selbst morgens nur noch mit Dehnübungen für Kreuz und Knie in die Senkrechte kommen, also so ungefähr ab Mitte 30.

Fest steht aber, dass im Land der Anstand leidet, quer durch alle Alters- und Gesellschaftsschichten. Politiker werden als Absahner enttarnt, im Aufzug grüßt keiner mehr, und jetzt lassen sich sogar schon leibhaftige Schiedsrichter von schmierigen Halbwelt-Strizzis bestechen. Dabei galten die Unparteiischen zusammen mit Ordensschwestern als letzte moralische Instanzen in schwerer Zeit. Armes Deutschland. Aber da wir vom Radclub immer schon an das Gute glauben, gehen wir begeistert auf Brägels Idee ein, eine Art Knigge für Rennradfahrer auszuarbeiten.

Nach zwei Hefe hell stehen die Rahmenbedingungen für einen anständigen Freizeitsport. Es ist ab sofort strikt verboten, sich von hinten unbemerkt fremden Radlern zu nähern, sich anschließend schamlos im Windschatten zu erholen, nur um dann an einem passenden Berg mit 350 Watt anzutreten. Das ist nicht nett. Künftig begrüßen wir Fremde mit einem freundlichen Hallo und lassen sie auch in den Genuss unseres Windschattens kommen. »Haben wir doch noch nie gemacht«, flüstert der alte Hans. Ich nicke, aber Brägel denkt schon weiter. Die Handzeichen, die auf Löcher in der Straße oder sonstige Hindernisse aufmerksam machen, müssen wieder mehr zum Einsatz kommen, wer sich die Nase ausblasen will, lässt sich an das Ende der Gruppe zurückfallen, und gepinkelt wird in Zukunft nur außerhalb geschlossener Ortschaften und mit dem Rücken zur Straße. Hupende Autofahrer werden künftig nicht mehr mit dem Einsatz körperlicher Gewalt und unanständigen Worten bedroht. Ich erinnere mich noch gut, wie Brägel vor zwei Wochen einem hupenden Autofahrer nachhetzte und ihm beim nächsten Halt mit seiner Trinkflasche ins Auto gespritzt hat. Danach hat er ihn mit einer Salve von Wörtern belegt, von denen ein paar Kinder am Straßenrand rote Ohren bekamen. Das Ganze endete mit einer eindeutigen Morddrohung für den Fall, dass sich der Automobilist nicht sofort verpissen, Verzeihung: verkrümeln würde.

Und jetzt will Brägel zum Benimm-Radler werden. »Wir müssen Vorbilder sein«, sagt er. Es soll auch Schluss damit sein, dass wir uns über andere Radfahrer lustig machen und über ihre Velos oder Trikots herziehen. »Sollen wir sie auch noch ein bisschen küssen?«, ätzt der alte Hans, dem es langsam zu viel wird. Ich denke auch, dass es jetzt reicht. Ausgerechnet Brägel, der mich erst kürzlich hämisch gefragt hat, wann ich mein sieben Jahre altes Cinelli ins Museum für historische Technik bringen wolle. Danach hat er dreckig gelacht und voller Stolz seinen neuen Carbonrenner (7,153 Kilo, das Gramm

zu je einem Euro) am Stammtisch präsentiert (er hat tatsächlich das Rad in der Kneipe um den Tisch geschoben).

Ich will Brägel gerade ein bisschen einbremsen und die dritte Runde Hefe hell bestellen, als die Jungradler das Vereinsheim betreten. Sie setzen sich grußlos und bestellen Apfelschorle und Latte Macchiato. Der Präsident erhebt sich schwer (84 Kilometer, zwei Hefe hell) und sendet eine Botschaft an den Nachbartisch: »Hört mal, demnächst sagt ihr Hallo, wenn ihr an uns vorbeifahrt. Das gehört sich so.« Er setzt sich, die Jungen tun so, als hätten sie nichts gehört. Jetzt kommt Brägel. »Seid ihr taub? Habt ihr nicht gehört, was der Chef gesagt hat? Das nächste Mal wird gegrüßt, sonst zieh ich euch persönlich mit der Luftpumpe einen Scheitel über eure gegelten Igelschädel, ihr Schnösel.« Die Jungen stehen auf, verbeugen sich, rufen: »Schönen guten Tag, die Herren«, und setzen sich wieder. Dann lachen sie herzhaft. Brägels Kopf glüht wie eine Christbaumkugel, aber er setzt sich schweigend wieder hin.

Es ist wirklich gar nicht so einfach mit dem Anstand.

SELBSTVERSUCH

DOPING IST, KEINE FRAGE, ALLERSTRENGSTENS ZU VERURTEILEN. WOBEI MAN JA DOCH MAL GERN WISSEN MÖCHTE, OB'S WAS BRINGT …

2006

Aus gegebenem Anlass müssen wir erst einmal darauf hinweisen, dass dieser Radschlag in weiten Teilen leider äußerst unappetitlich ausgefallen ist. Menschen mit vorhandenem Schamgefühl sollten also an dieser Stelle aussteigen und auf das nächste Heft warten. Danke.

Sie sind noch da? Also gut, Sie ahnen es, es geht um Doping. Und natürlich geht es auch um Brägel, der ja bekanntlich jeden Mist ausprobiert, wenn er sich auch nur den allergeringsten Vorteil davon verspricht. Im Moment ist er aber froh, wenn er einigermaßen schmerzfrei laufen kann, weil er die Sache mit dem Hodenpflaster natürlich völlig falsch verstanden hat (Sie können auch jetzt noch weiterblättern).

Nicht – also gut, das war so. Wir im Radclub sind nach den furchtbaren Enthüllungen der Tour de France natürlich in eine Sinnkrise gefallen. Wir haben das Training reduziert und den Hefe-hell-Konsum zur Frustbewältigung intensiviert. Nur Brägel verschlang alles, was er über die Affäre Landis in die Finger bekam. Danach ging er in die Apotheke, kaufte sich Pflaster und umwickelte ohne vorherige Rasur (ich hatte Sie gewarnt) besagtes Teil und, damit es noch mehr peppt, auch noch angrenzende Regionen, wobei jetzt nicht ins Detail gegangen wird. Die Pflasterrolle enthielt allerdings kein Testosteron, dafür sehr viel, sehr hartnäckigen Kleber. Brägel lief auch noch dauernd mit Nasenpflaster herum, was sich als doppeltes Missverständnis herausstellte.

Es kam, wie es kommen musste – nach einigen Tagen wurde der Lapp von Juckreiz geplagt und von Fliegen umsurrt (ich weiß, ich weiß, aber Sie lesen ja auch einfach weiter), sodass er zur Entfernung der Pflaster schritt. Nach einem halben Millimeter wurde ihm schlagartig klar, dass er einen großen Fehler begangen hatte. Aber statt zum Arzt zu gehen, riss er die ganze Chose mit einem Ruck ab. Seine Nachbarn schwören heute noch, dass an diesem Tag bei Brägel eine illegale Hausschlachtung irgendeines riesigen Tieres stattgefunden haben muss, aber es war nur Brägel, der mit blutenden Geschlechtsmerkmalen eine Art rituellen Tanz aufführte und brüllte wie Bruno der Bär. Dass er heute nicht geschieden ist, verdankt der Lapp nur der Tatsache, dass seine Gattin Viola für drei Tage mit den Kindern im Kurzurlaub war. Brägel überlebte wie durch ein Wunder unverstümmelt, musste aber vorzeitig die Saison beenden.

Am Stammtisch gibt er sich geläutert. Jede Art von Doping sei für ihn künftig kein Thema mehr, sagt er. »Ist auch besser, sonst kannst du demnächst bei den Frauen mitfahren«, höhnt der alte Hans. Es bleibt aber die Frage: Warum machen Männer so einen Mist? Brägel erklärt, er habe mit dem Testosteron nur das Altern ein wenig verlangsamen wollen, schließlich sei Nachlassen das Allerschlimmste. Mal ganz abgesehen davon, dass er dann locker 20 Jahre zu spät damit angefangen hat, riskiert man doch dafür nicht seine Gesundheit. »Doch«, sagt der Präsident, »ich verstehe das, es ist einfach superscharf, wenn man am Berg noch einen Gang härter drauf hat.« Alle nicken, und auch Brägel rutscht ein wenig verlegen auf seinem Kissen herum, auf das er sich zur Schmerzlinderung gesetzt hat.

Gott behüte, lauter Irre. An diesem Abend beschließt der Radclub den Selbstversuch im großen Stil. Einmal Allmacht – dann soll es gut sein. Der alte Hans wird beauftragt, seine Internetkontakte zu nutzen, um die echten Hodenpflaster zu besorgen. Alle wollen mitmachen, nur Brägel muss verzichten, da bei ihm so schnell kein Pflaster mehr hält, nicht mal auf der Nase. Der alte Hans leistet dagegen ganze Arbeit, und eine Woche später soll der Versuch beginnen, wobei die Mitglieder zuerst einmal ganz allein zu Hause mit verschiedenen Enthaarungstechniken (Sie wollten es ja unbedingt lesen) die Teile vorbereiten sollen, auf die die Pflaster kommen. Dabei schied der Präsident für den Versuch leider aus, weil er sich eine tiefe Schnittwunde zufügte. Der Rest gibt dem alten Hans einen ordentlichen Betrag und schreitet dann zur Tat. Und danach aufs Rad zur Trainingsrunde. Hinterher prosten wir uns glücklich zu. Sensationelle Wirkung, wir waren auf den 65 Kilometern glatte 23 Sekunden schneller als sonst und das mit nur einem Pflaster. Insgesamt haben wir jeder sechs.

Zwei Tage später treffen wir uns wieder und gewinnen weitere 13 Sekunden dazu. Supersupi, dummerweise wachsen dem alten Hans büschelweise Haare aus der Nase und den Ohren, einer klagt über Pickel, ein anderer über unruhigen Schlaf. Keiner sagt allerdings was dazu, ob seiner Frau zu Hause etwas aufgefallen ist, aber

das wäre ein ganz anderes Thema. Bei mir schiebt sich im übrigen das Kinn so seltsam nach vorn. Schau an, der Schumacher, denke ich, auch so ein Schummler. Am Ende der Testwoche haben wir gut eine Minute gewonnen, den Schnitt von 26,21 auf 26,34 gesteigert. SENSATIONELL. Ernüchternd ist allerdings der Fakt, dass gedopt die gleichen vorn sind wie ungedopt. Aber, mein Gott, wir sind schneller! Allerdings berichtet plötzlich einer, dass ihm das Pflaster gestern ganz leicht abgegangen sei und er befürchtet, nun ja (Sie hören ja nicht auf zu lesen), dass da etwas kleiner geworden sei. Ehrlich gesagt, geht mir das ähnlich, ich schiebe es allerdings auf die herbstliche Kühle. Denkste. Der alte Hans, der Fach-Doper, räumt schließlich leise ein, dass bei äußerlicher Zugabe von Testosteron die interne Produktion gedrosselt wird. »Und was heißt das konkret?«, frage ich ärgerlich. »Schrumpfhoden«, nuschelt der alte Hans. Betroffenes Schweigen, nur Brägel und der Präsident lächeln selig.

Fünf Minuten später ist klar, dass der Radclub bis ans Ende der Zeitrechnung für sauberen, dopingfreien Sport stehen wird. Ab sofort keine Manipulationen mehr, nur noch Müsli, Training, Disziplin. Und Pflaster gibt es nur zur Wundversorgung nach Stürzen. Das ist sicher.

OFFENER BRIEF

DER RADCLUB MACHT MOBIL - UND ERLÄSST REGELN FÜR BRÄGEL. OB DAS GUT GEHT?

2008 bis 20212

Brägel hat sich in den Skiurlaub verabschiedet. Das ist natürlich auszuhalten, allerdings fehlt er uns am Stammtisch, weil wir zurzeit alles selbst bezahlen müssen. Dafür ist es ruhiger, weil uns der Lapp nicht alle naslang mit seinen seltsamen Ideen nerven kann. Und damit das so bleibt, beschließen wir auf Initiative des Präsidenten, einen Brief an Brägel zu schreiben. Darin listen wir ihm eine Art Fahrplan für die nächste Saison auf, an den er sich zu halten hat. Den Brief soll er am ersten Stammtisch bekommen, nachdem er wieder da ist. Wir trinken noch ein Hefe hell, dann schreiben wir:

Lieber Brägel,

schön, dass du wieder da bist. Während du das liest, bestellt der alte Hans eine Runde auf deine Rechnung – es sei denn, du hebst jetzt die Hand. Nicht? Gut, also Prost. Wir möchten dich herzlich bitten, im nächsten Radjahr folgende Dinge zu beachten:

1. *Radpflege: Wir werden dir künftig nicht mehr helfen, wenn du mit deinem Panzer-Hochdruckreiniger den Umwerfer vom Rahmen schießt oder Speichen knickst. Es wäre auch besser, die alte Flasche Terpentin endlich wegzuwerfen,*

bevor du wieder die Bremsgummis damit einreibst, damit sie schön glänzen. Und hoffentlich hast du nicht vergessen, dass es dich vergangenen Sommer sauber auf den Asphalt gehauen hat, weil du dein Lenkerband mit einer Lasur für Holztische zum Glänzen gebracht hast. Sah gut aus, war aber ziemlich rutschig. Also: Radpflege nur mit geeigneten Mitteln aus dem Fachhandel, die zudem biologisch abbaubar sein sollten.

2. *Ernährungswahn: Verschone uns nächstes Jahr mit deinen Diätideen. Wir haben gehört, dass du seit einiger Zeit mit einer sehr dunklen Brille rumläufst, weil du in TOUR gelesen hast, dass Mäuse, denen man die Dunkelheit entzieht, mehr fressen und fetter sind als die anderen. Lieber Brägel, du bist keine Maus, und nur weil du jetzt eine Schweißerbrille trägst, wirst du auch nicht schlanker.*

3. *Trainingssteuerung: Bitte sage uns nicht dauernd, wann wir locker oder volle Lotte zu treten haben. Deine Ansagen haben wenig mit Trainingslehre und viel mit deiner Form zu tun. Wenn du gute Beine hast, fahren wir Mitte Februar Bergsprints, wenn du teigig trittst, im Juli Grundlage. Also: Nächstes Jahr fährt jeder so, wie es ihm passt.*

4. *Rad-Etikette: Wir möchten noch einmal darauf hinweisen, dass manche von uns auch weiterhin keine weißen Radschuhe möchten und auch nicht über die Gründe dieser Entscheidung diskutieren wollen. Wenn du selbst aber weiter wie Bettini im Swinger-Club aussehen möchtest – bitte. Wir nicht, zumindest nicht alle. Der alte Hans würde deine weißen Schuhe aber nehmen, falls du wieder schwarze kaufst.*

5. *Tacho-Tuning: Wir wissen seit 2001, dass es dir gelungen ist, die Geheimnisse der Reset-Taste deines Radcomputers zu entschlüsseln. Seither stellst du die Jahreskilometer gern mal nach, damit's besser aussieht. Wir haben uns entschlossen, dir zu sagen, dass wir a) dein schamloses Treiben durchschauen und b) wir es selbst auch tun. Und zwar schon viel länger als du.*

6. *Körperpflege: Versuche nie mehr, uns für das Massageöl zu begeistern, das du angeblich aus einem Hochtal des Himalaja importierst. Das Zeug ist klebrig, teuer, zieht Mücken an und riecht, als würde man die Fladen einer magenkranken Kuh auf heißem Stein rösten. Da du im Training meist weit hinten fährst, darfst du gerne stinken wie ein Muli. Aber lass uns damit in Ruhe.*

Und noch was: Wenn du dir künftig die Beine rasierst, dann nimm wenigstens eine Klinge, die nicht schon zum Marschgepäck deines Uropas im Ersten Weltkrieg gehörte. Einige von uns können kein Blut sehen. Das war's schon. Nix für ungut und Prost,

Dein Radclub.

Wir sind zufrieden – in zwei Wochen bekommt er das Papier. Doch was schreiben wir ihm nächstes Jahr, wenn er sich daran hält?

UM DIE EHRE

OKAY, MAN MUSS SICH ALS RADLER NICHT ALLES GEFALLEN LASSEN. ABER MIT WELCHEN MITTELN DARF MAN SICH WEHREN? DER RADCLUB GERÄT SCHWER INS GRÜBELN …

2008 bis 2012

Heiß ist es draußen. Sommer. So haben wir's gern. Es rollt doch gleich viel leichter mit Sonne in den Speichen. Brägel aber sitzt griesgrämig auf der Terrasse des Clubheims und schlürft lustlos an seinem Hefe hell. Nachdem wir ihn mit seiner neuen Golfleidenschaft ein wenig beleidigt haben (»Hat der Herr ein Handicap mit dem Handicap?«) erzählt er uns von seiner jüngsten Trainingsrunde (auf dem Rad). Am Ende sind wir uns ausnahmsweise alle mal einig: So geht's nun wirklich nicht.

Also, das war so: Brägelchen fuhr entspannt durch leicht welliges Gelände. Von hinten kam einer rasch näher, aber Brägel hat ja mittlerweile das altersmilde Stadium erreicht, in dem er klar Überlegene passieren lässt, ohne sich bis zur Kotzgrenze in deren Windschatten zu quälen. Der andere fährt aber nicht vorbei, sondern klemmt sich grußlos an Brägels Hinterrad. Brägel dreht sich um und sagt: »Hallo.« Der andere schweigt, Brägel taxiert: Gut 15 Jahre jünger, kein Helm, verspiegelte Angeber-Brille, edles Rad und dazu das Klamotten-Arrangement von Caisse d'Epargne und zwar komplett, also mit passenden Handschuhen und Socken, was man auch nicht so oft sieht. Brägel versucht's noch einmal. »Tach, wo geht's hin?« Der andere schweigt, zuckt nicht einmal mit dem Mundwinkel. Doch dann setzt sich der Schweiger plötzlich neben Brägel, grinst und sagt: »Hör mal, was machst du hier eigentlich? Radfahren? Nicht wirklich, oder?« Und bevor Brägel ihm seine Pumpe über den Schädel ziehen kann, tritt der Kerl derart brutal an, dass der verdutzte Brägel nicht den Hauch einer Chance hat, seinen Windschatten zu erreichen, was er jetzt schon gern getan hätte.

»Waren wir früher auch so respektlose Rüpel?«, fragt der Präsident. Wir nicken alle, und dann überfällt uns die Erkenntnis, dass bei unseren Leistungen irgendwie die Luft raus ist. Das fängt damit an, dass wir uns kaum noch für Radrennen interessieren, dass der alte Hans den »Eschborn-Frankfurt City-Loop« für eine Flugschule gehalten hat und endet damit, dass wir immer milder in die Pedale treten. Kurz: So geht's nicht weiter. Der ganze Mist mit In-Würde-altern muss aufhören. Radfahren muss ein Härtebeweis bleiben, sonst können wir gleich alle in Brägels Golfclub wechseln. Brägel regt an, künftig mit Pfefferspray auf Tour zu gehen und freche Wadenschnösel einfach aus dem Sattel zu pusten. Klingt gut, wird aber wegen der Probleme bei Gegenwind verworfen. Elektroschocker und Gaspistolen verstoßen gegen den Ethik-Code des Radclubs und sind daher auch keine Lösung.

Der Präsi berichtet von einem neuartigen Zusatzantrieb, der unsichtbar ins Sattelrohr eingebaut wird und auf Knopfdruck 100 Watt zusätzlich bringt, die zur Abwehr einer Jugend-forscht-Attacke allemal reichen müssten. Das hellt unsere Laune spürbar auf. Unsichtbare 100 Watt – bis auf den alten Hans würde uns das alle für ein paar Minuten in den 300-Watt-Bereich blasen und den Gegner ins Sauerstoffzelt. Geil. Wir wollen gerade den Präsident mit der Klärung der Frage beauftragen, ob es dieses für Mountainbikes entwickelte Wunderding auch für Rennräder gibt, als Brägel plötzlich sagt: »Hey Leute, das ist doch Betrug.« Da schau her. Jetzt redet plötzlich ein Kerl von Moral, der alle Internet-Apotheken dieser Welt nach EPO absucht, bei jeder Ausfahrt »gaaaaanz locker« ruft, bevor er antritt und kein Problem damit hat, 19,8 der letzten 20 Kilometer am Hinterrad zu

lutschen, um dann vorbeizuziehen. »Wo ist das Problem?«, ölt der alte Hans, »du bescheißt doch eh immer.«

So schnell gibt Brägel aber nicht auf. »Ich habe kein Problem, diesen bornierten Schnösel mithilfe eines High-Tech-Motörchens abzuledern, aber wir wissen dann ja auch intern nicht mehr, warum einer so schnell ist, wie er ist. Kapiert?« Schweigen. Abgesehen davon, dass man sich bei uns nie wirklich sicher sein kann, dass einer nichts genommen hat, hat so ein unsichtbarer Watt-Booster schon eine neue Qualität. »Wenn ich schneller als irgendeiner von euch am Berg bin, glaubt mir das keiner mehr«, sagt Brägel. »Das kann ja auch gar nicht sein«, kontert der Präsi, »dazu brauchst du schon ein Golfwägelchen.« Wir lachen herzlich, aber Brägels nächstes Argument sitzt dann doch. »Das gilt für alle und vor allem immer. Egal, wie hart ihr trainiert, jeder Sieg wird angezweifelt, wie bei den Profis auch. Wollt ihr das?«

Natürlich nicht. Wir einigen uns darauf, den Kampf gegen den weichen Tritt mannhaft aufzunehmen. Also endlich mehr zu trainieren, vor allem härter und konsequenter. Jungschnösel werden sich spätestens in vier Wochen wieder warm anziehen müssen, wenn sie attackieren. Drei Tage später stand dann übrigens auch Brägels Bilanz gegen Caisse d'Epargne 1:1. Er hat das Rad des Schwätzers vor einem Biergarten entdeckt, die Ventile rausgeschraubt und ihm einen abgestandenen Rest Hefe hell auf den Sattel gekippt. Alles wird gut.

ALTER SCHÜTZT ... VOR GAR NIX

MIT DEN JAHREN MAL EIN PAAR TRITTE LOCKER LASSEN? UIUIUI, GANZ SCHWIERIG ...

2008 bis 2012

»Nachlassen ist das Schlimmste«, sagte der ehemalige Radprofi Erik Zabel an seinem 30. Geburtstag im Jahre 2000 und schaute dabei so traurig wie ein hungriger Beagle vor dem leeren Futternapf. Danach ist er noch acht Jahre Rennen gefahren, und das nicht schlecht. Im Juli 2010 will Jens Voigt noch einmal die Tour de France unter die Räder nehmen. Im September wird er 39 Jahre alt. Und da gibt es noch den Herrn Armstrong aus Amerika, der die Tour in diesem Sommer sogar gewinnen will, was zumindest nicht ganz ausgeschlossen ist. Und der Texaner ist

genau einen Tag jünger als »Vogte«. Warum das hier steht? Weil es eine Entwicklung ist, die dem Radclub mehr und mehr Sorgen macht. An Jahren sind die Herren Berufsfahrer gar nicht so weit entfernt von uns (den alten Hans ausgenommen). Aber während wir bei langen Steigungen mittlerweile oft auf 39x28 runterschalten, fahren diese Profi-Geronten noch die Tour im 40er-Schnitt. Zwar haben die mutmaßlich ganz andere Drogen in der Blutbahn als wir, aber trotzdem.

»Diese Leistungs-Opas sind langsam lästig«, faucht Brägel am Stammtisch und erzählt, dass er zu Hause Ärger bekommt, wenn er sich samstags nach dem Training mit Hinweis auf sein hohes Alter aufs Sofa fläzt, statt im Garten Erdbeeren zu harken oder Jan-Miguels Rad zu reparieren. Neulich habe er sich mit Hinweis auf Rückenschmerzen geweigert, den Römertopf aus dem oberen Küchenregal zu holen. Da habe Viola zu ihm gesagt: »Der Armstrong fährt klaglos die Tour und du liegst hier rum. Und das mit dem Topf, das schafft ja selbst Jopi Heesters locker.« Der alte Hans fragt, in welchem Team Heesters fahre, aber keiner hört zu. Ist schon wahr: Das Verlängern der Jugend bis Mitte 60 führt zu so manchem Problem. Während Menschen Anfang 50 früher in der Straßenbahn noch ein Sitzplatz angeboten wurde, musst du heute in diesem Alter Trondheim–Oslo unter 22 Stunden fahren, sonst hängen dich die 70-Jährigen ab. Bei der wöchentlichen Wampenschau in der Sauna muss man zweieinhalb Stunden die Luft anhalten – in einem Alter, über das man früher gesagt hätte: Ein Mann ohne Bauch ist ein Krüppel. »Und das Schlimmste ist«, sagt der Präsident, »meine Frau will, dass ich mir die Haare färbe.« Das sei ja das Wenigste, knarzt der alte Hans: »Sieht ja eh keiner.« Für den Gag gibt's ein Hefe hell von Brägel.

Das Problem aber bleibt – wollen wir wirklich noch zulegen, obwohl unser Haltbarkeitsdatum langsam abläuft, oder darf's dann auch mal etwas ruhiger sein? Brägel schlägt vor, künftig samstags in drei Leistungsgruppen zu fahren. Die sollen »Speed«, »Medium« und »Easy riding« heißen; das ist wohl Brägels Fortbildung neulich geschuldet, bei der selbst klare deutsche Worte durch englische ersetzt wurden, weil's besser soundet. Am Samstag scharen sich aber fast alle bei »Speed«. Bei »Medium« steht gar keiner, und bei »Easy riding« nur der Präsident, der sagt, er möge kein blutiges Fleisch. Wir winken ihn zu uns und fahren los. Der Versuch ging völlig schief, gefahren wurde wie immer: link. Also so lange wie möglich an einem guten Hinterrad. Natürlich auch mit hinterhältigen Attacken und Treten bis zur Kotzgrenze am letzten Berg. Hinterher waren sich alle einig, dass man ja auch nicht freiwillig in eine schwache Gruppe gehen könne. »Wie sieht denn das aus«, sagt der alte Hans. »Genau das ist das Problem«, antwortet Brägel, »wenn nicht mal unser altes Wrack ruhiger fahren will, geht natürlich auch kein anderer hin.« Nach etwa zehnminütigem Tumult ist klar, dass wir noch lange nicht bereit sind, im Sattel unser Alter zu akzeptieren. Lieber tot als Zweiter – das gilt ewig.

Wenn das also nicht geht, müssen wir uns zumindest länger erholen, um annähernd altersgerecht Radsport zu treiben. Wir beschließen daher, die Trainingsrunden effektiv um fünf Kilometer durch eine Abkürzung zu kürzen, für die Berechnung des Schnitts belassen wir es aber bei der alten Streckenlänge. Dadurch erreichen wir den angestrebten Durchschnitt mit weniger Anstrengung. »Aber das ist doch Betrug«, mosert der Präsident. »Möglich«, sagt Brägel, »aber es macht ein gutes Gefühl und überhaupt – was ist im Radsport schon sauber.« Da hat er auch wieder Recht. Wenn man bedenkt, wie granatenmäßig normalerweise bei den Jahreskilometern gelogen wird, ist das Schnitt-Tuning fast zu vernachlässigen. Zur weiteren altersgerechten Schonung beschließen wir außerdem noch, das dritte Kettenblatt zuzulassen. Die montägliche Gymnastik wird dafür in einen weiteren Stammtisch umgewandelt.

Damit sollten wir die nächsten zehn Jahre hinkommen. Kommenden Samstag wird wieder gefahren, bis die Herzklappe wummert. Der alte Hans ist schon heiß darauf, seine persönliche Antwort auf das »alte Wrack« zu geben.

MACKER IM ACKER

SINNLOSES SPIELZEUG FÜR GROSSE JUNGS – DAVOR IST AUCH BRÄGEL NICHT GEFEIT …

2008 bis 2012

Radfahrer sind meistens auch Autofahrer, was umgekehrt nicht unbedingt gilt. Trotzdem fragen wir uns im Radclub manchmal, was für ein Auto eigentlich zu einem engagierten Radler passt? Brägel hat diese Frage für sich schon vor Jahren beantwortet und fährt seither zitronengelbe Zweisitzer. Daran hält er auch als Familienvater fest, gönnt Viola und den Kindern aber einen 16 Jahre alten VW Golf. Zur Ehrenrettung muss man anmerken, dass er für Urlaubsfahrten eine verkehrssichere Großraumlimousine mietet.

Wir haben uns daher gewundert, als er neulich mit einer Art zivilem Panzer zum Stammtisch kam: 295er-Reifen, 300 PS, Phallus-Auspuff, Edelstahl-Trittbretter, verspiegelte Scheiben. »Das ist ein SUV«, sagt er. »Wer isst zu viel«? fragt der alte Hans, aber keiner hört zu. Brägel erklärt, dass die Karre ideal für Radfahrer sei, weil man hinten zwei Renner einladen könne und nur die Vorderräder rausnehmen müsse.

Wir erklären ihm, dass dies auch mit einem normalen Van gehe und es dazu keinen tonnenschweren Koloss braucht, der bisher nur als Statussymbol für magersüchtige Anwaltsgattinen aufgefallen ist. Die belegen am Supermarkt zwei Stellplätze, weil sie den Brummer nicht einparken können. Dann verstauen sie im Gepäckraum 200 Gramm handmassiertes Filet vom Kobe-Rind, eine Schale Sushi für den Hund und das neueste Heft von »Schöner thronen«. Und dann sind sie froh, wenn sie die kleine Tüte im Stauraum wiederfinden.

»Quatsch«, sagt Brägel, »ich kann mit dem Auto auch ins Gelände.« Okay, Deutschlands Straßen haben im Winter gelitten, aber für die paar Schlaglöcher braucht es keinen Allrad mit Niveauregulierung. Und Brägel verdient sein Geld weder als Förster noch als Bergwerks-Ingenieur. Wir vermuten chronische Erektionsprobleme, sagen aber nichts, um die nächste Runde Hefe hell nicht zu gefährden. »Außerdem sitzt man höher und sieht besser«, nölt Brägel. »Wie wär's«, kontert der Präsident, »wenn du ein Kissen für dein Cabrio kaufst?« Brägel winkt ab.

Beim Treff zur nächsten Trainingsrunde erscheint Brägel mit seinem Panzer, der aussieht, als hätte er ihn in einem Schweinekoben gewendet. »Ich bin einen kleinen Umweg durch den Wald gefahren«, erklärt er. Als wir zum Parkplatz zurückkommen, steckt ein Zettel hinter dem Scheibenwischer, dass er sich bei der Polizei melden soll. Machen wir's kurz: Fahren auf gesperrten Wegen plus Gefährdung von Spaziergängern macht 150 Euro und zwei Punkte. Dazu hat einer der Ledersitze im Heck zwei kleine Löcher, weil sein Rad hin und her geworfen wurde.

Wir vermuten, es war das Kettenblatt. Eine Woche später fehlt an der Karre der rechte Außenspiegel, den Viola im Parkhaus an einer Säule abgestreift hat. Kosten für den neuen nebst Stellmotor: 529 Euro. Außerdem riecht es innen neuerdings ein wenig säuerlich, weil Familienhund Dertutnix kotzen musste, als Brägel durch ein Bachbett schepperte. Dafür haben sie ihm an der Tankstelle eine goldene Kundenkarte angeboten, weil er jetzt zweimal in der Woche 80 Liter Superplus zapft. »Und ich bekomme zwei Prozent Rabatt«, sagt er. Wow.

Wir bleiben dabei, dass das ideale Auto für Radler ein Kombi oder ein Van ist, was Brägel aber nicht beeindruckt. »Im Sommer bei der Tour parke ich das Ding am Galibier an einer Stelle, an die niemand sonst hinkommt und man fünf Kilometer Rennen sieht«, sagt er strahlend. Okay, wenigstens das. Die Frage ist allerdings, wer im Juli die Karre nach Frankreich fahren soll. Seit zwei Tagen ist Brägel nämlich den Führerschein los. Der Lapp hat im Stau die Autobahn verlassen, einfach über die Leitplanke und durch einen Acker – und direkt in die Arme einer Streife. Wie lange das Fahrverbot gilt, weiß er noch nicht. Aber wir machen uns ernsthafte Sorgen wegen Brägels Form. Nachdem er jetzt jeden Meter mit dem Rad fahren muss, befürchten wir beängstigende Fortschritte.

Und das will natürlich niemand.

MORGENSTUND MIT HUND

WER ES ZU ETWAS BRINGEN WILL, BRAUCHT EIN WENIG DISZIPLIN. ALSO VERSUCHT SICH DER RADCLUB AM MORGENDLICHEN TRAINING

2014

So ein Tag hat eben auch nur 24 Stunden – und das ist eine bittere Erkenntnis für alle, die ENDLICH mal ein bisschen mehr Radkilometer auf die Uhr bekommen wollen. Also auch für Brägel, der uns deshalb am Stammtisch euphorisch mit »Männer, der frühe Vogel fängt den Wurm« begrüßt. »Wer hängt im Turm?«, fragt der alte Hans, bekommt aber keine Antwort. Wir ahnen dagegen Schlimmes, was sich prompt bestätigt. Brägel will ab sofort zweimal pro Woche zusätzlich morgens zwischen halb sechs und sieben anderthalb Stunden in den Sattel. Selbst bei gemächlichem Tempo kämen so noch mal zwischen 250 und 300 Kilometer pro Monat zusammen.

Ehrlich gesagt, ist die Idee menschenverachtend. Um 05:30 Uhr fängt der Vogel gar nichts, weil es bis auf wenige Wochen im Jahr stockdunkel ist. Und auf jeden Fall im Bett angenehmer. Brägel legt allerdings auch gar keinen Wert darauf, dass wir uns ihm anschließen. Da er aber ohne uns einen gewaltigen Trainingsvorsprung herausradeln würde, müssen wir natürlich mit. Alles andere geht gar nicht. Und so trifft sich zwei Tage später ein Haufen elender Gestalten mitten in der Nacht vor dem Clubheim. Es nieselt ein wenig. Brägel hat an seinem Rad einen gefühlt 1.000 Watt starken Strahler montiert, der hektisch flackert wie ein Diskostroboskop. Seine Klamotten werden von weißen Leuchtstreifen durchzogen, die ihm das Aussehen eines

geröntgten Zebras verleihen. Quer über das Kinn ziert Brägel zudem ein dickes Pflaster, weil er beim Rasieren noch nicht richtig wach war. Einige andere offenbar auch noch nicht. Der Präsident trägt das Trikot seiner Frau, das ihn in eine pinkfarbene Presswurst verwandelt, was man zum Glück aber nur in Brägels Strobo-Gewitter sieht. Der alte Hans steht still und schweigt. Im fahlen Licht einer Straßenlampe erkennt man aber, dass er heute eine ziemlich faltige Unterlippe zur Schau trägt. Wahrscheinlich liegen die Beißerchen noch im Glas. »Morgenstund hat Gold im Mund«, ruft Brägel. »Wo ist ein Hund?«, nuschelt der alte Hans. Tatsächlich – unten keine Zähne.

Pünktlich um 05:30 Uhr fahren wir los. Brägel mit seiner Lightshow vorneweg, der alte Hans am Ende, weil auch er ein leistungsstarkes Licht am Rad hat. Wir anderen mit unseren Billigfunzeln vom Baumarkt-Wühltisch in der Mitte. Die Straße ist leer, auf dem Weg aus der Stadt begegnet uns nur der Zeitungsausträger, der erst schaut, als hätte er ein UFO gesehen, und sich dann an die Stirn tippt. Kurz danach sind wir auf der kurzen Trainingsrunde. Nach fünf Kilometern haben sich die Augen an die Dunkelheit gewöhnt, es rollt eigentlich ganz anständig. Aber nur bis kurz nach sechs. Es ist zwar immer noch stockdunkel, aber plötzlich nähern sich uns aus der Wiese neben der Straße hüpfende Lichtpunkte, die von schrillen Pfiffen begleitet werden. »Achtung, Hunde!«, brüllt Brägel und bremst. Tatsächlich – kurz darauf stehen zwei freundlich wedelnde Fellbündel mit Blinkhalsband vor uns. Einer pinkelt Brägel ans Vorderrad, der andere versucht, den Präsident im Gesicht zu schlecken. Plötzlich taucht eine Frau auf, die aussieht, als hätte sie nie und nimmer um diese Zeit mit Sozialkontakt gerechnet. Gummistiefel, darüber einen Parka, unter dem etwas herausragt, das wie ein Nachthemd aussieht. »Ich muss ja morgens raus, aber ihr«, sagt sie, leint ihre kleinen Strolche an und trollt sich. Der Präsident will sie wegen der Hunde noch beleidigen, aber wir halten ihn zurück. Sie hat ja recht.

Wir fahren weiter über so gut wie autofreie Straßen. Es rollt gut, und um 07:00 Uhr sind wir wieder am Clubheim. Es dämmert, wir haben 37 Kilometer mehr auf dem Zähler und fühlen uns tatsächlich sehr gut. »Das ist doch ein geiler Start in den Tag«, jubelt Brägel.

Ein Thema auf Dauer ist es trotzdem nicht. Der Euphorie folgte nämlich das 15-Uhr-Loch, in das alle todmüde purzelten. Und die allermeisten am Arbeitsplatz. Brägel berichtete zudem von familiärem Ärger, weil er, aufgeputscht vom Sport, sich seiner Gattin in einer Art nähern wollte, für die Viola um kurz nach sieben null Verständnis zeigte.

Und den zahnlosen alten Hans hält man auch nicht wirklich aus. Also – Morgentraining ja, aber höchstens einmal im Monat.

ELEKTRO-SCHOCK

DER RADCLUB IST GESPALTEN: SIND E-BIKER BETRÜGER ODER NICHT? ENTSCHEIDEN SIE SELBST

2015

Wenn sich das Jahr neigt, sind die Menschen meist in einer ziemlich gnädigen Stimmung. Das Jahr ist geschafft, irgendwie, allüberall leuchtet es weihnachtlich, der Urlaub rückt näher, und das Gemüt wird heiter. Das ist auch die Zeit, Bilanz zu ziehen und dabei selbst bei heiklen Fragen eine innere Gelassenheit zu bewahren. Meistens jedenfalls.

Der Radclub hat sich jedenfalls zunächst in durchaus friedlicher Absicht zum traditionellen Adventsempfang getroffen. Es wurden gleich zu Beginn geistreiche Getränke in respektabler Menge gereicht, dann ergriff Brägel wie jedes Jahr das Wort und gab es quälende 35 Minuten nicht mehr her. In meiner Erinnerung begann seine Rede mit: »Liebe Freunde und Gönner des Radclubs, werte Sportskameraden und Radhändler, liebe Kinder und vierbeinige Hausgenossen und auch noch ein herzliches Grüß Gott an alle Frauen« und endete mit »rufe ich Ihnen zum Ende meiner kurzen Ausführungen – ich bin ja kein Redner, gell – ein entschiedenes Prost zu«. Was dazwischen war, habe ich vergessen, nur dass der alte Hans eingenickt und mit dem Kopf auf die Tischplatte geschlagen ist, das weiß ich noch.

Danach gab es die traditionelle Gans mit ganz viel Rotwein, ehe der Höhepunkt des Jahres anstand, also das feierliche Verkünden der Jahreskilometer. Und dann war Schluss mit lustig. Die Zahlen waren bei manchen absurd hoch, was daran lag, dass einige auch die Tacholeistung ihres E-Bikes dazu zählten – und das auch noch eins zu eins. Und da mittlerweile fast jeder ein E-Bike als Zweit- oder Drittrad zu Hause hat, kam da ganz schön was zusammen. »Betrug«, donnert der alte Hans, »ein E-Bike ist überhaupt kein richtiges Fahrrad, eher so was wie Viagra für wadendünne alte Schwächlinge.« Streng genommen, denke ich, also genau das Richtige für ihn, kann das aber nicht loswerden, weil der Präsident das Wort an sich reißt. Wortreich erklärt er uns, dass er sehr wohl die elektrischen Kilometer addiere, weil er sich auf seinem Mountain-E-Bike im Wald genauso anstrenge wie auf der Straße auf dem Renner. »Nur bin ich dann eben deutlich schneller als früher unterwegs, und das ist geil.«

Danach wogte es ein wenig hin und her. Der alte Hans jaulte gequält, weil ihn einer »einen ewig gestrigen Mini-Macho« nannte. »Wieso Mini«, grantelte er immer wieder. Der Präsi bot sogar seinen Rücktritt an, sollte seine Kilometerzahl nicht offiziell anerkannt werden, zog dann aber zurück, weil ein Rücktritt aus ideologischen Gründen

qua Satzung verboten ist. Nur Brägel hielt sich für seine Verhältnisse lange zurück. Schließlich erklärte er, dass er seine elektrischen Kilometer hälftig addiert habe, und ob das kein tragfähiger Kompromiss sei? Doch damit wollte auch keiner etwas anfangen, die Trennlinie ist klar – Männer gegen Memmen, Elektros gegen Realos, Bubis gegen Kerle und so weiter. Die weihnachtlich friedliche Stimmung drohte zu kippen, vereinzelt wurde sogar mit Anschlägen auf die Akkus respektive mit finalem Ventilklau gedroht.

Dann meldete sich Brägel doch noch mal. Sein Vorschlag: Für 2014 werden die elektrischen Kilometer gestrichen, und für 2015 wird eine verlässliche Regel aufgestellt. Die sieht ungefähr so aus, dass sich alle Clubmitglieder ein geeichtes und versiegeltes Gerät zur Leistungsdiagnose kaufen. Dieses Gerät muss dann jeder anlegen, sobald er E-Bike fährt. Wirft das Gerät hinterher eine Durchschnittsbelastung von mehr als 150 Watt aus, darf der E-Kilometer gerechnet werden. Sonst nicht. Mal abgesehen davon, dass keiner weiß, was so ein Gerät kostet – wer soll das Ganze auswerten? Dazu, so Brägel, werde unter seinem Vorsitz ein »Ethikrat für elektrisch sauberen Sport« gegründet, der dann auch Herr der Daten sei.

So weit kommt's noch – Brägel als Letztinstanz. »Das wäre ja so, als hätten wir eine Frau als Bundeskanzler«, schimpft der alte Hans. Wir erklären ihm, dass Frau Merkel tatsächlich eine Frau ist, lehnen aber auch Brägel als Zählmeister kategorisch ab.

Danach war die Feier atmosphärisch ein wenig gestört. Wie es im neuen Jahr weitergeht mit den E-Kilometern, bleibt also noch ein wenig offen.

NEIN! NEIN! ... JA?

BRÄGELS RADCLUB WEHRT DAS E-RENNRAD ALS SPORTGERÄT EISERN AB. NOCH.

2019

Die Situation hat sich angebahnt, aber das macht es nicht besser. Es ist ja schon lange klar, dass sich das E-Bike nicht mehr verhindern lässt, aber es gab immer ganz klare Grenzen. Der Radclub akzeptiert den Besitz von E-Bikes seiner Mitglieder, die das Rad mit Motor aber nur für Alltagsfahrten einsetzen dürfen. Die Fahrt zum Brötchenholen – alles gut. Mal mit der Family auf die Grillwiese gondeln – das ist ebenso erlaubt wie die Fahrt zum Job oder zu einem Besuch in der Innenstadt, wo man das Auto eh nicht parken kann. Diese Touren fallen nicht unter den Begriff »Sport«oder gar »Männersport« und sind deshalb mit Motor zulässig. Alles andere ist streng verboten.

Brägel fuhr ja neulich wegen Formschwäche mit Sondererlaubnis des Radclubs mit einem E-Bike auf unserer Runde mit und lieferte den eindrucksvollen Beweis, dass dies ein absolutes No-Go ist. Uns am Berg abhängen und dann was von »meist ohne Motor oder maximal mit Stufe 1« sülzen – peinlich.

Aber er lässt nicht locker. »E-Biken ist genauso Sport wie ohne Motor«, holpert er. Nein, ist es nicht und wird es nie sein, bekommt er von uns allen zurück. Sport ist treten, bis Blut kommt, und dann noch mal fünf Minuten. »E-Bike und Rennrad sind einfach nicht vergleichbar«, ergänzt der Präsident, »es kommt ja auch keiner auf die Idee, Fußballprofis mit Balletttänzern zu vergleichen, nur weil die Kicker wegen nix und wieder nix den sterbenden Schwan geben.«

Wenn wir also zusammen fahren, müsste eine echte Vergleichbarkeit hergestellt werden. Der alte Hans schlägt vor, dass man beim gemeinsamen Training ans E-Bike pro zehn Watt Motorleistung ein Kilo Blei anbinden müsste. Grob würde dann so ein E-Bike rund 50 Kilo wiegen, das wäre dann ansatzweise fair. Der Präsident hat dann noch die Idee, den Fahrer zu nivellieren. Er hätte mal gehört, dass Muskelaufbau nur über Testosteron funktioniert. Man wisse ja, dass Männer das Testosteron sozusagen im Unterleib produzieren würden, und wenn da nichts mehr wäre, könnte man das »E« dann schon akzeptieren. »Und was soll das bedeuten?«, fragt Brägel. »Ganz einfach – du lässt dich kastrieren, dann darfst du mit einem E-Bike mitfahren.« In Brägels Fassungslosigkeit hinein fügt der Präsi noch an, dass man den Eingriff auch jederzeit in seinem Hobbyraum durchführen könne. Der sei sauber, und wie man's mache, habe er in einer landwirtschaftlichen Sendung im Fernsehen gesehen. Gut, das war bei Schweinen, aber das Prinzip sei durchaus vergleichbar.

Als Brägel wieder Luft bekommt, lehnt er das präsidiale Angebot entrüstet ab. So weit ginge die Liebe zum Sport dann doch nicht. Wir erklären Brägel noch einmal, dass Sport etwas anders ist als »E« – zumindest, solange wir ohne fremde Hilfe in den Sattel kommen. Aber da wir an der Realität auch nicht völlig vorbeiradeln wollen, müssen wir uns etwas für die Zukunft einfallen lassen. Und nachdem die Vergleichbarkeit in einer Gruppe offensichtlich nicht realistisch herstellbar ist, müssen wir wohl oder übel die E-Biker auffordern, ihre eigene Trainingsgruppe zu gründen. »Können wir schon machen«, sagt der alte Hans, »aber die müssen dann eigene Trikots tragen, die keinen Rückschluss auf unseren ehrenwerten Club zulassen.« Außerdem sollten sie an ihren E-Möhren einen Ständer und Gepäckträger montieren, damit keiner auf die Idee kommt, das hätte was mit Rennradfahren zu tun. Brägel stimmt der Gründung einer Gruppe zu, das mit dem Trikot sei auch zu machen. »Bei dem Rad kann ich euch aber leider nicht helfen«, sagt er und präsentiert plötzlich einen Renner vom Feinsten aus Italien, in der Farbe, die der Kenner »Celeste« nennt. Außer, dass das Rad hinten eine etwas dickere Nabe hat, sieht man nichts; keinen Motor, keinen Akku. »Da kann man leider keinen Ständer dranschrauben«, erklärt uns Brägel. Wir sind sprachlos. Ein Velo, wie es schöner und edler kaum sein kann – und das Ding hat tatsächlich einen Motor. Das ist ein Skandal, und ich fürchte es ist erst der Anfang. Denn plötzlich legt der Präsi den Kopf leicht schief, reibt sich nachdenklich das Kinn und fragt Brägel: »Sag mal, was kostet so was eigentlich?«

GEKONNT LEIDEN

RADSPORTLER SIND ALLES – NUR NICHT GESUND

2018

Wer krank ist, gehört ins Bett oder sollte sich zumindest schonen. Soweit die Theorie. In der Praxis sieht das natürlich anders aus, vor allem im Leistungssport. Und ganz besonders im Radsport, bei dem man als gesunder Mensch ja sozusagen chancenlos ist. Ein Profi-Peloton bei großen Rennen besteht zu sehr großen Teilen aus Asthmatikern, Allergikern und Menschen mit derart grausamen orthopädischen Gebrechen, dass sie tonnenweise entzündungshemmendes Kortison brauchen, um morgens ohne fremde Hilfe aus dem Bett zu kommen. Natürlich ist das kein Doping, sondern eine medizinische Notwendigkeit, schließlich lesen sich die Arztberichte großer Sieger oft wie eine Empfehlung, sich zeitnah um einen Hospizplatz zu bemühen. Brägel hatte deshalb schon mal die Geschäftsidee, in der gesunden Bergluft von Davos ein Seniorenstift für ehemalige Radprofis einzurichten, in dem man den Herren dann hilft, ihre Dosis pünktlich und richtig einzunehmen, wenn sie es nicht mehr selbst können. Oder einen Luftkurort als Dauerstartort der Tour de France zu etablieren. Zum Beispiel an der Nordsee.

Aber Brägel wäre ja nicht Brägel, wenn er das Thema nicht auf seine Art vertiefen würde. Krank Rad zu fahren ist bei ihm ein Dauerzustand, der ihm hilft, seine persönliche Leistungsschwäche so einzuordnen, dass wir anderen beinahe in Tränen ausbrechen – was auch daran liegt, dass der Lapp so geschwollen daherredet. Neulich kommt er leichenblass zur Ausfahrt. »Mich hindert eine infektiöse

Rhinitis am Atmen«, jault er. Gut: Dass man bei einem Schnupfen schwer Luft kriegt – geschenkt. Allerdings nur durch die Nase. Da Brägel aber sowieso immer den Unterkiefer bis zur Brust aufklappt, sollte das eigentlich kein Problem sein. Und beim Schlucken von Hefe hell waren auch keine nennenswerten Einschränkungen zu beobachten. Aktuell habe sich übrigens die »Rhinitis acuta zu einer Rhinitis allergica ausgewachsen«, wie er sagt. Heuschnupfen ist in der Tat Mist. »Aber zum Glück mit Kortison gut in den Griff zu kriegen«, sagt Brägel. »Das ist Doping«, ereifert sich der alte Hans. Brägel kontert, das sei medizinisch notwendig. »Außerdem nimmst du gegen deine erektile Dysfunktion Viagra«, nölt Brägel, »und das ist auch im

Sattel leistungssteigernd.« Der alte Hans bekommt eine roten Kopf und nuschelt: »Steht aber nicht auf der Dopingliste ...« Das ist immerhin korrekt.

Beim nächsten Stammtisch präsentiert Brägel seine ausführliche frühsommerliche Krankheitenliste: Unter der Rubrik »Atemwegserkrankungen« listet Brägel auf: Bronchitis, Laryngitis, Epiglottitis und Sinusitis. Der Präsident will gerade sagen, dass Epiglottitis eigentlich eine Kinderkrankheit ist, da meldet sich Brägel schon. »Alles behandelbar mit Kortison.« Dazu knallt er ein Attest von einem Lungenfacharzt auf den Tisch, von dem wir nur die Datumszeile verstehen. Zudem plage ihn neuerlich eine Stoffwechselerkrankung der Muskeln namens PSSM, gegen die anabole Steroide helfen. »Streng genommen bist du tot«, sagt der Präsi, »aber zumindest zum Radfahren viel zu krank.« Brägel winkt ab, er werde ja gut behandelt. Nach Quellenstudium fragen wir dann aber noch mal nach, wie das so sei mit seiner Polysaccharid Speicher Myopathie (PSSM). Die Krankheit gibt es nämlich nur bei Pferden, und ein Gaul sei er bei aller Liebe nun wirklich nicht. Außerdem würde man PSSM nicht mit Steroiden behandeln. Brägel nuschelt etwas von Verwechslung, hat aber seltsamerweise auch für PSSM ein unleserliches Attest dabei.

Wir haben den Lapp dann ein wenig in die Zange genommen, und er hat uns schließlich gestanden, dass er Pillen und Säfte aus dem Netz und die Krankheiten aus dem Buch »Gekonnt leiden – alles für Hypochonder« entlehnt habe. Die Atteste stammen ebenfalls aus dem Internet. »Aber ich fühle mich wirklich schwach«, jammert er. Das freilich ist nicht neu, aber wir müssen als seriöser Verein natürlich reagieren. Beim nächsten Training bitten wir alle, die aktuell ärztlich verordnete, rezeptpflichtige Pharmazeutika einwerfen, sich zu einer eigenen Gruppe zusammenzufinden. Und schwupp: Bis auf drei stehen alle in der Pharmaabteilung. Damit ist der offensichtliche Beweis erbracht, dass Radler allesamt eher auf Kur als in den Sattel gehören. Und das offenbar nicht nur bei den Profis. Brägel wirft trotzdem noch ein Herzpillchen ein, ruft »Kette rechts«, und tritt an.

FUSSGÄNGER GEDULDET

BRÄGELS REGELN FÜR DAS RADFAHREN IN DER STADT

2019

Brägel hat es auf Seite 2 des Lokalteils unserer Zeitung geschafft – da sind wir uns ganz sicher. »Rad-Rambo gefährdet Fußgänger«, prangt da in fetten Lettern. Darunter ein Artikel, in dem steht, dass ein Rennradfahrer am vergangenen Mittwoch morgens um halb neun wild klingelnd durch die Fußgängerzone gebrettert sei. Manche Passanten konnten sich nur durch einen beherzten Sprung in Sicherheit bringen, der Radler sei dann laut fluchend, aber unerkannt verschwunden. Ein Augenzeuge wird zitiert: »Der hatte locker 40 Sachen drauf.« Gut, das spricht gegen Brägel, aber die Beschreibung (unverschämt, mittelalt, Bauchansatz, gelbes Trikot mit der Aufschrift »Balisto«) passt exakt.

Okay, es heißt »Banesto«, doch das Trikot ist mittlerweile so fadenscheinig, dass man den Aufdruck kaum noch lesen kann. Und jüngere Augenzeugen wissen natürlich auch nicht, wer oder was Banesto war. Die spanische Bank gibt es seit 2012 nicht mehr, das Radteam seit 2005. Aber gut, es muss Brägel gewesen sein, schließlich hat er neulich am Stammtisch erklärt, dass er künftig in der Stadt komplett auf sein Auto verzichten will. Beruflich wie auch privat.

Brägel streitet natürlich alles ab. Ja, er fahre jetzt mehr Rad in der City, aber natürlich streng nach den Regeln. »Und was sagen die Regeln zum Radfahren in Fußgängerzonen?«, fragt der Präsident. »In diesen Zonen sind Fußgänger ausdrücklich geduldet«, sagt

Brägel, »Radler müssen sich aber akustisch bemerkbar machen.« Auweia – wir erklären ihm, dass seine Interpretation von der Wahrheit so weit entfernt ist wie er von guter Form. Fußgängerzonen und Gehwege sind für Radfahrer tabu, es sei denn, unter den Markierungsschildern hängt noch ein kleines, weißes Zusatzschild mit einem schwarzen Fahrrad und dem Wort »frei«. Dann dürfte er das Rad benutzen, aber nur im Schritttempo. Außerdem seien Rennräder für die Stadt nun wirklich nicht besonders gut geeignet. »Warum nicht?«, fragt Brägel. »Klickpedale, keine Schutzbleche, kein Ständer«, sagt der Präsi, »um nur das Wichtigste zu nennen.« Wenn er in der Stadt fahren wolle, solle er sich ein passendes Rad kaufen.

Will Brägel aber nicht. Man müsse ja auch ans Tempo denken, und er habe keine Lust, sich auf den Radwegen in der Stadt von E-Bikern abhängen zu lassen. Also geben wir ihm noch ein bisschen Nachhilfe. Wir erklären ihm, dass er auf gemeinsamen Fuß- und Radwegen Rücksicht auf die Fußgänger zu nehmen hat, dass Tempolimits auch für Radler gelten und dass man Autofahrer nicht mit der Trinkflasche bespritzen darf, nur weil man meint, der seitliche Abstand sei zu gering. »Und was machst du bei einer roten Ampel?«, fragt der alte

Hans. »Tempo rausnehmen, schauen ob frei ist und dann durch«, antwortet Brägel, ganz erstaunt, dass Rotlicht auch für Radler keine Empfehlung, sondern ein Befehl zum Anhalten ist. Doch er gelobt, sich künftig an die Regeln zu halten. Seine letzte Frage, ob er nicht wenigstens lästige Mitradler »abdrängen« dürfe, lässt aber Schlimmes ahnen.

Zum nächsten Stammtisch kommt Brägel mit bandagiertem Knie und veritabler Beule. Das Knie hat er sich aufgeschlagen, als er auf einem Gehweg mit »Radfahrer frei« tatsächlich im Schritttempo fuhr – und schneller umfiel, als er aus dem Klickpedal rauskam. Die Beule indes ist gemein. Brägel erzählt, dass er an einer Ampel bei Rot angehalten habe und von hinten von anderen Radlern über den Haufen gemäht wurde. »Und die haben mich noch angeranzt, warum um alles in der Welt ich angehalten hätte.« Okay, wir kommen langsam zu der Erkenntnis, dass für uns brave Rennradfahrer die Stadt nichts als ein gefährlicher Dschungel ist. Auch Brägel hat resigniert, will es aber künftig Downtown mit einem E-Scooter versuchen. »Mit dem darf ich ja auch auf den Gehweg«, sagt er. »Leider nein«, erklärt der Präsident.

Keine Ahnung, was Brägel nun vorhat. Eins interessiert uns aber noch. »Der unverschämte, mittelalte Rad-Rambo mit Bauchansatz und gelbem Balisto-Trikot aus der Zeitung, das warst doch du?«, fragt der Präsi. Brägel schweigt etwas zu lange und sagt dann: »Ich hab' kein Balisto-Trikot.« Wir wussten es.

RAUSCHMITTEL

DIE PROMILLEGRENZE FÜR RADFAHRER MACHT BRÄGELS RADCLUB ZU SCHAFFEN. ZUMINDEST THEORETISCH

2019

Brägel gehört zu den Menschen, die gern Statistiken lesen. Warum auch immer. Neulich überraschte er uns am Stammtisch mit Zahlen aus dem Jahr 2013, die die Deutsche Gesellschaft für Unfallchirurgie verbreitet hat. Ebenfalls warum auch immer. Demnach verunglückten 2013 insgesamt 71.420 Fahrradfahrer im Straßenverkehr. 3.432 von ihnen standen dabei unter Alkoholeinfluss. »Und was soll uns das sagen?«, fragt der Präsident zwischen zwei deftigen Schlucken Hefe hell. »Ganz einfach«, erklärt Brägel, »wer Rad fährt, sollte nicht trinken, und wer trinkt, sollte nicht Rad fahren.« Na, bravo. Mal abgesehen davon, dass man nur der Statistik glauben sollte, die man selbst gefälscht hat, würde das ja sozusagen die Grundfesten unseres ehrbaren Vereins sprengen. Gut, jetzt im Winter trinkt tatsächlich manchmal einer nach dem Training einen heißen Tee. Aber nur als Aperitif. Im Normalfall verlässt kaum einer den Stammtisch nach dem Training unter zwei Hefe hell – und fährt danach natürlich auch mit dem Rad nach Hause. Wie auch sonst.

»Das sollten wir künftig aber sein lassen«, sagt Brägel und regt an, dass wir einen Radanhänger kaufen, jeder sich eine Anhängerkupplung ans Auto baut und wir künftig reihum immer einen bestimmen, der nach dem Trainings-Stammtisch alle anderen samt ihrer Velos nach Hause kutschiert. »Und der darf dann gar nichts trinken?«, fragt der alte Hans. »Doch, aber deutlich weniger«, sagt Brägel, der dann noch erklärt, dass beim Autofahren die Grenze bei 0,5 Promille liege, Radfahrer aber erst ab 1,6 Promille gesetzlich fahruntauglich seien. 1,6 Atü Leitungsdruck – alle Wetter. Sensible Naturen würden das eine oder andere altgediente Mitglied der Trainingsgruppe zwar durchaus als rollenden Trinker würdigen, 1,6 Promille sind aber schon eine gewaltige Ansage. Brägel zitiert aus einer medizinischen Zeitschrift, wonach für diesen Wert bei einem 80 Kilo schweren Mann rund 100 Gramm Alkohol nötig seien, also vier Hefe hell. »Und die hat ja nun hier wirklich keiner nach dem Training«, sagt Brägel und erntet dafür emsiges Kopfnicken. Nur der Präsi schaut etwas verschämt und dreht lieber mal den Bierdeckel mit den Zählstrichen um.

Überhaupt sollte man die Kirche um Dorf lassen. Wir hatten in den vergangenen zehn Jahren nur zwei Unfälle, wobei einer tatsächlich mit Alkohol zu tun hatte. Ausgerechnet Brägel hat sich einst in eine frisch ausgehobene Baugrube geschmissen, angeblich, weil die nicht beleuchtet war, was aber nicht stimmte.

»Wie fühlt man sich eigentlich mit 1,6 Promille?«, fragt der alte Hans. Brägel zitiert wieder einschlägige Fachliteratur. Demnach nennt man den Bereich zwischen einem und zwei Promille das »Rauschstadium«. Dann zählt er noch ein paar Symptome auf, wie verschlechterte Sehfähigkeit, gesteigerte Enthemmung, Verlust der Kritikfähigkeit, Verwirrtheit, Sprach- und Orientierungsstörungen. »Okay«, sagt der Präsi zu Brägel, »aber wenn das so ist, dann haust du dir ja schon vor dem Training 100 Gramm Alk hinter die Binde.« Brägel wirkt ein wenig indigniert, aber wir erklären ihm, dass er grundsätzlich jedes Hinweisschild auf der Runde übersieht, dass ein einziger hupender Autofahrer ihn komplett enthemmt, dass er seit jeher die Kritikfähigkeit eines Stahlträgers habe und dass er, zumindest gefühlt, in einem Zustand ständiger Verwirrtheit durchs Leben gehe.

Danach entbrennt eine lebhafte Diskussion, ob Brägel sozusagen ganz ohne Alkohol im Dauerrausch unterwegs ist, ob er heimlich trinkt, oder ob wir einfach nur gemein sind. Der Disput ist heftig und macht so durstig, dass wir uns zwei Stunden später, mutmaßlich juristisch ernsthaft fahruntüchtig, für den Heimweg in den Sattel schwingen. Brägel braucht ganze drei Minuten, um den Schlüssel ins Ringschloss und das Batterielicht in die Halterung zu fummeln, aber er kommt, wie alle anderen, gesund nach Hause.

Nach diesem unfallfreien Finale sind wir uns trotzdem einig, dass das Thema ernst ist. Wir verlagern es allerdings hinter die Fastenzeit in den April. Solange gibt es keine Anhängerkupplungen und vom 6. März an ohnehin sechs Wochen keinen Alkohol. Oder zumindest fast keinen ...

2

BRÄGEL UND SEINE FREUDE VOM RADCLUB

WISSEN IST MACHT

… ABER NICHTS WISSEN MACHT AUCH NICHTS. BRÄGEL JEDENFALLS BRINGEN SEINE BILDUNGSLÜCKEN UNVERHOFFTEN WOHLSTAND

2002

Brägel braucht Geld. Die Kosten für das Drittrad (2.200 Euro) und den Trip zur Tour de France (1.650 Euro) haben sein Konto schwer belastet. Und weil Jan-Miguel dringend einen Sonnenhut und Sandalen braucht, ist der Lapp auf der Suche nach neuen Geldquellen. Drei Wochen hat er System-Lotto gespielt, aber das hat nichts gebracht. Danach gründet er »Brägels Radservice«, den er aber schon nach seinem zweiten Kunden wieder schließt. Mit dem alten Schraubknochen seines Staiger-Jugendrades war er werkzeugmäßig eben doch leicht unterversorgt.

Also bewirbt sich Brägel bei diversen Quizshows, was angesichts seiner Allgemeinbildung ein ziemliches Wagnis ist. Aber da sowieso nur einer von hundert Millionen Anrufern eingeladen wird, scheint das ohnehin unwahrscheinlich. Dachten wir. Aber wie es der Teufel will, wird Brägel eingeladen – ausgerechnet zu Günther Jauchs Show »Wer wird Millionär?« »Na, du sicher nicht«, sage ich zu ihm, aber Brägel lernt fleißig den alten Brockhaus seiner Mutter aus dem Jahr 1956 auswendig. »Wusstet ihr, dass es einen Teil von Deutschland gibt, der DDR heißt?«, fragt er im Radclub. Das kann ja heiter werden.

An einem Freitagabend hat sich dann der Radclub bei mir vor der Glotze versammelt. Brägel war tatsächlich im Fernsehen, und wir haben uns auch gleich ein bisschen geschämt, weil er im Clubtrikot, schwarzer Radhose, weißen Tennissocken und Sandalen in der Runde saß. Bei der Vorstellung winkt er dämlich grinsend und mit einer Trinkflasche des Team Telekom in die Kamera. Wir öffnen das erste Hefeweizen. »Hoffentlich kommt der nie auf den Stuhl«, sage ich. Alle nicken.

Doch wenig später sitzt Brägel vor Jauch. Dummenglück. Die zehn Kandidaten mussten die vier Namen Greg LeMond, Laurent Fignon, Pedro Delgado und Niki Lauda nach der Zahl ihrer Toursiege sortieren. »Niki Lauda hat nur einmal gewonnen, den Rest habe ich geraten«, sülzt Brägel. Viola, die neben mir sitzt, stöhnt auf. Jan-Miguel spuckt den Schnuller aus, deutet auf den Bildschirm und sagt: »Baba«. »Leider«, seufzt Viola und öffnet auch ein Weizen.

»Wen haben Sie mitgebracht?«, fragt Jauch. Kameraschwenk in die Galerie, wo normalerweise eine Gattin, ein Onkel oder eine Oma sitzt: Brägel hat sein altes Cinelli-Rad dabei, das die RTL-Crew mühsam auf dem Stuhl drapieren musste. »Mein bester Freund«, ölt Brägel, »den kannste treten, und er tritt nie zurück.« Jauch verzieht den Mund zu einer komischen Welle, Viola will einen Schnaps. »Sei froh, dass er dich nicht mitgenommen hat«, sage ich. Viola nickt.

»50 Euro, wenn Sie folgende Frage beantworten«, tönt Jauch und wirkt etwas kurz angebunden. »Vervollständigen Sie das Sprichwort: Der Krug geht so lange zum Brunnen bis er a) stirbt, b) kotzt, c) bricht oder d) singt.« Brägel legt die Stirn in Falten und kratzt sich wenig nonchalant in der Mitte der Radhose. Nach einiger Stammelei, dass er ein wenig zu »kotzt« tendiere, es aber nicht exakt wisse, zieht er den Publikumsjoker. Brägel sammelt 50 Euro mit einem Zuschauervotum von 98,5 Prozent. »Wenigstens 1,5 Prozent der Menschheit sind so dämlich wie er«, sagt Viola. Niemand widerspricht. Danach kommt er halbwegs anständig bis 2.000 Euro. Nur einmal muss er Onkel Hubert anrufen, weil er nicht weiß, wie der höchste Berg der Erde heißt. Peinlicher ist, dass er vor dem Werbeblock eine Papptafel in die Kamera hält mit der Aufschrift: »Ich grüße den Radclub.« Unser Präsident erwägt rechtliche Schritte.

Mittlerweile hat Brägel seine Telekom-Flasche auf das Pult drapiert, worauf nun auch die Telekom-Rechtsabteilung über juristische Schritte nachdenkt. Jauch lächelt gemein und verliest die 4.000-Euro-Frage. Es geht um Malerei. Brägel hat keinen Joker mehr, tippt blind auf einen Namen und hat Glück. »Wenn er schlau ist, hört er jetzt auf«, sage ich. Viola nickt. 4.000 Euro, da müsste für Jan-Miguel mehr drin sein als ein Sonnenhut und Sandalen. »Was machen Sie mit dem Geld?«, fragt Jauch. »Ich kaufe mir ein neues Rennrad und fliege im Frühjahr zum Training nach Sizilien.« Viola seufzt schwach, und die TOUR-Redaktion erwägt, das Sizilien-Camp 2003 zu streichen.

Brägel hört aber nicht auf und erweist sich überraschend als Spezialist für gotische Kirchen und moderne Musik. Und dann passiert es. Es kommt die 250.000-Euro-Frage: Welcher Radprofi hat als einziger fünfmal die Tour de France in Folge gewonnen? Anquetil, Hinault, Indurain oder Merckx? Brägel lächelt gönnerhaft und sabbert los: Alle vier hätten fünfmal gewonnen, aber Indurain, übrigens Namenspatron seines Sohnes, wäre von 1991 bis 1995 im Gelben Trikot nach Paris gerollt. Danach hätten dann Riis, Ullrich, Pantani und viermal Armstrong gewonnen. Ende des Vortrags. »Mein Männe«, jubelt Viola.

Ich brauch' mein zweites Weizen. Dringend. Unser Brägel wirkt cool wie ein Eisberg, Jauch ratlos. »Na gut«, sagt er, dann schauen wir mal, ob Sie das jetzt auch noch wissen: 500.000 Euro, wenn Sie mir sagen können, welcher Roman mit den folgenden Worten beginnt: ›Nennt mich Ismael‹ – a) …« Brägel jubelt schon dazwischen: »Moby Dick, Moby Dick! Ich habe das neunmal als Kind gelesen; geiles Buch mit Walen und so.« Jauch gibt leicht irritiert zu bedenken, ob er sich nicht mal die Antworten anschauen will? Brägel sagt gönnerhaft ja, aber es sei Moby Dick, ganz sicher. Ich weiß das auch, schließlich habe ich ihm das Buch vor 30 Jahren geliehen. Gibt's noch ein drittes Weizen? Moby Dick ist Antwort b, Brägel loggt ein und wird Millionär, zumindest in Mark. Auf das Finale verzichtet er, mit Päpsten kenne er sich nicht aus. Fanfare und Jubel im Fernsehen, Brägel winkt mit der Pulle in die Kamera und hüpft vergnügt durchs Studio. Vor dem Fernseher erhebt sich unser Präsident, erklärt »den lieben Sportskamerad« zum Ehrenmitglied. Viola schickt verliebt Kusshändchen Richtung Mattscheibe. »Brägelchen«, gurrt sie, »komm bald nach Hause.« Ich besorge mir einen Schnaps und bin neidisch.

Jan-Miguel hat neue Sandalen bekommen, einen Sonnenhut und einen neuen Kindersitz. Der alte wollte farblich nicht in den schwarzen Porsche passen. Und Brägel darf auf unseren Ausfahrten jetzt immer Windschatten fahren, weil er dem Verein eine neue Terrasse fürs Clubheim gesponsort hat.

Die Welt ist nicht gerecht.

BRÄGOLLINI

VORBILD-FUNKTION: WENN EINER VERSUCHT, WIE SEIN VORBILD ZU SEIN, UND DAS ÜBERHAUPT NICHT FUNKTIONIERT, DANN KANN DAS NUR EINER SEIN …

2002

Wenn es allmählich Winter und draußen früher dunkel wird, neigen ja viele Menschen zu düsteren Gedanken. Wieder ein Jahr vorbei, ohne die angestrebten 5.000 Kilometer auf dem Tacho; wieder ein Jahr verloren im Kampf gegen den lästigen Weizenbiergürtel um die Hüften. Dann kommt auch noch Weihnachten mit den diversen Fünfgang-Gelagen und viel zu viel von viel zu schwerem Rotwein. Da kann man schon mal ein wenig schwermütig werden.

Deshalb hat es uns im Radclub auch alle gewundert, als Brägel, der sonst von schweren Winterdepressionen geplagt wird, neulich strahlend zum Clubabend einlief. Die Haare glatt nach hinten gekämmt, unrasiert und etwas streng riechend, was sich damit erklären ließ, dass er sein lichtes Haupthaar mit Campa-Fett nach hinten gestriegelt hatte. Ein Unfall? »Nein«, sagt Brägel, »im Sport braucht man Vorbilder. Meines heißt jetzt Mario Cipollini.«

Atemlose Stille am Stammtisch. Das ist, mit Verlaub, ein radikaler Wechsel. Bisher hatte der Lapp immer einem gewissen Jan Ullrich nachgeeifert: Unregelmäßiges Training, ständig irgendwie verletzt, so gut wie kein ernsthaftes Rennen und dazu noch Probleme mit dem Gewicht, dem Alkohol und so manch anderen Verlockungen des Alltags. Das war schon eher Brägels Welt. Eigentlich ist er so etwas wie der Jan Ullrich der RTF-Szene – und nachdem Brägel sich neuerdings ja auch noch einen Porsche gekauft hat, passte das Vorbild perfekt. Aber jetzt soll es der Weltmeister sein. Der Seriensieger des Giro d'Italia und der Vuelta a España, der selbsternannte schönste Radprofi des Universums. »Cipo geht es wie mir«, ölt Brägel, »der wird auch nicht zur Tour de France eingeladen.«

Ich bestelle mir vor Schreck noch ein Bier und rate Brägel zum Rücktritt vom Sport. Den hat sein neues Vorbild im Sommer ja auch mal erklärt, aber davon will er natürlich nichts wissen. Im Gegenteil – Brägel ist Feuer und Flamme. Er hat sich zur neuen Frisur noch eine Dauerkarte fürs Solarium gekauft, vier paar schwarze Designerschuhe und ebenso viele neue Anzüge. Einen davon hat er an, natürlich auch der in Schwarz, darunter ein schwarzes, eng anliegendes T-Shirt – und weiß lackierte Fingernägel. Das T-Shirt ist durch seinen körperbetonten Schnitt höchst unvorteilhaft, und Brägel sieht aus wie die Mischung aus einem durchgeknallten Dorfpfarrer und einem übergewichtigen Nachwuchszuhälter aus der Provinz. Lässig steckt er sich eine Zigarette ins unrasierte Gesicht. »Mario raucht auch«, sagt er. Das stimmt sogar, hab' ich selbst gesehen. Andererseits wird man mit Teerlunge garantiert nicht Weltmeister, so viel ist sicher.

Am nächsten Sonntag kommt Brägel mit dem original Aqua & Sapone-Trikot zum Training. Er sieht aus wie ein schwangeres Zebra und hat einen puterroten Kopf vom Solarium. Trotz grauem Himmel ziert ihn eine abenteuerliche Sonnenbrille. Als er die zum ersten Mal zu Hause vorführte, hat sich der Hund jaulend in eine Ecke verzogen. Jan-Miguel hat geweint und gesagt: »Papa, gaga.« Brägel regt an, dass wir am Ende der Ausfahrt einen Sprint fahren, falls es zu einer Massenankunft kommt. Dann rollt er an und zieht eine Duftschleppe hinter sich her, deren Note ungefähr zwischen Lagerfeld und dem parfümierten Briefpapier einer 16-Jährigen liegt. Die anderen fragen sich, ob sechs Mann eine Masse sind und beschließen, es auf keinen Fall zu einer gemeinsamen Ankunft kommen zu lassen. Am Ende fährt Brägel noch einen von uns um. Ich sage lieber gar nichts.

Nach drei Kilometern reiht sich Brägel hinter mir ein und bleibt auch da. Er hat mit vor dem Start ein Abendessen beim Nobel-Italiener und dazu noch einen Gutschein über 100 Euro für meine Dienste angeboten, einzulösen bei unserem Radhändler. Seit seinem Erfolg bei Günther Jauch spielt Kohle für ihn ja keine Rolle mehr. Für mich schon, und der Italiener ist wirklich erste Sahne. Dafür kann man schon mal kurz in die Helferrolle schlüpfen, zumal Brägel ja sowieso immer hinten fährt. Am letzten kleinen Hügel vor der Rückkehr geben die anderen ein bisschen Gas. Brägel pumpt – und muss dann abreißen lassen. »Zieh' mich wieder ran«, stöhnt es leise von hinten. Tatsächlich rollen wir gleich wieder auf Hans auf, der neulich seinen 68. Geburtstag gefeiert hat und wegen einer leichten Erkältung seinen Puls heute nicht zu sehr hochjubeln will. So kurbeln wir dann zu dritt Richtung Finale. Einen Kilometer vor dem Parkplatz bellt Brägel: »Anfahren.« Ich gebe ein wenig Druck aufs Pedal, überhole den alten Hans, und plötzlich rauscht Brägel vorbei. Tief gebeugt, Hände am Unterlenker – sieht fast gut aus. Vor dem Clubhaus reißt er jubelnd die Arme in die Luft, eine Sekunde später haut es ihn auf den Asphalt. Lenker verrissen. Hinter den Scheiben des Clubhauses sieht man fröhliche Gesichter. »Egal«, jault er, »den Spurt des Hauptfeldes habe ich gewonnen.« Ich frage mich, ob der alte Hans und ich ein richtiges Hauptfeld sind, zumal Hans 200 Meter zuvor schon rechts abgebogen und direkt nach Hause gefahren war – wegen seiner Erkältung.

Wie auch immer – Brägel ist glücklich und schmeißt ein paar Runden. »So ein Vorbild«, sagt er, »ist etwas ungeheuer Positives.« Nachdem er gegangen ist, überlegen wir uns, wem er wohl als nächstes nacheifern will. Vielleicht dem kletternden Hungerhaken Fernando Escartín? Oder doch eher dem Zeitfahrspezialisten Michael Rich? Es ist noch ein sehr lustiger Abend geworden.

GELOBT SEI ...

WILL BRÄGEL NICHT, ODER KANN ER NICHT? NEIN, NICHT WAS SIE JETZT DENKEN. SPORTLICH IST ALLES IN ORDNUNG. ABER VIOLA IST UNZUFRIEDEN

2003

Liebe Leserinnen, vorweg ein kleiner Hinweis: Wir müssen uns heute leider mit einem delikaten Männerthema beschäftigen. Wenn Sie daran kein Interesse haben, hier bitte aussteigen. Danke.

Es ist ein lustiger Abend im Radclub. Wir bilanzieren und verklären die vergangene Saison, trinken mächtig, geloben für das Frühjahr Besserung und planen den Ausflug zur Tour de France. Nur Brägel ist so merkwürdig ruhig. Erst beim dritten Weizen lässt er endlich die Hosen runter, natürlich nur verbal. »Viola will noch ein Kind«, nuschelt er. Eigentlich kein Grund zur Panik. Brägel ist zwar schon etwas angejahrt, aber heutzutage, wo sich die meisten Menschen bis Mitte 30 an Universitäten oder auf mehrjährigen Urlaubsreisen selbst verwirklichen, ist das kein brennendes Problem. Außerdem hat Brägel einen Job, dank Günther Jauch ein pralles Konto, für den Porsche gibt es sicher einen passenden Kindersitz, und der Hund hat sich doch auch längst an Jan-Miguel gewöhnt. »Schon«, jault Brägel, »aber, ähem – ich verspüre in letzter Zeit immer weniger, na ja, ihr wisst schon ... Lust.«

Alle Wetter – das wussten wir nicht. Woher auch. Das ist natürlich ein Problem, bei dem wir vom Radclub zunächst mal ganz wenig machen können, obwohl sich der alte Hans sofort als Helfer in der Not ins Spiel bringt. Ganz selbstlos, versteht sich. Hans hat da aber schon

vier Weizen im Kopf, und um allen Missverständnissen vorzubeugen, auf dieses Niveau begeben wir uns selbstredend nicht. Obwohl: Wenn es tatsächlich nicht anders gehen sollte, würde dieser Job natürlich nicht öffentlich am Stammtisch ausgewürfelt, sondern nach charakterlichen und genetischen Kriterien vergeben werden. Und im Übrigen habe ich Brägel schon oft aus der Patsche geholfen und erst neulich den Sprint angezogen. Also, wenn's denn sein muss. Ich nehme Brägel zur Seite und biete meinem alten Freund an, … »Blödmann«, knurrt Brägel. »Na, dann lass' dich halt nicht so hängen«, antworte ich ein bisschen zu laut. Alle lachen.

Das ist natürlich gemein. So geht man nicht mit einem um, der die Terrasse des Clubheims gesponsert hat und sich mit einem derart heiklen Problem offen an seine Freunde wendet. Also beginnen wir die Therapie mit einigen Tipps aus dem reichen Erfahrungsschatz mittelalterlicher Väter. Zunächst mal muss Brägel sein Schlafzimmer jetzt im Winter wenigstens ein kleines bisschen heizen; der Hund darf nicht mehr ins Bett und Jan-Miguel soll nachts in sein Kinderzimmer. Zusätzlich soll Brägel abends Sellerie essen oder sich einige von seinen Testosteron-Ampullen spritzen, die er sich im vergangenen Jahr vor jeder RTF reingehauen hat. »Das Zeug ist gut«, lallt Hans, »da wirste zum Tier.« Uns würde jetzt natürlich interessieren, woher Hans das weiß, aber das ist ein anderes Thema.

Leider steckt Brägel 14 Tage später noch tiefer im Winterblues. Viola ist sauer, weil er reichlich dilettantisch einen Migräneanfall inszeniert, als sie ihm mit dem Thermometer wedelnd die günstige Zeit ansagt. »Schatzi, kohomm«, flötet sie. Brägel greift sich mit gequältem Blick ins Kreuz und stöhnt. »Ich hab' Migräne.« Migräne sei krampfartiger Kopfschmerz, erkläre ich ihm, und dass es jetzt wirklich an der Zeit wäre, der Sache richtig auf den Grund zu gehen. Ein Besuch beim Urologen bringt aber auch keinen klinischen Befund. Der Doktor rät zu Bewegung an frischer Luft und drückt ihm verstohlen einen Katalog mit den Hilfsmitteln eines einschlägig bekannten Unternehmens in die Hand. Wir prüfen den Katalog stundenlang kritisch am Stammtisch und befinden die komischen Dinge darin für untauglich, zumal der alte Hans einen ganz roten Kopf bekommt und dauernd »unglaublich« murmelt.

Brägels Schwäche muss also doch etwas mit unserem schönen Sport zu tun haben. Nach langem Nachhaken beichtet der Lapp schließlich, dass er heimlich an seiner Frühjahrsform feilt. Jedes Wochenende fährt er zweimal 90 Kilometer, und zwar in der kurzen Hose, weil das besser aussieht. Wir wissen zwar nicht, was an Brägels roten Kniescheiben und reifgefrorenen Beinhaaren gut aussehen soll, können aber nachvollziehen, dass er nach vier Stunden Landstraße bei minus drei Grad für den Rest des Tages locker als Frau durchgehen könnte. Außerdem fährt er jeden Abend noch zwei Stunden im Keller mit 200 Watt auf der Rolle, und das mit einem viel zu hohen Sattel, dessen Spitze auch noch leicht nach oben zeigt, wie wir beim Ortstermin feststellen müssen. Dies ist, wie jeder weiß, von den Druckverhältnissen her ganz ungünstig, um nicht zu sagen fahrlässig. Danach schaut er sich auf Video »Die nackte Kanone« an, weil er »bei Leslie Nielsen immer so gut entspannen kann«.

Wir erklären ihm, dass er gerade nicht entspannen soll, verbieten ihm die Wochenendfahrten (auch wegen der sonst zu guten Form), montieren sechs Zentimeter tiefer einen Gelsattel mit nach unten geneigter Spitze und reduzieren die Bremse auf 100 Watt. »Damit danach auch noch ein Lichtlein brennt«, sage ich und bin stolz auf meinen unschlagbaren Wortwitz. Außerdem bekommt Hans den Auftrag, Brägel ein Video aus diesem Urologen-Katalog zu bestellen, den er nach dem Stammtisch mit nach Hause genommen hat.

Das müsste genügen. So kommt Brägel auf dem Rad garantiert nicht in gefährlich gute Frühform und rettet außerdem sein familiäres Glück. Wir haben ihn seither zwei Wochen nicht mehr gesehen. Es scheint also doch noch zu klappen. Und wenn nicht, mein Angebot steht (unschlagbarer Wortwitz). Ich meine, Freundschaften beweisen sich manchmal eben erst in höchster Not.

P.S.: Falls doch eine Frau weitergelesen hat – nichts für ungut.

SORGLOS STILLOS

WER SCHÖN SEIN WILL – MUSS WISSEN, WIE DAS GEHT. UND WOMIT. MANCHE WISSEN'S NICHT …

2003

Man sagt Männern ja gern nach, dass sie nichts von Mode verstünden und sich immer so anziehen würden, dass sogar Frauen mit stark eingeschränkten Sehfähigkeiten das große Grausen bekämen. Weiße Tennissocken, ausgelatschte Sandalen oder die berühmt-berüchtigte Adilette. Brägel ist ja nun auch so etwas ähnliches wie ein Mann, und deshalb hat es uns neulich nicht übermäßig gewundert, als er in einem hellbraunen Wolltrikot zum Training erschien. Das gute Stück ist leider zu kurz, dafür ist quer über der Brust der schwarze Schriftzug »Molteni« aufgestickt. Auf dem Kopf trägt der Lapp eine hellblaue Miniaturmütze mit nach oben geklapptem Schild und der Aufschrift »Capri Sonne«. Seine Handschuhe ähneln Topflappen, das Weiß des gehäkelten Handrückens wird von drei Streifen in Schwarz-Rot-Gold durchbrochen. Wenigstens stecken seine behaarten Beine in einer schwarzen Hose, dafür trägt er keine Socken und versenkt seine nackten Füße in schwarzen Tretern mit doppelter Zunge und langen, weißen Schnürsenkeln.

Kurzum – auch für modisch weniger stilsichere Menschen ein fast unerträglicher Anblick. Der Lapp könnte locker als Vogelscheuche anheuern oder als Kratzbaum für Hauskatzen. Zumal er auch noch eine Art Schweißerbrille mit Gummiband und fast schwarzen Gläsern auf dem Kopf hat. »Aus welcher Altkleidersammlung hast du denn geklaut?«, frage ich ihn. »Ignorant«, bellt Brägel zurück, »das nennt man Retro-Look, und der ist mega-in.« Womit der Kerl leider Recht hat. Die Siebziger sind wieder modern, kratzige Baumwolle, enge Schnürschuhe, Minikäppis, eben der ganze Eddy-Merckx-Mist. Und das Elend geht noch weiter. Mitglieder gewisser Zirkel montieren neuerdings Käfigpedale mit weißen Lederriemen (Binda!), halten Unterrohrschalthebel für den Gipfel der Rennradlerkunst und reiten wochenlang brettsteife Ledersättel weich. Die Bremszüge biegen sich über dem Lenker wie Büffelhörner. Fehlt nur noch, dass sie sich der Holzfelgen erinnern und nur noch auf Kopfsteinpflaster fahren wollen.

Wahrscheinlich ist der Retro-Look nur Ausdruck großer Verunsicherung, nachdem sich männliche Mode-Toren jahrelang angezogen haben wie radelnde Papageien oder wie Cipollini. Aber es stimmt leider nicht, dass früher alles besser war; und schöner auch nicht. Doch keine Bange – es gibt ihn, den Radler-Knigge.

Das Wichtigste zuerst: Profi-Trikots sind für die meisten Hobbyrenner untragbar, da sie eine Leistungsklasse signalisieren, die so gut wie keiner erreicht. Wenn's denn trotzdem sein muss, dann bitte als Bekenntnis zum Standort Deutschland. Besonders hoch in der Patrioten-Gunst stehen derzeit die himmelblauen Coast-Leibchen zur Unterstützung der Fans für die finanziell darbende Ullrich-Truppe. Das Ganze dann aber nur im Komplett-Set, mit rasierten, gebräunten und geölten Beinen. Nichts sieht grausamer aus als die Kombination aus Coast-Trikot und Telekom-Hose. Auf dem Index stehen übrigens alle Arten von Ehrentrikots der Tour de France. So viel Respekt vor den Profis sollte schon sein, zumal sich der schwachwadige Träger eines Gelben Trikots auch keinen Gefallen tut. Auf alle Radler, außer den Träger, wirkt Gelb wie Rot, dass heißt, der Kerl wird auf Teufel komm raus aus den Schuhen gefahren. Merke: Tour-Trikots machen sich am besten an der Wand im Radkeller.

An die Füße gehören Radschuhe, die nicht aussehen wie die Werbung für Neonstifte. Lila am Fuß geht gar nicht. Eine dominierende, möglichst dunkle Grundfarbe mit der ein wenig changiert werden

darf – das reicht. Die Füße stecken in streifenlosen, weißen oder schwarzen Socken, alles andere ist verboten. Die Beine sollte man wegen der optischen Linienführung rasieren. Radhosen sollten möglichst dunkel und eng sein (gilt auch für Frauen), aber nicht so eng, dass sich in der Mitte des Oberschenkels ein Wulst bildet und das männliche Merkmal wie ein Dorn hervorsticht (gilt natürlich nicht für Frauen). Das Trikot darf, sofern es zur Hose passt, gern von kräftiger Farbe sein. Was nicht so toll aussieht, sind Batik-Look, Kreismuster wie bei Daniel Küblböck (nein, der fährt nicht Rad), oder Erinnerungstrikots an das Mallorca-Trainingscamp von 1994. Anleitung zum Peinlichsein sind auch Schriftzüge lokaler Kleinunternehmen wie »Metzgerei Schweineglück« oder »Fliesen Müller«. Merke: Wer auf einem 2.000-Euro-Rad sitzt, sollte auch 50 Euro für ein anständiges Trikot ausgeben.

Ein Aspekt der segensreichen Wirkung von Helmen wird leider viel zu selten berücksichtigt: Er tarnt schütteres Haupthaar und verleiht jugendliche Dynamik – vorausgesetzt, er sitzt wie ein Helm auf dem Kopf und nicht wie ein Malerkäppi. Kleiner Tipp: Wenn Sie den Kopf nicht mehr hoch bekommen, weil da was im Nacken stört, sitzt er zu weit hinten; wenn er Ihnen die Brille von der Nase schiebt, zu weit vorn. Ach ja, die Brille. Es kam vor, dass Radler mit Brillengläsern wie Insektenaugen Opfer von Verwechslungen und infolge dessen zu Wespennestern wurden. Kurzum – Understatement ist nicht nur modisch en vogue, sondern unter Umständen auch sicherer. Siehe Brägel: Als beim Ampelstopp ein Hund den lieben Nachbarn angepinkelt hat, stiftete er seine auf alt getrimmte Montur dem Radclub für die Tombola der Saisoneröffnung. Ich werde in diesem Jahr kein Los kaufen. Am nächsten Tag kam er dann wieder ganz normal zum Training. In seinem Zeitfahr-Einteiler von ibanesto.com.

OPERATION CLUBFRIEDEN

BRÄGEL IN TOP-FORM? DAS MUSS VERHINDERT WERDEN

2004

Das war kein Spaß an den vergangenen Samstagen, wirklich nicht. Die Trainingsrunden mit dem Radclub gerieten immer mehr zur Brägel-Show. Früher haben wir den Kerl immer schön abgehängt und unseren Spaß gehabt. Aber seit er den Triathlon für sich entdeckt hat, fährt er uns aus den Schuhen. Regelmäßig und gnadenlos. Wir haben trainiert, dreimal pro Woche, bei Hitze und Regen – ohne Erfolg. Der Lapp bringt sich langsam aber sicher in die Form seines Lebens und stört damit das soziale Gefüge im Radclub empfindlich. Bleibt die Frage: Wer ist künftig der Depp im Club? Eine Zeit lang haben wir den alten Hans am letzten Berg abgehängt, aber das ist kein richtiger Spaß. »Brägel muss wieder Brägel werden«, brachte es der Präsident neulich bei einer Krisensitzung auf den Punkt. Und dann haben alle mich angeschaut. »Regle du das«, sagte der alte Hans, »du kennst ihn am besten.«

Also habe ich Brägel besucht. Ich treffe auf eine glückliche Familie, propere Kinder mit rosigen Gesichtern, einen tatsächlich braven Hund. Ein Bild wie aus dem Prospekt des Familienministeriums. Einfach widerlich. Brägel sei ja soooo ausgeglichen, seit er soooo gesund lebe und trainiere, schwärmt Viola. Brägel löffelt selig lächelnd irgendeinen zementartigen Brei, der unsympathisch gesund aussieht und riecht wie angegorene Babynahrung. »Wir fliegen im Herbst noch zehn Tage nach Mallorca. Morgens Schwimmen, mittags 80 Kilometer Rad, abends noch ein Stündchen Laufen – wegen der Winterform und wegen Hawaii 2005«, erklärt er mir. »Mitte November komme ich wieder in den Radclub.« Klingt wie eine Drohung.

Nächste Krisensitzung im Club. Die absurdesten Ideen werden geboren: Ausschluss aus dem Club? Geht nicht, Brägel ist der größte Spender. Doping? Bei uns natürlich, nicht bei ihm. Einer schlägt vor, dass sich jemand an Viola ranmachen solle. Alle schütteln den Kopf, nur der alte Hans hält die Idee für gar nicht so schlecht und bringt sich gleich als Kandidat ins Gespräch. Als einer gar die Entführung von Jan-Miguel aufs Tapet bringt, brechen wir ab und ordern eine Runde Resignationsweizen. »Brägel ist jetzt der Star und wird nächstes Jahr Clubmeister«, heult der Präsident nach der zweiten Runde Bier. Nach der dritten brechen wir auf, ich will früh nach Hause, im Internet noch nach einer EPO-Quelle suchen. Zu Hause fällt mein Blick aufs Buchregal, und da steht plötzlich die Lösung: Tom Sawyer.

Nächster Samstag, Brägel kommt zur Trainingsrunde. »Fahr du vor, wir haben eh keine Chance. Wir hängen uns rein, so lange wir können, so hat jeder was davon«, sage ich. Brägel lächelt ölig: »Gerne, Jungs, sehr gerne.« Ab geht's, Brägel tritt sauber rund und verdammt hart. Wir lassen dafür früher reißen, als wir eigentlich müssten. »Was ist los, dicke Beine?«, ruft er nach hinten. »Jaha«, antworten wir im Chor, »Tschüss Lance, fahr schon mal vor und bestell 'ne Runde.« Brägel rast glücklich weiter, wir fahren noch langsamer. Er nimmt uns eine halbe Stunde auf 60 Kilometern ab und wartet ganz nervös im Clubheim. »Super Brägel, ganz große Klasse«, sage ich, »gehst du jetzt zum Schwimmen?« Brägel gibt sich jovial: »Nein, für heute reicht es.« Ich nicke: »Gut, aber du wirst dich langweilen, wir reden jetzt nämlich über unsere nächsten Feiern.« Brägel schaut ein wenig dämlich, wenigstens das hat sich nicht geändert. Er fragt, ob wir ihn nicht dabei haben wollen? »Natürlich sollst du kommen«, antworte ich, »aber was willst du da? Wir werden GRILLFLEISCH essen und ALKOHOL trinken, der alte Hans wird seine stinkende Pfeife RAUCHEN, willst du dich vergiften, knapp ein Jahr vor Hawaii?« – »Brägel wird kommen, ein Bier trinken und dann wieder nach Hause gehen«, ruft der

Präsident. Dann strahlt er Brägel an: »Wir sind ja soooo stolz auf dich.« Ich bestelle Schnitzel mit Pommes und viel Ketchup. Den Rest des Abends trinken wir noch ein bisschen mehr als sonst, planen ein herbstliches Wochenende mit Rittermahl und Weinprobe und loben immer wieder Brägel's Disziplin. Als Brägel tatsächlich ein drittes Bier bestellen will, sagt der Präsident. »Lass mal, Alter, denk immer an den Ironman auf Hawaii, wir sind doch deine Fans.« Danach wendet er sich wieder uns zu und wir planen das große Weihnachtsessen.

In der kommenden Woche rufen wir immer wieder bei Brägel an, lassen uns Tipps zur gesunden Ernährung geben und erbitten untertänigst Triathlon-Trainingspläne für Anfänger. »Du bist mein großes Vorbild«, sülze ich ins Telefon. Am nächsten Samstag überreicht ihm der Präsident eine Packung Blutreinigungstee und ein Trikot in Regenbogenfarben: »Brägel 2005 – unser Mann ist der Beste.« Wir applaudieren gerührt, Brägel scheint irritiert, lächelt aber. Nach der Runde, die er 35 Minuten vor uns beendet, sprechen wir über eine Silvesterfeier mit fettem Karpfen. »Brägel machen wir Vollkorn-Spaghetti mit einem feinen Lauchsößchen«, sagt der Präsident. »Ich will aber auch Karpfen«, jammert er. »Das ist nix für einen Champ«, sagt der alte Hans. Alle nicken, Brägel geht früh.

Zwei Tage später ruft er an. »Kannst du uns morgen zum Flughafen fahren, du weißt schon, Mallorca, und wir haben so viel Gepäck.« Ich bin geknickt, sage aber zu und lobe zum Abschied seine Schönheit und Stärke. Alles verloren, Brägel drückt noch einmal zehn Tage richtig drauf, wir werden weiter damit leben müssen, dass der Lapp plötzlich der Star ist. Am Abend klingelt das Telefon noch einmal. Brägel ist dran: »Ich brauche dich doch nicht«, sagt er, »ich lasse die Räder da, ich will mal richtig ausspannen und mit den Kindern was unternehmen. Also bis Mitte November.«

Die Nachricht macht schnell die Runde. Brägel ist vor der Sympathiewucht regelrecht eingeknickt. Wenn ihn alle vorn sehen wollen, mag er nicht mehr. Jetzt haben wir ihn im Sack und zehn Tage Zeit zum Formaufbau. Nicht viel, aber immerhin. Und dann wird die Hackordnung wieder hergestellt sein. Hoffentlich.

HITZESCHLACHT

BEAMTE SIND ANGEBLICH IMMER IM DIENST – UND BEI RADSPORTLERN IST IMMER RENNEN, AUCH WENN SICH KEINER BEWEGT …

2006

Es gibt ein paar Dinge, die passen nicht so richtig zum Radfahren. Enge Radwege zum Beispiel oder Gegenwind, oder, noch schlimmer: Kälte. Grauenhaft, wenn die Knie nicht richtig warm werden, eisiger Wind durchs Trikot pfeift, klamme Finger die Bremse kaum fassen können, und der heiße Tee in der Trinkflasche zu Klümpchen gefriert. Wir haben deshalb beschlossen, bis zum Malle-Ausflug im Februar einmal pro Woche auf Brägels virtueller Superrolle zu fahren und zusammen in die Sauna zu gehen.

Der alte Hans wird beauftragt, einen Termin auszugucken. Vorzugsweise in einem dieser Spaßbäder, die man jetzt gern Oase oder Tempel nennt. Stinknormale Schwitzkabinen heißen neuerdings ja auch Wellness-Landschaften. Am Stammtisch präsentiert Hans zwei Alternativen: donnerstags, 19:00 bis 22:00 Uhr, Männersauna im städtischen Hallenbad oder samstags von 15:00 Uhr an gemischte Sauna in den Toll-Quellen. Donnerstags hat leider keiner Zeit. Aber am Samstag erst 30 Kilometer locker rollen, dann Sauna: Das klingt gut.

Die Schwierigkeiten fangen an, als Brägel in der Umkleidelandschaft (früher Kabine) zwischen Kunstpalmen und indischen Klängen verzweifelt an sich hinunterblickt. Wie gesagt, es ist bitterkalt in Deutschland, und nach 90 Minuten Radeln im Freien hat er große Probleme, sein männliches Attribut überhaupt zu finden. »So geh' ich hier nicht raus«, jammert er, »was sollen denn die Frauen, äh … die

Leute denken?« Himmel, hilf. »Das ist eine Sauna und kein Swingerclub«, höhnt der Präsident, der, wahrscheinlich wegen seines neuen Carbonsattels, einen Hintern wie ein Pavian zur Schau stellt und sich schleunigst ein Handtuch umbinden sollte. Brägel hat derweil seinen Föhn aus dem Rucksack genestelt und tut Dinge, über die man hier gar nicht sprechen soll und die zum Glück außer uns keiner sehen muss. Nachdem wir Brägel überredet haben, seine Sonnenbrille abzunehmen und sich von seinen Radsocken zu trennen, können wir los. Der alte Hans gibt das Sauna-Ekel. Das sind die Kerle, die sich das Handtuch um die Schultern legen und ansonsten als Freiträger mit Hohlkreuz durch die Gänge wackeln.

Wir entscheiden uns für eine finnische Sauna, 90 Grad, Aufguss zu jeder vollen Stunde. Die Kabine ist fast leer. Brägel will sich gerade auf sein dezentes DIN-A-4-Handtuch setzen, als eine energische Stimme aus der Ecke mahnt: »Kein Schweiß aufs Holz, die Füße auch aufs Handtuch.« Brägel zuckt zusammen, murmelt irgendwas, verschwindet und kommt kurz darauf mit einer Art Stoffplane zurück, auf der locker drei von seiner Sorte gepasst hätten. Aber dann sitzen wir. Noch zwölf Minuten bis zum Aufguss. Der Präsident sagt »Pffft«, dann ist Ruhe. Gelegentlich geht die Türe auf, andere Leute kommen, und ohne Worte wird uns klar, dass schon wieder Rennen ist. Die Räder stehen zwar draußen, aber es steht fest, dass wir erst dann hier wieder rausgehen, wenn auch der letzte der Warmduscher aufgegeben hat. Ehrensache. »Pfffffffffft«, stöhnt der alte Hans, ich spüre den Puls im Hals und Brägel schwitzt, als hätte er kurz vorher drei Hefe hell gekippt.

Nach zehn Minuten reicht es eigentlich, aber eine sehr junge, sehr freundliche Dame steht plötzlich mitten in der Glutkammer, in der Hand einen Holzbottich und ein Handtuch. Die Frau sagt, dass sie Jenny heiße und jetzt einen Aufguss machen würde, der acht Minuten dauere. Wem das zu heftig sei, der solle jetzt gehen. Wir bleiben, obwohl der Kopf vom Präsi glänzt wie sein feuerroter Basso-Rahmen. »Pfffffffffffffft«, stöhnt Brägel und kratzt sich an der Stelle, die er vorher geföhnt hat. Der alte Hans hat den Kopf fast zwischen seinen Knien versenkt, ich bin mir nicht sicher, ob er noch lebt. Ein älterer Herr steht auf und geht. Sieg. Den ersten haben wir locker weggehauen. Jenny gießt fünf Kellen auf die heißen Steine des Ofens. Es zischt und riecht plötzlich nach Mandarine, Kokosnuss und Lebkuchen. »Wintermischung«, sagt Jenny und lässt das Handtuch über unseren Köpfen kreisen. Mir bleibt fast die Luft weg, brüllende Hitze, rasender Puls. Jenny lacht. »Pffffffffffffft – aaaaaaaah«, stöhnt der Radclub. Jenny gießt noch einmal auf, wedelt, und dann noch mal. Gnade!

Es ist still, wir leiden wie am Berg, und keiner will als Erster abreißen lassen. »Wollt ihr eine Zugabe?«, ruft Jenny nach quälend langen Minuten in die Hitze. »Ja«, krächzt der alte Hans zum Entsetzen aller. Offenbar ist er noch am Leben. Wir zwingen uns zu einem Lächeln, obwohl das Hirn kocht. Wir sind jetzt schon knapp 20 Minuten hier drin, gesund war es bis vor zehn. Jenny gießt den Rest aus dem Eimer auf den Ofen und strebt zur Tür. »Noch zwei Minuten nachschwitzen, ja?«, sagt sie und geht. Es folgen die längsten 120 Sekunden meines Lebens. Aber keiner gibt auf, auch nicht die beiden Frauen, die ganz oben sitzen, aber die sind auch fünf Minuten nach uns gekommen. Brägel scheint zu zerfließen, doch auch er bleibt in der Hölle sitzen. Jahrelanges Radtraining zahlt sich aus. Dranbleiben, dranbleiben, dranbleiben.

Jenny ist wieder da. Wir dürfen raus. Der alte Hans rennt fast durch sie durch, der Präsident springt ungeduscht ins Tauchbecken, mir ist schlecht. Aber wir haben es geschafft. Brägel steht unter einer Eisdusche und gibt seltsame Laute von sich. Höchste Zeit, dass es draußen wieder wärmer wird. Nicht, dass noch was passiert. Nächsten Samstag fahren wir auf alle Fälle nur Rad.

SOMMERFREUDEN

BRÄGEL AUF DER SUCHE NACH DEM RICHTIGEN AUSGLEICHSSPORT

2007

Wie jedes Jahr verleitet uns der Sommer, mehr Rad zu fahren als sonst, was Probleme mit dem Kreuz, dem Knie oder dem Partner macht. Kurzum – wir sollten zum Ausgleich mal was anderes tun. Neulich kam Brägel mit einem ganzen Arm voll seltsamer Stöcke ins Clubheim und erklärte uns, was Nordic Walking ist. Im Prinzip geht man spazieren und trägt dabei Stangen mit. Angeblich soll das für den ganzen Körper gut sein, vor allem aber für den Rücken. Nach drei Versuchen bleibt festzustellen: Erstens – es sieht einfach nur doof aus, wenn Männer in Radklamotten spazieren gehen und dabei Gesichter machen, als hätten sie gerade ihre eigene Todesanzeige gelesen. Zweitens – es bringt auch nichts fürs Kreuz, weil 99 Prozent aller Walker ihre Stöcke mit sich tragen wie Einkaufstüten. Würde man es richtig machen, wie einmal der Präsident, kommt es, drittens, leicht zu Verletzungen. Der Präsi hat neulich derart korrekt den Stock nach vorn geworfen, dass er dabei dem alten Hans ein sauberes Loch in die Wade gestochen hat. Kommen wir zu viertens, der sozialen Komponente, weil man Walking ja auch mit dem Partner machen kann. Kann man natürlich nicht, zumindest nicht entspannt. Dazu ein Dialog zwischen Brägel und seiner Viola beim ersten Walking-Versuch:

Viola: »Schau mal da – ein Rotschwanz-Sperber, ach, ist der schön.«

Brägel: »Nein, nicht stehenbleiben, immer weiter, lange Schritte und eins und zwei und …«

»Mein Gott, entspann' dich, ich walke, wie ich will.«

»Du trägst die Stöcke doch nur mit dir rum, kein Zug in den Armen, keine Körperspannung, nix.«

»Spinnst du, ich walke.«

»Tust du nicht, jetzt komm' endlich. Scheißvogel.«

Bevor es zu scheidungsrelevanten Beleidigungen kommen konnte, haben wir abgebrochen. Die Stangen bekam der Wirt des Clubheims, der jetzt im Garten Tomaten daran hochwachsen lässt.

Das mit dem Ausgleichssport blieb bei Brägel aber hängen, wahrscheinlich hat er Probleme mit dem Kreuz. Beim nächsten Stammtisch zeigt er stolz eine Saisonkarte fürs Freibad. »Lasst uns doch mal schwimmen gehen«, sülzt er. Ich erkläre ihm, dass man in Freibädern sicher manches machen kann, nur nicht schwimmen, und dass sein entengleicher Stil eher dazu geeignet ist, aus gesunden kranke Bandscheiben zu machen, aber er kontert nur: »Wir gehen frühmorgens, da ist es noch nicht voll, und ich schwimme nicht Brust, sondern Kraul.«

Und so kommt es, dass wir an einem sonnigen Sommermorgen mitten in der Woche um kurz nach sieben an der Kasse des Freibads stehen. Die Kassiererin taxiert uns mit Kennerblick als ein mutmaßliches Rudel Arbeitsloser; die älteren Damen mit ihren Margeriten-Badekappen, die seit Kriegsende hier täglich, von verwirrten Bienen umsummt, rege tratschend ihre Bahnen ziehen, verstummen kurz und werfen uns Wir-sind-schon-immer-da-und-wir-machen-keinen-Platz-Blicke zu. Dann schnattern sie weiter. Wir stehen am Beckenrand und ziehen die Bäuche ein, was in Badehosen schwieriger ist als im Trikot. Der Präsident trägt Flossen und eine Taucherbrille, die wahrscheinlich mal Hans Hass gehört hat, als er in den 1940er-Jahren am Roten Meer war. Der alte Hans beginnt etwas aufzupumpen, was er im Internet als »Schwimmtier für Erwachsene« gekauft haben will. Nach zwei Minuten bilden sich an dem fleischfarbenen Teil zwei große Ballons unterhalb einer Art von Gesicht. Klarer Fall – das Ding ist nur eingeschränkt als Luftmatratze zu gebrauchen. Der alte Hans kriegt einen roten Kopf und stammelt was von englischer Website. Wir erklären

ihm, dass Pornoversender keine Schwimmtiere verkaufen und ziehen rasch den Stöpsel, bevor die Margeriten-Flotte am Ende noch die Polizei ruft. Mittlerweile ist Brägel aus der Umkleide zurück. Der Lapp trägt einen einteiligen Profi-Schwimmanzug, der in der Mitte drei Wülste wirft. »Wir schwimmen tausend Meter Kraul«, sagt er und springt ins Becken. »Sie müssen vorher duschen, Sie Schwein«, kräht eine der Damen, aber Brägel hört nichts, weil er noch unter Wasser ist. Als er auftaucht, zeigt er uns, was er meint. Seither weiß ich, warum Kraul auch Freistil genannt wird. Die Damen haben sich zu einer Kampflinie über die ganze Beckenbreite formiert. Brägel quirlt mit Turbobeinschlag auf die Margeriten zu. Mit seinem schwarzen Einteiler sieht er aus wie ein Torpedo mit Antriebsschaden. Den Kollisionskurs mit Margerite Nr. 4 sieht er nicht. Dann verschwindet die Dame kurz von der Oberfläche, Brägel schwimmt einfach drüber. Danach dreht er sich um und ruft: »Alter Wasserballertrick, mit der Hand zwischen die Schultern drücken, schon biste drüber.«

Nun ja, der Rest ist schnell erzählt. Margerite 1 bis 3 und 5 bis 9 brüllen nach dem Bademeister, Margerite 4 spuckt ein wenig Wasser und schreit. Nach einer Weile kommt ein bulliger Mann mit weißem Leibchen und kahl rasiertem Schädel auf uns zu. Die Damen haben sich beklagt. Wir seien »Rüpel«, »ungewaschen« und »Lustgreise« (sie haben die Luftmatratze offenbar doch gesehen) und mögen doch jetzt bitte gehen, sagt er. Ich zerre Brägel aus dem Wasser, und dann gehen wir.

Fazit: An drei unserer vor dem Bad geparkten Räder fehlt der Computer, an einem das Vorderrad, der alte Hans hat einen Sonnenbrand, und die zwei Jungs, die tatsächlich vorher unter der Dusche waren, haben drei Tage später Fußpilz.

Wir fahren dann doch lieber wieder Rad – und zwar ausschließlich.

ULTRALANG

BRÄGEL HAT AUSDAUER WIE NIE – UND GIBT SEIN GEHEIMNIS GERN WEITER

2007

Das neue Jahr hat im Prinzip gut angefangen. Dank des milden Wetters sind wir mehr gefahren als sonst, Brägel war ein paar Tage im Skiurlaub und konnte nicht nerven, die neue Mehrwertsteuer haben wir auch ausgehalten. Dann kam der Lapp zurück und verkündete wieder eine ganz neue Erkenntnis. Unsere Trainingsrunden zwischen 45 und 75 Kilometern seien ein Witz, 2007 sei das Jahr der Langdistanz. Wir wundern uns – schließlich hat Brägel ja gerade erst mit Müh' und Not eine Knieoperation überlebt. Aber jetzt will er es wissen. »In zwei Wochen«, verkündet er, »müssen 300 Kilometer her.«

300 Kilometer in zwei Wochen, warum nicht. Aber Brägel meint am Stück. »Tickst du noch richtig?«, nölt der alte Hans, »Ende Februar ist es vielleicht elf Stunden hell, das bedeutet 'nen 27er-Schnitt, den schaffst du doch nicht mal über zwei Stunden.« Aber Brägel lächelt nur. Er will morgens um 05:00 Uhr starten, peilt einen Schnitt von 21,43 km/h an und wäre mit dem letzten Büchsenlicht um 19:00 Uhr am Ziel.

Dafür hat er sich eine flache 25-Kilometer-Runde ausgeguckt, die er zwölfmal umrunden will. »Ihr könnt ja kneifen, ihr Weicheier, ich mach's auf jeden Fall.« Der Präsident weist den Ausdruck »Weichei« zurück, will aber nicht mitmachen. Die anderen haben ein angriffslustiges Blitzen in den Augen. Tenor: Wenn Brägel sich unbedingt lächerlich machen will – wir sind dabei.

Brägel nickt zufrieden, holt aus seinem Rucksack eine riesige, bunte Dose, verweigert ein weiteres Hefe hell, kippt sich stattdessen drei große Schaufeln Pulver aus der Dose in ein Glas Wasser und rührt ein eklig-sämiges Gebräu an, das er mit einem Schluck runterwürgt. »Doping?«, fragt der alte Hans. »Nein. Nahrungsergänzung aus den USA, ganz legal – Proteine, Vitamine, Mineralien, Spurenelemente, Öl aus Traubenkernen und Pollen der argentinischen Bergzeder – endlose Energie für alle Lebenslagen«, sülzt Brägel. Wir vertrauen weiter der anabolen Wirkung von Hefe und Schnitzel und gehen mit dem sicheren Gefühl heim, dass aus den 300 Kilometern maximal 150 werden.

Zwei Wochen später stehen wir sieben Mann hoch um kurz vor fünf bei Brägel vor der Tür. Brägel kommt in einem Trikot, auf dem groß »ULTRA LONG LIFE BIOBIOPOWER« steht und hat acht Bidons im gleichen Design dabei. Vier verstaut er am Rad, vier im Trikot. »Habt ihr alle einen Einlauf gemacht?«, fragt er. »Bitte was?«, krächzt der alte Hans. »Darmreinigung, ihr Pfeifen, damit die Nahrung voll verwertet werden kann«, erklärt Brägel. Wir schweigen verlegen und haben Mitleid mit der Familie, deren Oberhaupt sich lauwarmen Kamillentee in den Darm pumpt und dann … Aber lassen wir das.

Wir rollen los. Es macht tatsächlich Spaß. Das Gefühl, Kilometer zu sammeln, wenn die anderen noch schlafen, ist toll. Als es um sieben langsam hell wird, haben wir zwei Runden im 25er-Schnitt geschafft. Es rollt leicht, wir wechseln sauber durch. Eigentlich stört nur der Piepton, der alle 20 Minuten aus Brägels Trikot schallt, worauf er exakt 100 Milliliter aus einer seiner Flaschen trinkt. Nach 100 Kilometern erste Pause. Alle sind fit. Wir essen Bananen, Wurstbrötchen und trinken heißen Tee. Brägel nimmt nur eine Banane, einen Schluck aus einer blauen Flasche und drängt auf rasche Weiterfahrt. Das Loch kommt nach 150 Kilometern. Die Beine beginnen zu schmerzen, der Hintern tut weh, die Halsmuskulatur verspannt sich langsam – der erste steigt aus. Brägel wirkt locker, ruft: »Halbzeit Männer, alles klar?«, bekommt aber nur Grunzlaute zur Antwort.

Weitere zwei Runden später ist alle Euphorie weg. 200 Kilometer in achteinhalb Stunden – großartig, aber jetzt könnte es reichen. So weit fahren wir höchstens einmal im Jahr und zwar im Sommer. Ich bin bleiern müde, leer, die Oberschenkel brennen. Brägel gönnt uns eine Pause, Viola hat Spaghetti gekocht. Wir schlingen gierig, Brägel isst bedächtig und trinkt seine Schleimbrühe. Nach 20 Minuten stehen wir auf. Vier setzen sich gleich wieder – Schicht im Schenkel. Nur der alte Hans, Brägel und ich radeln weiter. Höllenschmerzen im Hintern,

weiche Beine, es geht nur noch das kleine Blatt. Brägel faselt was von Nährstoffblockade, Katalysationsdefizit und Übersäuerung. »Halt's Maul«, bellt der alte Hans, der nun wirklich alt aussieht. Nach zwei weiteren Runden kann er das 21er-Tempo nicht mehr halten. Er sagt »Pfft« und steigt mit steifen Beinen vor Brägels Haustür ab. Die Sonne steht tief, ich habe Hunger, Muskelschmerzen, Kopfweh, trete aber noch einmal drei Kilometer weiter. Dann ist gut. »Schluss jetzt«, rufe ich, »ich kann nicht mehr.«

Brägel lächelt so, dass ich ihm gern eine reinhauen würde. »Ist ja auch kein Wunder, bei dem Müll, den ihr esst«, sagt er. Aber auch er hat genug. Wir fahren zurück. In Brägels Wohnung liegen die anderen stöhnend herum und kneten ihre Schenkel. Brägel wirkt locker und sagt: »Kommt mal mit.« Der Lapp führt uns in einen Kellerraum mit vielen Regalen, auf denen etwa eine Million Dosen von »ULTRA LONG LIFE BIOBIOPOWER« stehen. Rote Dosen, blaue, orange, gelbe, große und kleine. »Alles reine Natur«, sülzt Brägel, »und es wirkt.« Brägel stellt sich als District-Senior-Manager der Firma vor und verteilt Bestellzettel. Nach einer Stunde verlassen wir alle schwer bepackt das Haus. Jeder hat im Schnitt für 80 Euro Pulver gekauft, was etwa einen Monat reichen soll. Der alte Hans hat sogar eine Klistierpumpe in seiner Tasche.

Wir sind schwer beeindruckt. Am nächsten Stammtisch will Brägel einen Vortrag halten zum Thema: »Fit, schön und gesund von innen« und uns als Unterhändler für seine Pulver gewinnen. Schlagartig wird mir alles klar. »Schneeballsystem?«, raune ich ihm beim Hinaus gehen zu. »Klar«, sagt er, »aber du wirst sehen, es wirkt.« Ich will noch was sagen, bin aber zu müde. Erst mal nach Hause und einen »VITAL REACTIVE POWER DRINK«. Dann sehen wir weiter.

ROLLENDE TRINKER

WAS IST EIN RADCLUB OHNE STAMMTISCH? ÖDE. UND EIN STAMMTISCH OHNE HEFE HELL? EVENTUELL GESUND. ABER NOCH ÖDER …

2008 bis 2012

Brägel ist aufgeregt. Das ist zwar nicht wirklich neu, da Brägel auch nur ein Mensch ist, der eben gern zur Panik neigt. Und die gibt es in Deutschland ja zuhauf. Ein paar böse Erreger auf Sprossen, die eh kaum einer mag – schon stirbt das Land. Brägel isst jedenfalls seit Ende Mai nichts Rohes mehr. Als neulich der Präsident bei der Trainingsrunde zu ihm sagte: »He Alter, du trittst wie eine Gurke«, bekam er schon davon leichten Durchfall. Aber EHEC ist nicht der Grund für seine jüngste Erregung. Dass er jetzt schweißnasse Hände, Herzrasen und ein schlechtes Gewissen hat, liegt – am Alkohol. »Wisst ihr eigentlich, dass wir alle notorische Trinker sind?«, seufzt er neulich am Stammtisch und schaut traurig in sein Hefe hell. »Du vielleicht, ich nicht«, kontert der Präsi, und der alte Hans meint: »Alkohol verhindert Herzinfarkt. Prost.« Brägel schüttelt den Kopf und erklärt, dass zwei Hefe hell das Maximum wären, was man pro Tag zu sich nehmen könne, ohne vorzeitig an Leberversagen oder Herzinfarkt dahinzuscheiden. Kleine Hefe wohlgemerkt. Betretenes Schweigen. Nach dieser 30-Gramm-Alkohol-Regel sind wir bis auf ein Tee trinkendes Mitglied (Spitzname »Kamille«) allesamt Säufer. Sportive zwar, aber trotzdem.

Wir ermitteln gequält, wer wann zum letzten Mal länger als drei Tage gar nix getrunken hat. Brägel gewinnt, weil er nach seiner Meniskusglättung 2007 drei Wochen in der Reha war und dort keine Lust

auf Alkohol hatte. Beim alten Hans war es kurz nach der Währungsreform. Die anderen zucken nur mit den Schultern. Keine Ahnung.

Wir bestellen nach dem Essen wie immer jeder einen Espresso und einen doppelten Fernet (16 Gramm Alkohol) und sind entsetzt. Über den Daumen gepeilt haut jeder von uns nach dem Training 66 Gramm Alk weg (zwei große Hefe hell, ein doppelter Fernet, wahlweise Willi oder Ramazotti), also etwa ein Gramm pro Kilometer. Das heißt, wir müssten zu Hause immer Wasser trinken, um im Gesundheitsschnitt zu bleiben. »Macht das einer?«, fragt Brägel weinerlich und erntet Schweigen. Auch eine Antwort. Der Wirt vom Clubhaus wird angewiesen, Hefe alkoholfrei zu ordern. Wir ermitteln im Selbstversuch eine Sorte, die knapp über dem Gefrierpunkt während etwa fünf Minuten getrunken werden kann, ohne nach Rübensaft zu schmecken. Die Folgen sind mächtiger Harndrang und übles Aufstoßen, weil man wegen der höheren Trinkfrequenz vier statt zwei am Stammtisch braucht. Und teuer ist es auch. »Warum sind mehr als 30 Gramm Alkohol täglich eigentlich gefährlich?«, fragt der Präsi. Brägel erklärt uns die fürchterlichen Folgen – von Verblödung über Impotenz bis hin zum qualvollen Tod durch Auszehrung – und sagt, dass er schon eine Leberschwellung an sich feststellen musste. Dabei deutet er mit besorgter Miene auf seine Körpermitte. »Das ist eine hundsgemeine Wampe!«, kontert der Präsi.

Brägel leidet laut Selbstdiagnose aufgrund des Alkohols auch an Schwindel, Zittern und Sprachstörungen. »Immer?«, fragt der Präsi. »Nein«, sagt Brägel, »erst nach vier Hefe.« Wir erklären ihm, dass dies normal ist, ebenso das Kopfdröhnen am nächsten Morgen. Aber wir sind einsichtig. Der Club beschließt, künftig nach dem Radfahren das erste Hefe bleifrei zu ordern, das zweite dann kompletto für den Geschmack und die Stimmung. Fernet wird gestrichen, der Wirt darf danach nur noch Apfelschorle ausschenken.

Seither sind wir alkoholvermindert, der Stammtischabend ist deutlich kürzer, die Form gefühlt leider unverändert. Ob wir gesünder sind, lässt sich auch nicht zweifelsfrei ermitteln, da ja keiner weiß, was die Horde zu Hause so alles treibt. Nur Brägels Abstinenzwelle wird am Ende doch erklärlich. Der Lapp hat bei einer Alkohol-Kontrolle vor ein paar Wochen die 0,5 knapp gerissen und ist drei Monate den Führerschein los. Jetzt übt er schon für die Zukunft.

HOKUSPOKUS

MANCHE SIND SCHNELL, WEIL SIE VIEL TRAINIEREN. ANDERE SIND SCHNELL, WEIL SIE AUF DIE KRAFT GEHEIMER MÄCHTE VERTRAUEN - GLAUBEN SIE WENIGSTENS

2008 bis 2012

Radfahrer sind manchmal seltsam. Dass sie anders fahren als reden (»gaaaanz langsam« heißt volle Pulle) ist bekannt, ebenso, dass sie ihre Form entweder aus taktischen Gründen herunterspielen oder an völlig verquerer Selbsteinschätzung leiden wie Brägel. Der Lapp strebte ja bis vor kurzem sogar noch eine späte Profikarriere an, obwohl er mit seinen 25er- Schnitten höchstens im Januar auf Malle mithalten könnte. Wenn überhaupt.

Wirklich lästig können aber Rituale werden. Bei uns begann das damit, dass der alte Hans irgendwann kurz nach dem Krieg am Berg einen Konkurrenten abhängen konnte, nachdem er zuvor einmal über seine linke Schulter gespuckt hatte. Seither rotzt der Kerl vor jeder Steigung, was uns nicht weiter stört, weil hinter ihm höchstens noch Brägel rollt. Neulich war er aber vor dem Schlussanstieg Zweiter – da war es natürlich höchste Zeit, sich mal darüber zu unterhalten.

Und da kam einiges raus: Der Präsident trägt bei entscheidenden Fahrten eine zwölf Jahre alte Radhose, die so dünn und ausgeleiert ist, dass er locker als Exhibitionist durchgehen könnte. In der Hose hat er in den 1990er-Jahren mal eine RTF gewonnen – obwohl man solche Fahrten ja gar nicht gewinnen kann, weil es keine Zeitmessung gibt. »Das passende Trikot würde ich auch gern anziehen«, sagt er, »aber das hat meine Ex vor einigen Jahren zu Putzlappen zerschnitten.«

Jetzt wissen wir wenigstens, woran die Ehe gescheitert ist. Ein anderes Club-Mitglied hat sein Fahrrad »Bruno« getauft und redet mit ihm. Wir wussten zwar, dass sich esoterische Zirkel gern mit ihren Zimmerpflanzen austauschen, aber das ist dann doch neu. »Und was machst du, wenn es böse war?«, will der alte Hans wissen. Dann, so die Replik, müsse Bruno in der Garage schlafen statt im Wohnzimmer.

Bis zu dieser Aussage hatte der Mann erst ein Hefe hell getrunken und galt bislang als Maschinenbau-Ingenieur als recht vernünftiger Zeitgenosse.

Die meisten Rituale sind zum Glück harmlos: der Glückspfennig unter dem Lenkerband zum Beispiel, das ausschließliche Verwenden von Campa-Fett aus der Retro-Dose, das Einstellen der Sattelhöhe im Millimeterbereich oder das Aufsteigen immer nur von links. Andere sind völlig sinnlos. »Ich kippe immer erst das Iso-Pulver in die Flasche und dann das Wasser«, sagt der alte Hans. »Klar«, sagt Brägel, »das ist aber kein Ritual, sondern normal, weil es sich sonst nicht mischt.«

Wir bestellen alle noch ein Hefe, was wir auch brauchen, denn Brägels Rituale schlagen natürlich wieder einmal alles. An normalen Trainingstagen trinkt Brägel morgens einen Brennnessel-Ingwer-Sud, den Viola in einer Fausto-Coppi-Tasse reichen muss. Zum Einreiben seiner Beine schwört er seit Jahren auf die Ölmischung eines Tierarztes, der damit lahmende Reitpferde salbt. Das Zeug riecht wie Pinselreiniger mit Essig und brennt wie Feuer, aber Brägel schwört darauf, weil er mit dieser Mixtur einmal Erster bei der Clubausfahrt in Alpe d'Huez war. Wir vermuten zwar, dass damals noch ganz andere Substanzen als Tee und Öl für den Erfolg verantwortlich waren, aber gut. Grundsätzlich fährt Brägel zu schwarzem Lenkerband nur weiße Handschuhe und umgekehrt. Wir fragen, warum, und Brägel faselt etwas von einem aktiven Kontrast, der die Müdigkeit bekämpft. Dafür täte es natürlich auch ein Spiegel am Vorbau. Wenn Brägel sich selbst sähe, wäre er vor Schreck immer hellwach. Früher gehörte bei ihm auch noch der Banesto-Zeitfahreinteiler dazu, aber den hat Viola entsorgt. Ohne Folgen für die Ehe – zumindest bisher.

Brägel legt aber noch nach. Das Velo aus seinem Fuhrpark, das für die nächste Ausfahrt vorgesehen ist, parkt nachts zuvor auf einer Bioresonanzmatte. »Das tankt Energie ins System«, sagt er. Er selbst schläft im Bett, und zwar nackt, es sei denn, es steht eine wichtige

Ausfahrt an, dann trägt er ein Original-Trikot von Ulle von 1997, das nicht gewaschen werden darf. »Die arme Frau«, sagt der Präsident. Brägel lässt sich nicht beirren und erzählt, dass er sich die Beine nur bei Vollmond enthaart, mit einer Lauge, mit der man auch rostige Gartenstühle abbeizen kann. »Das brennt zusammen mit dem Tierarzt-Öl derart, da fährst du von ganz alleine schneller«, erklärt er. Im Sattel ist er dann aber harmlos. Bis auf die Macke, dass in der mittleren Trikottasche immer eine Bio-Banane aus Costa Rica stecken muss, tickt er dann normal.

Der Stammtisch hat dann noch ziemlich lange gedauert, weil jeder ein paar Rituale drauf hatte, die noch keiner kannte. Ich blieb aber stumm. Muss ja nicht jeder wissen, dass ich sozusagen unschlagbar bin, wenn ich meinen walisischen Energiestein um den Hals trage. Dieser Stein wurde von einem keltischen Druiden und vier südenglischen Jungfrauen besprochen und ist allemal gut für eine Steigerung des Schnitts um zwei Stundenkilometer. Aber das bleibt bitte unter uns.

KÜCHENSCHLACHT

BRÄGEL WILL SEINEN KUMPELS DIE KUNST DES BESSEREN LEBENS NAHEBRINGEN – TEIL EINS: KOCHKURS

2008 bis 2012

Brägel schiebt den Teller von sich weg und fragt: »Was soll das sein?« Der Wirt vom Clubhaus guckt grimmig und knurrt: »Schnitzel mit Soße, Pommes rot-weiß und gemischter Salat – warum?« Brägel verzieht das Gesicht und hält dann einen Vortrag, in dem von »widerlichem Häckselmatsch mit klebriger Panade« die Rede ist, von Pommes, die entweder verkohlt oder fettig seien, und von einem Salatdressing, das »von einer unstimmigen Kräutermischung aus dem Supermarkt« dominiert sei. Der Wirt nickt freundlich, sagt: »Jau, wie immer eben«, und verschwindet.

Wir wissen auch nicht genau, worauf Brägel hinaus will, schließlich bestellt er seit Clubgründung nichts anderes, höchstens mal Spaghetti Bolognese, die man bei unserem Wirt wirklich nicht ordern sollte. Das schmecken selbst wir, obwohl wir anspruchslos sind, sondern ganz normale Radfahrer. Also Menschen, die ihr Sportgerät hegen, aber nie auf die Idee kämen, nach Inhaltsstoffen ihrer Nahrung zu fragen. Essen sollte man, was schmeckt, schnell geht, satt macht und im Notfall selbst von uns nachkochbar ist. Der alte Hans zum Beispiel isst zu Hause am liebsten Miracoli für vier Personen und schneidet in die Soße noch eine Cabanossi – wegen dem Eiweiß. Damit steht er einsam an der Spitze unserer Kochkompetenz. Kurzum: Essen ist bei uns reine Nahrungsaufnahme. Wir würden zwar niemals aggressive Fettlöser an die Kette lassen, aber alles bedenkenlos an unsere Magenschleimhaut.

Und nun kommt Brägel daher und erklärt uns, dass er neuerdings beim Kochen am besten entspannen könne, und nölt, wir sollten mehr auf uns achten – und gutes, gesundes Essen wäre dazu die Basis. »Was müssten wir dann so zu uns nehmen?«, fragt der Präsi. Das hätte er besser gelassen, denn Brägel referiert eine halbe Stunde über enzymatische Nahrungsergänzung zur Regeneration des Basendepots und erklärt, dass wir alle wegen eines Geschmacksverstärkers namens Glutamat auf direktem Weg ins Grab seien. »Hab' ich mir noch nie bestellt«, knurrt der alte Hans. Wir schweigen.

Brägel lädt eine Delegation fürs kommende Wochenende zu sich nach Hause zum Kochen ein. Wir treffen auf eine, nun ja, mäßig entspannte Gattin Viola, die von Brägel gerade in den Gewürzgarten geschickt wird. »Sie sammelt ein Bouquet garni«, erklärt er. Der alte Hans will wissen, ob Franzosen eingeladen sind, wird aber ignoriert. Wir denken, dass es sich bei einem Bouquet garni um eine Art Blumenstrauß für den Tisch handelt. Viola kommt aber mit Grünzeug zurück, bindet sie mit einem Stück Faden, pardon: Küchengarn, zusammen und entschwindet mit den Worten: »Viel Spaß, ich geh' ins Kino.«

Brägel erklärt, wir würden provenzalischen Lammbraten mit Ratatouille kochen. Der alte Hans soll Zwiebeln schneiden, der Präsi Basilikum hacken und neun Knoblauchzehen zerdrücken, was der Idiot mit dem Handballen macht, der jetzt ein Jahr müffeln wird. Brägel röstet Paprikaschoten über der offenen Gasflamme, bis sie schwarz sind und Blasen werfen. Wir lachen herzlich, aber Brägel rubbelt die verkohlte Schicht vorsichtig ab und hat nun »perfekt vorbereitete Paprika«, wie er sagt.

Der alte Hans hat derweil einen ganzen Sack Zwiebeln geviertelt, aber vorher nicht geschält. Brägel erklärt ihm ruhig, wie es richtig geht und macht dabei einen total relaxten Eindruck. So geht das noch eine Weile, und wir versinken selig beim Schnippeln von Auberginen und Zucchini, schwitzen Zwiebeln glasig, blanchieren Tomaten, schmoren, rühren – und trinken ausgiebig Küchenwein, weil Brägel gesagt hat, dass man das tut.

Die Zeit vergeht wie im Flug. Als das Essen schließlich auf dem Tisch steht, ist es draußen dunkel, wir relativ betrunken und in der Küche sieht es aus, als hätte ein Einbrecher etwas erfolglos gesucht. Wir geben uns dem Essen hin, das gar nicht mal so schlecht ist. Außerdem gibt es schon wieder kein Hefe hell, sondern Rosé vom Mont Ventoux. Es wurde ein ganz netter Abend, unterbrochen nur von einigen spitzen Schreien, als Viola nach dem Kino in die Küche sah. Wir versprechen ihr, alles in Ordnung zu bringen, was wir aber leider vergessen haben, weil es nach dem Espresso schon 03:00 Uhr morgens war.

Schwer zu sagen, ob solches Essen nun gesünder ist. Fakt ist, dass der Aufwand gewaltig ist, die Kosten enorm, die Sättigung auch nicht anders als bei Miracoli mit Cabanossi und der Kater danach grauenhaft. Aber Kochen entspannt wirklich ungemein. Der Radclub wird deshalb künftig einmal im Monat bei wechselnden Mitgliedern Küchentraining machen. Das nächste Mal beim Präsident. Es gibt Chateaubriand mit pomodori secchi und hinterher einen Salat von Kaktusfeige, Minze und Marsala. Mahlzeit.

AGNES STATT PILATES

WIE MAN AUCH ALS RADSPORTLER FIT DURCH DEN WINTER KOMMT - MIT ANGENEHMEN BEGLEITERSCHEINUNGEN -, HAT BRÄGEL HERAUSGEFUNDEN

2015

Es gibt viele lästige Dinge – und manche nehmen auch noch zu. Man kann ja zum Beispiel heute nicht mehr durch die Stadt schlendern, ohne dass sich freundliche, junge Menschen einem in den Weg werfen und etwas in die Hand nötigen. Am Ende eines Kurzbummels hat man dann ein paar Duftproben, eine Minipackung Hundeleckerlis, einen Gutschein für eine Saftbar und die dringende Einladung zu einem Wiedergeburtsseminar in den ausgebeulten Taschen. Man nennt das Promotion (sprich: Bromoschn), und die ist wohl entstanden, weil immer mehr Menschen keinen Werbemüll mehr in ihrem Briefkasten haben wollen. Dummerweise hat nun zum Jahreswechsel in unserem Einkaufszentrum ein neues Sportstudio eröffnet, und deshalb wird man seither beim Joghurtkauf von wieselflinken jungen Damen umkurvt, die einem Gutscheine zum Probetraining einen Stock höher entgegenstrecken und einen dabei arglos, aber heftig beleidigen: »So wie Sie aussehen, tut Ihnen das gut.«

Der alte Hans hat so eine Dame gefragt, ob sie denn auch nach dem Work-out mit in die Sauna gehen würde, und wegen der negativen Antwort den Prospekt in den Müll geworfen, aber bei Brägel hat es natürlich geklappt. Drei Monate für 59,97 Euro – was für ein Schnäppchen. Dass er dazu einen Zweijahresvertrag unterzeichnen musste und die monatliche Gebühr ab dem vierten Monat von 19,99 auf 69 Euro ansteigt – egal. Bei Brägels erstem Besuch stellt sich heraus, dass die »Body-Wonderworld« zumindest auf den ersten Blick die alte, muffige Muckibude von früher ist, in der grimmig dreinschauende Bartträger Eisen stemmen, bis sie aus ihren Spaghettileibchen platzen. Man hat einfach den verratzten grünen Teppichboden gegen gelbe Noppenplatten getauscht, ein bisschen Farbe vermalt und ein paar Plastikpalmen zwischen den ausgelutschten Foltergeräten aufgestellt, das war's. Ach nein – es gibt jetzt auch Kurse.

Brägel erzählt uns am Stammtisch, dass er sich vor allem für solche Kurse eingetragen habe. »Klar«, ätzt der Präsident, »die Maschinen fangen ja auch erst bei fünf Kilo an, und das ist dann doch ein bisschen schwer!« Brägel winkt nur ab und erzählt. Beim »Power Indoor Cycling« würde er zum Beispiel volle Lotte auf einem Hometrainer radeln. Dazu habe er sich auch noch beim RBNS-Bodyshape eingetragen. Das sei ein Kurs zur Rückbildung des Bauchs nach Schwangerschaft. Wir erklären ihm, dass er da völlig falsch sei, da er sich sozusagen jeden Abend mit Hefe hell erneut schwängern würde und es somit nie zu einer Rückbildung seiner Wampe kommen könne. Wir fragen, ob es nicht auch was Spezielles für Memmen wie ihn gäbe, so in der Art »Rumba statt Zumba« oder »Lieber Agnes als Pilates« – aber das war natürlich albern.

Brägel geht jedenfalls tapfer dreimal die Woche in die Wunderwelt. Nachdem er plötzlich nicht mehr darüber spricht und am Stammtisch immer mal wieder ein alkfreies Hefe einfließen lässt, werden wir nervös. Der Präsident besorgt sich im Supermarkt einen Promo-Wautscher (hieß früher Gutschein) für das Studio und will Brägel inkognito beobachten. Da er nicht weiß, was er anziehen soll, kommt er im Raddress. Ein Fehler: »Ihr Kumpel ist beim Power Step«, flötet eine Mitarbeiterin und deutet auf einen Raum, aus dem Lichtblitze zucken.

Der Präsi öffnet die Tür und sieht das Grauen. Auf einer Bühne schreit ein muskelbepackter Hüne in ein Mikro und hüpft immer wieder auf einen Kasten und zurück. An der Decke blinken abwechselnd verschiedenfarbige Lämpchen, aus fetten Boxen wummern Bässe.

Unten im Saal versuchen etwa zehn Frauen in Neonleggins dem brüllenden Koloss auf der Bühne zu folgen. Brägel hüpft in einem fadenscheinigen Gerolsteiner-Trikot aus dem Jahre 2003 in der Mitte. Er wirkt glücklich. Der Kleiderschrank mit dem Mikro winkt dem Präsi, der aber flüchtet. »Was war das denn?«, fragt er hinterher den vor sich hin dampfenden Brägel. »Step-Aerobic«, schnauft Brägel und nuckelt an einem giftgrünen Drink. »Ich muss aber weiter, die Mädels warten. In zehn Minuten beginnt Fatburn-Dancing, und dann ist Sauna.« Brägel hakt sich bei zwei seiner Kurskolleginnen unter, und weg ist er.

Wir haben den Bericht des Präsidenten natürlich mit ernster Sorge gehört. Seit ein paar Tagen sieht man trotzdem immer mehr Mitglieder durch den Supermarkt streunen. Zum Glück gibt es aber keine Gutscheine mehr, die Bromoschn ist beendet.

DOKTOR GOOGLE

DER RADCLUB MACHT SICH SORGEN UM BRÄGEL UND HOLT SICH IM INTERNET PROFESSIONELLEN RAT

2014

Irgendwie passt das nicht zusammen. Draußen werden die Tage länger, an Armen und Beinen sind bereits wieder die solar induzierten Trennlinien sichtbar, alles ist frisch, grün, heiter – nur Brägel kommt seit Tagen seltsam novembrig daher. Kein dummer Spruch, keine aberwitzige Idee, nix. Bei den Ausfahrten hält er sich dezent im Mittelfeld, und hinterher belässt er es bei lächerlichen zwei Hefe hell. »Endstadium, ganz sicher«, doziert der Präsident, als Brägel wieder mal mit einem seufzenden »bis Samstag – vielleicht« den Stammtisch verlässt, ohne sich wie sonst von der Kellnerin mit Bussi links, Bussi rechts zu verabschieden.

Da wir, wie sich das für Männer gehört, nichts von haltlosem Gewäsch halten, analysieren wir mit tiefem Mitgefühl die Fakten. Brägel ist derzeit schaumgebremst, öfter unrasiert, ein wenig fahrig und blass. Wir kontaktieren Dr. Google und erhalten allerlei mögliche Diagnosen. Demnach ist Brägel entweder blutarm, hat ein unaussprechliches und absolut sicher tödlich verlaufendes Nervenleiden oder einen Genitalpilz. Vielleicht ist er auch krankhaft spielsüchtig oder leidet an der menschlichen Form des Rinderwahns. »BSE, ganz klar«, knurrt der alte Hans, »sieht man doch.« Wir tendieren auch dazu, zumal Brägel bei der letzten Ausfahrt einem hupenden Autofahrer an der nächsten Ampel den Inhalt seiner Trinkflasche durchs Seitenfenster ins Gesicht gespritzt hat. »Aber das machen wir doch

alle«, wirft der Präsi ein, »das macht doch Spaß!« Stimmt, aber wir kommen einstimmig darin überein, dass sich Brägel dabei einen Tick aggressiver als sonst verhalten hat, schließlich hat er die fast volle Flasche komplett ins Automobilistengesicht gespritzt. Normal behält er immer etwas für sich zurück, und das isotonische Zeugs ist ja auch ganz schön teuer.

Beim nächsten Stammtisch dasselbe Bild: Brägel grummelig und ruhig. Darüber hinaus verzichtet er auf die Mayo zu den Pommes. Zudem fällt auf, dass er dauernd mit dem Fuß unterm Tisch wippt. Wir googeln »Appetitlosigkeit und Nervenzucken« und erhalten als wahrscheinliche Diagnosen: vegetative Dystonie oder Sjörgren-Syndrom. »Und was bedeutet das?«, fragt der alte Hans. »Brägel stirbt«, antwortet der Präsi, was natürlich ein wenig übertrieben ist. Und das wäre nun wirklich auch der falsche Zeitpunkt, da unser Edelsponsor die Hotelkosten für den Pfingstausflug nach Südfrankreich noch nicht bezahlt hat. Aber es ist schon sehr ernst. Da Brägel bei der nächsten Ausfahrt zudem auch noch einmal ohne jeden Grund laut lacht und später mit hängenden Mundwinkeln zweimal »Die Welt ist schlecht« nuschelt, muss wieder Dr. Google ran. Und der hält es als Ergebnis von Lachen + Weinen + Zucken + Appetitlosigkeit + Niedergeschlagenheit für wahrscheinlich, dass Brägel an schweren Depressionen leidet – möglicherweise induziert durch einen Stammhirntumor. »Machen Depressionen auch Schweißfüße?«, fragt der alte Hans. Wir erklären ihm, dass Brägels Problem, seine Radsocken zu selten zu waschen, schon länger bekannt sei und außerdem Google unter Depression + Fußschweiß nichts Erhellendes liefert.

Am nächsten Stammtisch nimmt sich der Präsident ein Herz und fragt Brägel direkt, welche Art von Musik er sich denn im Fall der Fälle bei seiner Beerdigung wünschen würde – außer *My Way* von Sinatra könnten wir ihm alles erfüllen. Außerdem sei es Ehrensache, seinen Sarg in Radtrikots unter einem Spalier nach oben gereckter Laufräder hindurchzutragen. Brägel schaut etwas abwesend drein, kratzt sich am Kopf und geht wortlos. Armer Kerl. Wir beschließen, uns am nächsten Sonntag zum Probesargtragen beim Präsi zu treffen, der eine dafür geeignete Dachbox in der Garage hat. Zu dem Termin kommt es aber nicht, da Brägel plötzlich wieder völlig aufgeräumt zur Ausfahrt erscheint. Auf zähes Nachhaken räumt er ein, dass er ein paar Wochen Viola in Verdacht hatte, ihn zu betrügen, da sie sich immer wieder mal für ein paar Stunden wortlos aus dem Haus gestohlen hatte. Schließlich hat er sie heimlich verfolgt und entdeckt, dass sie ebenso heimlich zu seinem Radhändler fährt, um ihm zum Geburtstag ein superedles Carbonteil bauen zu lassen. »Mir fiel echt ein Stein vom Herzen«, sagt er.

Jetzt könnten wir platzen vor Wut, lassen es aber, da Google unter Neid + Missgunst + Zorn das Wort Todsünde auswirft.

BRÄXIT

DER RADCLUB STEHT VOR EINER SCHWIERIGEN ENTSCHEIDUNG: BRÄGEL WILL AUSTRETEN

2016

Es war ja fast absehbar, dass das einmal kommen würde, Brägel eröffnet uns am Stammtisch abrupt, dass er immer weniger Lust auf den Radclub verspüre. Zum einen gingen ihm die ständigen Hänseleien wegen seiner angeblichen (Brägel sagt tatsächlich angeblichen) Formschwäche zusehends gegen den Strich, zum anderen fühle er sich von der Gemeinschaft in seiner Rolle als Clubmäzen nicht ausreichend gewürdigt. Ganz abgesehen davon, würden wir in unseren Ritualen, den stets gleichen Trainingsrunden mit dem stets etwas zu viel Bier gegen Ende, derart bürokratisch verhaftet sein, dass das seiner stetigen Lust nach Wandel total widerspreche.

Wir hören aufmerksam zu, bestellen trotz der Brandrede ein weiteres Hefe hell, ehe der Präsident fragt: »Und jetzt?« Brägel legt den Kopf leicht schief und sagt: »Ich denke über einen Austritt nach.« Auweia! »Bräxit?«, murmelt der Präsi, und Brägel nickt andächtig. Es sei noch nicht beschlossen, aber er strebe ein Referendum an. Wir erklären ihm, dass er als Einzelner keine Abstimmung organisieren müsse, aber er sagt, dass seine ganze Familie entscheiden soll. Das könnte ernst werden, und ein Bräxit hätte für den Club unabsehbare Folgen. Brägel als unumstritten starker Partner und Sponsor würde mit einem Abgang den Club in eine unsichere ökonomische Zukunft entlassen. Dringend benötigte Investitionen wie der Kauf neuer Laufräder oder einer E-Schaltungs-Gruppe würden für einzelne Mitglieder nahezu unmöglich werden, da man stattdessen Brägels Anteile bei der

Sanierung des Clubhauses stemmen müsste. Keine Frage, ein Bräxit würde die Existenz des Clubs ernsthaft infrage stellen.

»Komm, wir zahlen dir ein Bier, und dann haben wir uns alle wieder lieb«, sülzt der Präsident, aber so einfach ist es diesmal nicht. Der alte Hans rät Brägel, ein wenig zu dopen, dann würde er auch nicht immer abgehängt werden und das Radeln sei auch wieder so schön wie früher. »Willst du ein wenig schneller fahren, musst die Waden halt in EPO baden«, nölt der alte Hans und gackert los, weil er meint, das sei lustig. Brägel winkt nur ab, erklärt sich aber bereit, noch einmal darüber nachzudenken.

Beim nächsten Stammtisch kündigt der Lapp an, dass er einen Forderungskatalog formuliert habe, bei dessen ausnahmsloser Erfüllung er seinen Austritt überdenken könnte. Punkt 1: Brägel bekommt pro 1.000 Euro Spende eine mindestens zehnminütige Würdigungsrede des Präsidenten. Punkt 2: Der Versammlungsraum im Clubhaus wird in »Brägelsaal« umbenannt. Punkt 3: Brägel darf alle zwei Wochen die Route und Länge der Ausfahrt allein bestimmen. Punkt 4: Die Clubmitglieder verpflichten sich bindend, Brägel weder verbal zu kritisieren noch kurz vor Ende der Ausfahrt zu attackieren. Zudem hat der Club dafür zu sorgen, dass Brägel nicht allein und als Letzter die Ausfahrt beenden muss. »Unter diesen Bedingungen wäre mein Austritt möglicherweise zu verhindern«, sagt Brägel am Ende. »Fahr zur Hölle«, knurrt der Präsident, »wir sind ein Sportverein und kein Jubelkomitee für einen durchgeknallten Angeber.«

»Wie ihr meint«, sagt Brägel und lässt uns ratlos zurück. In zwei Wochen sei das Referendum bei ihm zu Hause. Gut, wir waren in den vergangenen Jahren nicht oft nett zu ihm, aber das ist Erpressung. »Reisende soll man nicht aufhalten«, schließt der Präsi. Und damit wäre wohl alles gesagt. Aber ein Hefe hell weiter ist uns allen klar, dass ein Bräxit fatal wäre. Wir schicken deshalb eine Kommission zu Brägel, die ihm einen Kompromissvorschlag unterbreitet. Punkt 1: Pro 2.000 Euro drei Minuten Dankesrede. Punkt 2: Die Gerätekammer wird in Brägel-Schuppen umbenannt. Punkt 3: Brägel darf

sich die Route einmal im Jahr aussuchen. Punkt 4 lautet wörtlich: Der Club müht sich nach Kräften, Brägel nicht ständig aus den Schuhen zu fahren und nur moderat zu verhöhnen.

Brägel erklärt unseren Kompromissvorschlag für »nicht verhandlungsfähig«. Der Bräxit rückt also näher, und wir müssen uns wohl damit abfinden, zur Rettung der Kasse einen Teil des Clubhauses künftig an die Landfrauen oder den Ikebana-Club zu vermieten. Zwei Wochen später löst sich die Sache aber dann doch noch auf – Brägels Referendum zu Hause ist gescheitert. »Der Austritt wurde mit drei gegen eine Stimme leider abgelehnt«, erklärt Brägel. Man habe ihm erklärt, es sei für alle besser, er sei beim Club als zu oft zu Hause.

Endlich mal eine Familie mit Weitblick.

WER IST MANDY?

BRÄGEL GRÜNDET EINE WHATSAPP-GRUPPE – UND IM CLUB BEGINNT EIN NEUES ZEITALTER DER KOMMUNIKATION …

2019

Neulich bei der Weihnachtsfeier. Wir sitzen alle erwartungsvoll um den großen Tisch im Clubheim. Wie es sich gehört, tragen die Männer Jackett und haben auf Zetteln ihre Jahreskilometer 2018 notiert, die wir traditionell bereits am 15. Dezember ermitteln. Alles ganz normal, nur Brägel ist nicht zu sehen. Da er den Radclub traditionell zum Jahresessen einlädt, traut sich keiner, schon mal ein Glas zu bestellen. 20 Minuten später taucht er auf, entschuldigt sich, er habe im Stau gesteckt. Dann feiern wir.

Hier könnte diese Geschichte eigentlich zu Ende sein. Aber spät am Abend kündigt Brägel an, dass es solche Informationsdefizite künftig nicht mehr geben werde. »Wir gründen eine WhatsApp-Gruppe«, sagt er. »Wer ist ein Depp?« fragt der alte Hans, aber Brägel spricht schon weiter. »Dann kriegt ihr bei einer Verspätung eine Nachricht, und jeder ist informiert.« Wir verstehen nicht so recht, was er meint, aber er winkt ab und trägt uns auf, zum nächsten Stammtisch unsere Smartphones mitzubringen.

So fängt es schon mal an. Von den 15 Radlern, die Brägel in der Gruppe haben will, besitzt einer gar kein Handy. Drei andere haben solche, mit denen man nur telefonieren kann. Bei sieben der verbliebenen elf muss Brägel die WhatsApp-App erst noch installieren, aber dann schlägt tatsächlich die Geburtsstunde der »Gruppe Stahlwade«.

»Jetzt sind wir miteinander vernetzt und können uns wichtige Mitteilungen zukommen lassen«, frohlockt er.

Am nächsten Morgen taucht im Display eine Meldung auf:

SAGAN: »Huhu.«

PRÄSI: »Wer bist du?«

SAGAN: »Ich.«

STEELHAMMER HÄNS:

»Bescheuert, oder was?«

SAGAN: »Kette rechts!«

🚴🚴🚴🍷🍷🍷

So geht es noch eine gefühlte Ewigkeit, bis sich Brägel endlich als SAGAN zu erkennen gibt. Irgendwann ist dann auch klar, wer hinter FAUSTO, 53x11 und MORTIROLO steckt. Beim nächsten Stammtisch fordert ausgerechnet Brägel uns auf, künftig in der Gruppe »keine Redundanz« zu produzieren. Wir googeln unter dem Tisch »Redundanz« und befinden, dass das nicht die passende Übersetzung für »Schwachsinn« ist, aber gut. Wir geloben Netzdisziplin, als plötzlich die neuerdings gleich neben den Bierdeckeln drapierten Smartphones alle gleichzeitig »Pling« machen.

53x11: »Proooooost!«

👍🍺😊

Kurz darauf hockt eine Horde Männer um den Tisch und tippt Müll in die Handys. Gesprochen wird nicht, getrunken umso mehr, und nach zwei Stunden verabschiedet sich

SAGAN: »Tschüssikofski!«

👋👋👋

STEELHAMMER HÄNS schickt noch ein »Jaaaaaaaa« hinterher, dann ist endlich Ruhe im Netz.

Wir sind uns dann recht schnell einig, dass das maximal albern ist. Aber irgendwie hat die WhatsApperei doch eine ganz eigene Macht

über uns. Der alte Hans sucht stundenlang im Netz nach abseitigen Emoticons und überrascht uns mit lachenden Mohrrüben oder kitschigen Sonnenuntergängen. Spannend wird es, als SAGAN eine Botschaft ganz offensichtlich fehlleitet, die da lautet: »Hi Mandy, ich hätte heute um 17:00 Uhr Zeit.«

Die Gruppe reagiert mit sich totlachenden Gesichtern und »Hehehe« oder »Uiuiui« und natürlich fragt der PRÄSI: »Wer ist Mandy?«

SAGAN: »Meine Gattin Viola«, was ihm ein »Jajajajaja« einbringt.

Keine Frage – WhatsApp bereichert unser Leben. Wir können uns nahezu immer austauschen, und es wird einem nie langweilig. Neulich dann doch die Ernüchterung. Ausfahrt, erster Anstieg: Wie auf Kommando fingern plötzlich alle ihre Smartphones aus den Trikottaschen. 53 x 11 hat »Attackeee!!!!« gepostet. Schaltungen krachen, es geht los. Das schnelle Verstauen der Mobilteile deckt schonungslos Mängel in der Fahrtechnik auf. Kurzum – die meisten liegen auf der Straße, nur STEELHAMMER HÄNS und SAGAN kommen sturzfrei durch.

Zurück in Clubhaus schreibt der PRÄSI: »Keine Posterei im Sattel!!!!«

Die Antwort ist eindeutig:

ILLEGALE KLEINGRUPPE

BRÄGEL UND DER RADCLUB LAVIEREN SICH DURCH DIE CORONA-KRISE

2020

Der Bildschirm flackert, Brägels Gesichtszüge werden seltsam rissig, dann ist die Mattscheibe schwarz. Ein paar Sekunden später erklärt uns Brägel per WhatsApp am virtuellen Video-Stammtisch des Radclubs, dass er aus Versehen sein Bier über die Tastatur des Laptops gekippt habe, als er uns zuprosten wollte. Brägel hat noch Probleme mit der Griffhaltung am Krug, weil er kein Hefe Hell mehr trinkt. Angeblich soll sich das Coronavirus extrem lang in Hefe halten – hat er gelesen. Brägel liest gerade viel, weil er, wie wir alle, meist zu Hause sitzt und krampfhaft versucht, dem Virus, seiner Familie und Arbeiten in Haus und Garten so weit wie möglich aus dem Weg zu gehen. Keine Frage, Corona hat auch den Radclub fest im Griff. Zum Glück sind alle fit, aber es geht natürlich weder gemeinsames Training noch Stammtisch, weder Training auf Malle noch Freibad – ach was, es geht eigentlich gar nichts mehr. Der alte Hans hat als Mitglied der Risikogruppe seine Schrotflinte aus dem Keller geholt, mit der er auf Corona schießen will, wann immer er es sieht. Wir lassen ihm seinen Irrglauben, solange er in seiner Wohnung bleibt. Brägel hält sich streng an die Auflagen für Radfahren in Zeiten von Corona – das allerdings schon immer. Nicht in Gruppen fahren ist für den Lapp Alltag, weil er der Gruppe meist mit großem Abstand hinterherhechelt. Überfüllte Plätze oder Wege möglichst zu vermeiden, ist für Brägel auch kein Problem, weil wir nur auf der Straße fahren. Man soll ja auch an einer Ampel hintereinander und nicht nebeneinander warten, heißt es. »Ich warte nie an einer Ampel«, sagt Brägel am nächsten Stammtisch und prostet mit seiner Halben im Steinkrug in die virtuelle Runde. Dieses Mal geht es gut. Er hat bestimmt geübt.

Eine andere Auswirkung von Corona auf Brägel bereitet uns hingegen leise Sorgen. Da er beruflich nahezu zur Untätigkeit verurteilt ist, fährt er eben jeden Tag Rad. Das bringt Kilometer – und nach einiger Zeit auch Form. Dachte er zumindest und ließ sich dazu verleiten, einen belgischen Frühjahrklassiker virtuell mitzuradeln – gegen einige der besten Profis der Welt. Brägel hat sich dazu einen sündhaft teuren Rollentrainer mit Online-Kontakt im Wohnzimmer aufgebaut und die Beine rasiert. »Die anderen können dich nicht sehen«, erklärt ihm seine Frau Viola, aber Brägel ist sich da nicht so sicher. Bei der Gewichtseingabe hat er aber trotzdem ein wenig übertrieben, damit er am Berg weniger Widerstand zu treten hat. Genützt hat ihm das Rollen-Doping aber nichts: Schon zwei Minuten nach dem Start war er auf seinem Bildschirm allein unterwegs und die Meute um die Profis weg. 25 Minuten später klappt er dann halb ohnmächtig zusammen. »Ich dachte, ich bin die Spitze«, keucht er, was bei einem 27er-Schnitt im flachen Auftakt der Strecke und maximal 213 Watt nicht sehr wahrscheinlich ist – vorsichtig gesagt.

Einen Tag später hat er das Rollengerät auf Ebay gestellt und doch lieber wieder draußen trainiert. Am Hausberg kommen ihm plötzlich der alte Hans und der Präsident entgegen. Zusammen. Alle halten an und winken sich aus sicherer Distanz zu. Aber Brägel ist sauer. »Ihr seid eine illegale Gruppe«, schimpft er. »Sind wir nicht«, kontert der Präsi von der anderen Straßenseite, »wie du siehst, sind wir nur zu zweit.« »Das dürfen aber nur Familien«, nölt Brägel. Der alte Hans schüttelt den Kopf. »Zwei sind erlaubt«, sagt er, »und außerdem sind wir im Radclub ja so was wie eine Familie. Wir lieben uns doch.« Der Präsident nickt heftig, winkt aber ab, als Brägel sagt, »ich liebe euch doch auch« und mitfahren will. »Drei gehen nicht«, wehrt der Präsi ab, »da müssten wir schon verheiratet sein.« Brägel fährt zornig weiter, so schnell er kann, und empört sich dann abends am virtuel-

len Stammtisch vom Sofa aus über die »unfaire Kleingruppe«. Wir diskutieren heftig, als Brägel plötzlich verstummt. Er ist eingeschlafen, und wir andern sehen alle, wie sein Kopf auf die Brust sinkt und der Bierkrug, den er in der rechten Hand auf dem Knie balanciert, sich immer weiter Richtung Kamera neigt. Dann flackert das Bild und wird schließlich schwarz.

Wird Zeit, dass aus der virtuellen Welt wieder eine reale wird.

3

BRÄGELS SUCHT NACH NEUEM – UND NACH DEM PERFEKTEN KÖRPER

HANDYMANIE

IMMER ERREICHBAR, ALLES DABEI: JETZT BEGINNT AUCH UNTER RADFAHRERN DIE HANDYMANIE ZU GRASSIEREN. DAMIT IST DAS LETZTE FREIE PLÄTZCHEN IN DER TRIKOTTASCHE AUCH NOCH BESETZT …

1994 bis 2001

Tüteltüteltüt – tüteltüteltüt – tütel.… »Ja, ach du, hallo Mausi … ja, es ist sehr schön, aber du, es geht bergauf, ich kann gerade nicht … ja, so in einer Stunde bin ich zu Hause … doch, ganz sicher, bis dann.« Tja: Es war dann doch wohl nur eine Frage der Zeit, bis die Handymanie auch auf Radfahrer übergreifen konnte. Zugegeben, wenn man sich die Dinger genau anguckt, könnte man glatt meinen, die kleinen Folterknechte seien exakt so gebaut worden, damit sie problemlos in die Trikottasche passen – aber müssen deshalb D-Netz-Diddi und E-Plus-Edgar jetzt auch noch im Sattel erreichbar sein?

Genaugenommen ist es ein Graus für alle Mitradler. Dauernd wird einer angepiepst, weil zu Hause das Karnickel ein Stromkabel durchgebissen hat, oder die Gattin den Autoschlüssel nicht findet. Jedenfalls klingelt es meistens wegen gar nix und immer dann, wenn es bergauf geht. Unser Handyman betont natürlich mit äußerst wichtiger Miene, er hätte das Ding ja nur dabei, falls ein wichtiger Kunde (wahlweise: Klient, Patient, Staatsmann oder Künstler) anruft. Das passiert allerdings nie.

Ganz abgesehen davon: Wirklich wichtige Leute müssen nicht ständig erreichbar sein – die haben eine Sekretärin. In diesem Punkt

stimmt sogar einmal Nachbar Brägel zu. Selbstverständlich ist der Lapp komplett ausgerüstet und tütelt den ganzen Tag im C-, D- und E-Netz herum. Aber wenn es auf die Piste geht, schaltet er doch lieber die Mailbox ein. »Einmal brauch' ich auch Zeit für mich«, sagt er.

Soviel Einsicht ist lobenswert, gilt aber nur für das mobile Telefon. Ansonsten reiht er sich freudig in die Reihe der Zubehörradler ein, die Dinge mit sich herumschleppen, die nun wirklich kein Mensch braucht – zumindest kein Hobbyfahrer. Die Tasche links neben dem Handy beladen viele gern mit diversen Energieriegeln. So ein kleines, klebriges Ding enthält soviele Kalorien, wie ein 75-Kilo-Mensch beim Anstieg zum Mont Ventoux verbraucht. Manche verschlingen drei davon auf 30 flachen Kilometern und wundern sich, warum ihnen dauernd schlecht ist und sie trotz eifrigen Trainings kein Gramm abnehmen. Sehr beliebt ist auch der Vierfach-Flaschenhalter. Derart aufgerüstet, wird aus dem 6.000 Mark teuren Neun-Kilo-Rad schnell wieder ein hundsgewöhnlicher 22-Pfünder, weil zwei Liter Powerdrink eben auch zwei Kilo wiegen. Dazu kommen dann noch zwei Tafeln Schokolade gegen den Hungerast und eine Banane zum Nachschub von Magnesium, damit die Wade nicht krampft. So ausgestattet geht es auf die 40-Kilometer-Abendrunde – bei einer Außentemperatur von zwölf Grad. Kurz vor der Heimkehr werden mindestens 1,5 Liter Restflüssigkeit in den Graben gekippt. Manchmal hat diese Entsorgung groteske Folgen. Die Feldhasen in unserem Dorf sind neulich die ganze Nacht wie bescheuert über den Acker gerast, weil sie Brägels weggekipptes Red Bull aufgeschlabbert haben.

Ebenso beliebt ist auch das Mitführen von allerlei medizinischem Gerät. ABC-Pflaster, elastische Binden, Aspirin und kodeinhaltiger Hustensaft (Achtung: Doping) beulen die letzte noch freie Trikottasche aus. Mittlerweile wiegt der Bock locker 13 Kilo – aber wir sind noch nicht fertig. Hinterm Sattel prangt eine gewaltige Tasche mit allen möglichen Ersatzteilen: vier Faltschläuche, ein bleischwerer Abzieher nebst Reservezahnkranz fürs Hochgebirge. Ein Bremszug und zwei Speichen nebst Schlüssel komplettieren die Ausrüstung.

Mittlerweile sind fast 15 Kilo erreicht, aber offensichtlich muss das so sein. Es lebe das Zubehör, auch wenn es keiner braucht. Unsereins fährt allerdings lieber mit so gut wie nix durch die Gegend. Eine Trinkflasche reicht, dazu noch zehn Märker, einen Schlauch und eine Telefonkarte – mehr Ballast muss nicht sein. Bei größeren Pannen können ja die Materialfahrer helfen. Und die tun das auch gern. Endlich einmal eine Gelegenheit, die ganze Palette auszupacken. Und da sie auch noch das nötige Werkzeug und Wissen haben, dürfen sie die Reparatur auch gleich selbst machen. Unsereins probiert so lange mal alle Energiedrinks aus, isst drei bis vier Bananen und zwei Energieriegel.

Und dann noch ein bißchen mit dem Handy spielen. »Hallo, ich bin es. Ich habe da eine kleine Panne und komme ein bisschen später nach Hause. Bis dann.«

Manchmal hat so ein Handy auch Vorteile – vor allem, wenn es einem nicht gehört.

WADE AN OLIVENÖL

DER TRAUM VOM SCHÖNEN ATHLETENKÖRPER MOTIVIERT IMMER WIEDER ZU SPORTLICHER ASKESE - BIS ZUM NÄCHSTEN ABENDESSEN

1994 bis 2001

Gestern vormittag war die Polizei bei Brägel und hat ihn verhaftet. Der Lapp hatte doch tatsächlich sein Radio aus dem dritten Stock durchs offene Fenster auf die Straße gefeuert. Passiert ist zum Glück niemandem etwas, außer dem Radio. Da solche Aktionen aber auf Ehekrach im Endstadium oder beginnenden Wahnsinn (manchmal auch beides) schließen lassen, alarmierten Nachbarn zur Vorsicht die Ordnungshüter. Die fanden dann den Kerl schluchzend am Küchentisch, vor sich ein daumengroßes Plastikfläschchen mit irgendeinem linksdrehenden Diätdrink, von dem man anscheinend vier Wochen leben kann. Die verdutzten Beamten legten trotzdem erst einmal Handschellen an, bevor ihnen Brägel erklärte, er wäre nach einer Bierwerbung im Radio durchgedreht. Das selige Gedudel pumperlgsunder Menschen sei ihm auf die Nerven gegangen. Und dass alles immer eine Pracht sei, und dann auch noch am Tag und bei der Nacht (oder so ähnlich). Schließlich sei er seit 40 Tagen auf strenger Diät und das sei ganz und gar keine Pracht. Kein Fett, kein Fleisch, kein Alkohol, kein Sex. »Psychiatrie«, knurrte der eine Polizist. Sein Kollege nickte.

Dort erholt sich Brägel jetzt drei Monate mit gestressten Managern in einer Spiel- und Tanzgruppe, denkt über prägende Kindheitserlebnisse, einen verdrängten Mutterkomplex und irgendeinen Defekt in der oralen Phase nach. Auf jeden Fall wurde ihm ärztlicherseits der

Wahn attestiert, einmal so aussehen zu wollen, dass er optisch zu seinem 8.000-Mark-Renner mit Carbonrahmen passt.

Für die Dauer der Therapie pflege ich Brägels vier Meerschweinchen und seine Boa, wobei ein Meerschweinchen mittlerweile fehlt und die Schlange in der Mitte seltsam dick ist und nur noch schläft. Aber das ist ein anderes Thema. Bei Brägels unfreiwilliger Trainingspause komme ich aber schon ein wenig ins Grübeln. So sind wir halt, wir Radler. Ständig bemüht, fit zu sein, gesund, schön und schnell. Aber wir sind eben auch nur Menschen mit Schwächen, die man selbst mit rasierten und geölten Waden nicht aus der Welt schaffen kann.

Stichwort Öl: Die Radlerwelt schaut demnächst ja gebannt Richtung Verona zur Weltmeisterschaft. Natürlich fahren wir vom Radclub auch dahin, vielleicht sogar mit Brägel, wenn er bis dahin Freigang hat. WM im Veneto; das heißt, tagsüber selbst radeln, Muskelaufbau

und Fettreduktion betreiben und abends Vino Rosso trinken, das Bauernbrot ins Olivenöl tunken, bis es tropft und sinnenfroh die Wampe streicheln. Und wenn am nächsten Tag der hagere, lustfeindliche und unsympathische Asket am Fünfzehnprozenter vorbeihechelt, werden wir zwar wieder fluchen (wer noch kann), Besserung geloben aber nur im Geist. Soll er doch sein seit drei Wochen eingeweichtes Achtkorn-Müsli selbst schlabbern. Wir geben uns am Abend wieder einem kulinarischen Gelage hin, wobei ich mir persönlich fest vorgenommen habe, künftig wenigstens die Waden mit Olivenöl einzureiben, wegen des lokalen Flairs. In die Flasche kommt aber weiterhin nur Isotonisches oder höchstens noch ein Dopingmittel.

Aber es ist sind ja nicht nur Alkohol und gutes Essen, die uns Sattelhelden immer wieder in Versuchung führen. Das schlimmste Gift sind Partner (oder -innen, je nach Geschlecht des Lesers), die andauernd das Training stören (»Muss das jetzt sein, Heinz-Hubert?«), oder mit unglaublichen Forderungen an einen herantreten. Warum er denn, zum Teufel nochmal, nicht mit dem Rennvelo zum Bäcker fahren könne, wollte neulich eine nörgelnde Frau von ihrem Mann wissen. Die beiden sind mittlerweile geschieden. Völlig zu Recht, übrigens. Damit nicht noch mehr passiert, hier für alle Unwissenden die wichtigsten Gründe, warum das mit dem Bäcker eben nicht geht: kein Ständer, kein Schutzblech, kein Schloss, keine passenden Schuhe, keine Lust. Das sollte wohl reichen.

Wahrscheinlich sind nichtradelnde Partner auch der Grund, warum sich der um Leistung und Askese bemühte Hobbyist immer wieder dem Alkohol hingibt. Im Wein liegt Vergessen, heißt es doch so schön. Wobei Sie diese Weisheit allerdings nicht als Grund dafür angeben dürfen, wenn Sie im Restaurant die Rechnung nicht bezahlen wollen. Hinderlich am sportlichen Erfolg sind auch regelmäßige Arbeitsverhältnisse. Wer nicht gerade das Glück hat, im Lotto gewonnen zu haben oder eine halbe Stelle bei vollem Lohnausgleich als Lehrer erwischt hat, kann eben höchstens noch dreimal in der Woche zwei Stunden trainingshalber in die Pedale steigen. Ein bisschen wenig, um den eigenen Ansprüchen gerecht und den bösen Spuren diverser Menüs nebst Tischgetränken Herr zu werden.

Es hilft wohl alles nichts; wer unbedingt in Topform kommen will, der muss leben wie ein Mönch in einem alkoholfreien Kloster. Und da es das bekanntlich nicht gibt, fügen wir uns lieber in unser Schicksal, eben doch nie Alpe d'Huez zu gewinnen oder wenigstens auszusehen wie ein waschechter Profi. Und zwar bevor wieder einer das Radio aus dem Fenster wirft, nur weil er nicht die Figur hat wie Fernando Escartin nach der Tour de France.

Die Polizei hat übrigens Brägels Velo konfisziert. Was sie jetzt damit machen, weiß allerdings kein Mensch.

EINMAL PROFI SEIN

ES GIBT ZAHLLOSE GRÜNDE, KEIN PROFI ZU WERDEN – ODER: WIE MAN EINE KARRIERE VERHINDERT

1994 bis 2001

Seit vier Monaten hatte ihn keiner mehr gesehen. Beim Bäcker erzählte man sich, dass Brägel seinen Job gekündigt und sich Richtung Süden abgesetzt hat. Ich wollte das erst nicht so richtig glauben, aber kurz vor Weihnachten stand der Nachbar plötzlich vor meiner Tür. Ein wenig schlanker, braungebrannt, in einem nagelneuen Festina-Dress und guter Dinge. »Ich fange ein neues Leben an«, tönte er, »ich habe alle Brücken abgebrochen und 10.000 Kilometer im Süden trainiert. Im nächsten Jahr werde ich Radprofi.«

Vor Schreck wäre ich beinahe an einem Stück Zimtstern erstickt. Profi will er werden, der Lapp. Bei jeder lumpigen RTF nach 50 Kilometern schwächeln, aber die Tour fahren wollen. Gut, sehen wir einmal davon ab, dass es lächerlich ist, wenn einer mit 37 Jahren und locker zehn Kilo Übergewicht (trotz Training) Berufsfahrer werden will. Lassen wir dem Wahnsinnigen seine Illusion. Dann bleibt trotzdem noch die Frage: Was, um Himmels willen, ist denn so erstrebenswert daran, Radprofi zu sein?

»Das ganze Jahr in freier Natur«, sülzt Brägel, während er über die Zimtsterne herfällt, »Sport in frischer Luft, das wahre Leben. Und am Ende reich und berühmt werden.« Na bravo, dann müssen wir dem Kerl erst einmal ein paar Zähne ziehen, zumal sich herausstellt, dass er noch nicht bei Festina vorgesprochen hat, also noch nichts verloren ist. Profis, mein lieber Brägel, fahren im Schnitt 40.000 Kilometer im

Jahr. Das heißt, mehr als 100 Kilometer jeden Tag – Weihnachten, Ostern und Neujahr inklusive. Und das bei Regen, Wind und Kälte, und im Januar sogar auf Mallorca, ohne jede Chance auf ein Bier im Ballermann, weil der gerade geschlossen hat. Nur Elektrolyte, Tee und Mineralwasser. »Na und«, kräht er, »dafür entschädigen die ersten Rennen. Mailand–San Remo, Paris–Roubaix und dann erst die Tour de France.« Da schau her. Leider ist es aber so, dass Mailand–San Remo meist nur auf dem Papier die Fahrt in den Frühling ist. Das einzig Warme an diesem Rennen ist oft nur die Lasagne für die Helfer an der Verpflegungsstation kurz vor Genua. Und Paris–Roubaix: Spaß macht das allerhöchstens dem Sieger. Dem Rest brummt der Schädel von der Schüttelei – wenn er Glück hat. Andere haben auf dem Kopfsteinpflaster schon die Chance auf eigene Kinder verspielt, werfe ich Brägel an den Kopf. Das ist zwar eine pädagogische Notlüge, aber bevor sich der Kerl bei irgendeinem Sportlichen Leiter lächerlich macht, wollen wir ihm doch lieber helfen.

Und von der Tour reden wir erst gar nicht. Die fährt er höchstens in der Werbekarawane für die Weight Watchers. Außerdem: 4.000 Kilometer am Auspuff von einem Motorrad riechen – mit Sport in frischer Luft hat das nun überhaupt nichts mehr zu tun. Wenn das noch nicht reicht, soll er sich mal eines überlegen: Radprofis müssen im April in Belgien Rennen fahren. In einem Land also, wo es zwar Pommes, aber sonst nur Gegenwind, Graupelschauer und 22-prozentige Anstiege gibt – und das meist in einem einzigen Rennen.

»Mag ja sein«, wirft er ein wenig geknickt ein, »aber dafür kann ich als Profi den ganzen Tag essen, ohne dick zu werden.« Schon möglich, aber was? Pommes auf jeden Fall nicht, nicht einmal in Belgien. Dafür Spaghetti zum Frühstück, trocken, nur mit ein bisschen staubigem Parmesan. Dazu tonnenweise Müsli, klebrige Drinks, ganze Stauden Bananen, in Wasser gedünstetes, salzfreies Gemüse, vielleicht mal ein bisschen weißes Fleisch vom Huhn. Früher hat man Köche, die so etwas aufgetischt haben, auf dem Marktplatz öffentlich verdroschen. Heute nennt man die lustfreie Ernährung »nach dem Beruf

leben«. Auf jeden Fall gibt es für Profis keine Schweinshaxe, noch nicht einmal eine Curry spezial. »Der Jens Heppner träumt bei der Tour von einem Big Mac«, haue ich Brägel um die Ohren. Und das ist keine pädagogische Notlüge.

Offenbar plagen ihn jetzt doch Zweifel. Und weil wir gerade dabei sind, räumen wir weiter auf mit dem Traumberuf Radprofi: Das ganze Jahr stecken die Buben in bunten Hemden von Baumärkten oder Versicherungen und müssen Tag und Nacht versichern, dass Casto-Uno oder Rabo-Polti das Allergrößte überhaupt und es ihnen eine große Ehre sei, beim Rennen des ehrenwerten Herrn Soundso in Hinterwinkel an den Start gehen zu dürfen.

Der Sponsor zahlt, der Sponsor bestimmt. Beim Kaffeemaschinenhersteller Saeco haben sie einen fristlos rausgeschmissen, weil er morgens im Hotel Kamillentee getrunken hat, die Fahrer von Mercatone Uno werden im Frühjahr immer von Bienen gestochen, weil sie wie Blümchen aussehen (außer Pantani), und bei Telekom gibt's neuerdings Handypflicht für alle. »Das ist doch nicht schlimm«, wimmert Brägel. »Doch«, setze ich den Konter, »weil der Rudolf Scharping alle Nummern hat.«

Nebenbei hat man noch das zweifelhafte Vergnügen, alle Mittelklassehotels Europas mit zu weichen Matratzen und kaputten Klimaanlagen kennenzulernen, sich die Lunge an irgendwelchen Cols oder Pics aus dem Leib zu keuchen, pro Jahr eineinhalb Tonnen Autogrammkarten zu unterschreiben und sich alle drei Wochen die Beine zu rasieren. Das Ganze, wenn man nicht gerade die Tour oder die Weltmeisterschaft gewinnt, für einen Durchschnittslohn, für den Meister Becker, unser aller Tennisheroe, höchstens einen Schaukampf spielt. Ein wahrer Traumberuf also.

Das reicht, Brägel gibt auf. Wimmernd wirft er sein Festina-Trikot in den Mülleimer. Der Mann hatte Glück, sein Chef hat ihn wieder angestellt. Und die 10.000 Kilometer werden ihm bei der ersten RTF auch noch etwas nützen – vielleicht.

KOMPJUTAH

RADFAHREN OHNE ELEKTRONISCHE LEISTUNGSKONTROLLE - DAS WÄRE JA WIE EIN BIG MAC OHNE FLEISCHKLOPS. DENKEN VIELE. DOCH DIE WISSEN NICHT, WAS KOLLEGE KOMPJUTAH WIRKLICH WILL: UNS ZUM GESPÖTT DER MENSCHHEIT MACHEN

1994 bis 2001

Neulich erzählt mir doch einer, dass die Menschheit vor 20 Jahren tatsächlich ohne Pehzeh, faxmodemintegriertes Häändi oder Wäschetrockner mit Baumwolldetektor ausgekommen ist. Was für ein Alptraum! Nein, da freuen wir uns doch lieber am technischen Fortschritt, genießen die Segnungen japanischer Ingenieurskunst, gucken Tiewie am Handgelenk und lassen uns abends am Pehzeh den Durchschnitt der täglichen Tastkontakte am Lichtschalter im Heizungskeller für die letzten 36 Monate ausdrucken.

Wir wollen es schließlich genau wissen, und – dem Tschipp sei Dank – es bleibt uns auch überhaupt nichts mehr verborgen. Nur, um ganz ehrlich zu sein, da gibt es so ein Ding, das hätten die Softwähr-Päpste besser nicht erfunden: den gnadenlosen Rad-Kompjutah.

Früher, da hatte man nur den mechanischen Kilometerzähler. Angetrieben von einem Gummibändchen zeigte der kleine Kasten unten an der Nabe an, wie weit die Reise gegangen ist. Ende des Jahres haben wir einmal hingeschaut, die Zahl brav und stolz ins Trainingsbüchlein geschrieben – das war's. Später kamen Tachos dazu. Wahre Ungetüme, so groß wie heute ein Geymbeu, wellengetrieben, schwer und von bestechender Hässlichkeit. Aber irgendwie liebenswert, weil man nie genau wusste, ob die tanzende Nadel nun auf »25« oder »35« zeigte.

Ganz im Gegenteil zu den heutigen Folterzwergen. Nichts, aber auch gar nichts, was die nicht messen könnten, kommagenau, unbestechlich. Jeden Tag demonstriert dir das Mistding gnadenlos deine Mickrigkeit, und trotzdem hängen deine Augen süchtig an den schwarzen Zahlen. Jedes Plus ein Glück, jedes Minus eine Katastrophe. Die Landschaft drumherum nimmst du gar nicht mehr wahr.

Und wozu das Ganze? »Was, Schnitt 29,34?«, höhnt die Gemahlin, die irgendwann einmal gelesen hat, dass die bei der Tour locker über 40 kommen. »Lächerlich, einfach lächerlich!« Außerdem: Nirgends kann man das Rad stehen lassen, ohne dass jemand am Kompjutah rumfummelt, den Kopf in Richtung Displeh senkt und lachend abzieht.

Selbst der härteste Hund unter der Sonne wird nervös, wenn der Schnitt auf einer Trainingsrunde gegenüber dem Vorjahr um 0,15 Kilometer pro Stunde bei vergleichbaren Windverhältnissen zurückgeht. Tagelanges öffentliches Wehklagen über vorzeitige Vergreisung oder irreversiblen Muskelschwund sind da noch die harmlosesten Folgen. Oft trifft man die armen Kerle völlig verzweifelt beim Internisten, der natürlich nichts Besseres zu tun hat, als ein Belastungs-Ehkageh auf dem Rad-Ergometer zu machen – und dabei klemmt am Gesundheitslenker schon wieder so ein unseliger Kompjutah.

Los werden wir die Dinger nicht mehr, das ist klar. Aber wie schützen wir unser attackiertes Ego? Kurzfristig dürfte die Eingabe eines viel zu großen Radumfanges oder das Ausschalten des Kompjutahs am Berg ausreichen. Das verbessert den gefahrenen Schnitt, ist aber unwürdig und leicht zu durchschauen. Nachbar Brägel stolzierte neulich aufgeblasen wie ein Gockel in der Straße auf und ab und hielt jedem seinen Rechner unter die Nase, der einen Schnitt von 37,42 anzeigte. Lächerlich – einmal den richtigen Knopf gedrückt, und schon war klar, dass sich die Zahl nur auf eine Strecke von 0,4 Kilometern bezog. Bergab.

Langfristig brauchen wir einfach andere Geräte. So eine Innovation, die nach getaner Tretarbeit irgendeine wahnsinnig imponierende Zahl ins Displeh einspeist. Zum Beispiel eine knackige »200«. Ein

gigantischer Wert, den Kompjutahschatzel so errechnen könnte: Alle 24 Straßenpfosten wurden 0,12 Liter Flüssigkeit aufgenommen. Daraus resultiert ein Pfosten-Liter-Verhältnis von 24 geteilt durch 0,12 – ist gleich 200. Na, wenn das keine Leistung ist!

Weitere individuelle Spitzenwerte könnte unser kleiner elektronischer Freund aus allen beliebigen Parametern errechnen: aus dem Mittelwert der Trittfrequenz beim Vorbeifahren an Claudia Schiffer, der Herzfrequenz beim Reifenwechsel und der Höhenmeterdifferenz zwischen Biergarten und Klohäuschen der Pausenwirtschaft. Das Ergebnis wären in jedem Fall Vorzeige-Zahlen, gegen die das Gelb von Indurains Trikot sich merkwürdig blass ausnähme.

Was – Sie wollen das gar nicht wissen? Ihnen reicht ein Dreißigerschnitt, Sie freuen sich an Ihren 3.890 Jahreskilometern, an einem Vaumax von 63,4 und dass der Puls an einer Steigung bei Tempo 14 unter 120 bleibt, wo er noch vor 14 Tagen mit 145 gebumpert hat? Sie brauchen auch kein faxmodemintegriertes Häändi und hängen Ihre Wäsche im Garten auf? Dann sind Sie wohl ein sehr glücklicher Mensch. Wenn auch nicht hundertprozentig kompatibel mit dem elektronischen Zeitalter.

DIE MACHT DER ZAHLEN

SONNE IN DEN SPEICHEN, SCHATTEN AUF DER STRASSE - DER RENNRADFRÜHLING KÖNNTE SO SCHÖN SEIN. WENN - JA, WENN BRÄGEL NICHT WÄRE ...

2003

Herrlich. Die Frühjahrssonne wärmt, endlich kann man wieder in kurzen Hosen fahren, ohne dass die bleichen Knie frostblau anlaufen und sich abends ein grippales Kratzen im Hals einstellt. So rollen wir froh gelaunt dahin, als vor uns ein Radler auftaucht, dem wir uns fast schon beängstigend schnell nähern. »Bestimmt ein Opa«, nölt der alte Hans, »der den fünften Frühling spürt und sich von seinem Sohn die Karre ausgeliehen hat.« Der Opa, wir ahnen es bereits, ist natürlich Brägel, der sich auf einer »Präferenzrunde« befindet, wie er uns freundlich zuruft. Wir rauschen an ihm vorbei, dass es ihn fast in den Straßengraben weht, obwohl auch wir nur mit knapp 28 Sachen unterwegs sind.

Am Abend rufe ich ihn an und bitte um Erklärung, was sich hinter dem Begriff Präferenzrunde verbirgt. Brägel doziert, dass er immer so Anfang April auf seiner Feierabendstrecke über 42 Kilometer einen Schnitt ermittelt, den er dann kontinuierlich über die Sommermonate steigert, was ein sicheres Zeichen für Formaufbau sei. In diesem Jahr hat er auf flachem Kurs mit 20,7 km/h im Schnitt begonnen, was, ganz nebenbei, seine schwangere Gattin Viola mit Jan-Miguel im Anhänger auch locker hätte fahren können. »Da ist noch jede Menge Luft nach oben drin«, sülzt Brägel, wobei man ihm ausnahmsweise nicht widersprechen kann. Viel langsamer geht's schließlich kaum noch. Ist doch immer wieder erstaunlich, mit welchen psychologischen Tricks sich die Leute motivieren können.

Allerdings verdient die Sache mit der Durchschnittsgeschwindigkeit in der Tat eine nähere Betrachtung. Sie ist für uns Radler Quälgeist und Glücksgöttin in einem. Machen wir uns nichts vor: Das kleine Kästchen am Lenker gibt den Takt an und verhindert entspanntes Dahinrollen, wenn man im Vergleich zu gestern auch nur ein bisschen langsamer unterwegs ist. Und jeder hat seine ganz persönliche Präferenzrunde. Schafft man sie schneller, könnte man das Computerchen vor Glück nachts mit ins Bett nehmen; sinkt der Schnitt, vermuten Männer sofort ungünstige Gegenwinde oder todbringende Krankheiten, die noch unerkannt im Körper wüten. Auf jeden Fall ist die Laune im Keller. Wer das von sich weist, der lügt oder ist eine vernunftbegabte Frau. Doch, doch: Viele Frauen haben nur deshalb einen Rechner am Rad, weil ihn der Lebensgefährte montiert hat. Außerdem stellen sie ihn nie zurück und wissen auch nach zwei Jahren noch nicht, was sie mit dem Modusknopf anfangen sollen. Ist die Batterie glücklich leer, bleibt sie das auch. Frauen fahren einfach Rad und schauen sich die Gegend an, Männer schauen aufs Display und brettern wild entschlossen über rote Ampeln, wenn statt »27,0« nur noch »26,9« als Schnitt aufleuchtet. Oder sie erreichen die heimische Garage mit hängender Zunge und Puls 180, nur damit die Zahl stimmt. Dass ein finales Mördertempo ohne Ausrollen zum vorzeitigen Herztod führen kann – geschenkt, das interessiert nun wirklich keinen. Lieber einmal über den Lenker kotzen, als die falsche Anzeige im Display. Ehrensache.

Es ist zu vermuten, dass dieses Verhalten in einer Zeit geprägt wurde, als wir Männer noch durch die Graswurzelsteppe schlichen und uns mit Säbelzahntigern oder ähnlichem Viehzeug prügelten. Irgendwie steckt das wohl tief in uns drin; Schwäche zeigen darf Mann nicht. Druck vom Pedal zu nehmen, das ist, als wäre Urzeit-Männe ohne frische Säbelzahntiger-Filets zur Familienhöhle zurückgekehrt. Der erste Schritt zur männlichen Sinnfrage: Was habe ich überhaupt noch auf

diesem Planeten zu suchen? Das gilt ganz besonders für solche Kerle, die näher am Verfallsdatum als an der Geburt sind. Ein lascher Rad-Schnitt, das ist sicher, kann eine ernste Midlifecrisis auslösen.

So betrachtet, verhält sich Brägel ausnahmsweise mal richtig schlau. Nach zwei Wochen hat er sich auf 22,4 km/h hochgearbeitet. Immer noch so gut wie nichts, aber er war jedesmal schneller als vorher. Die Form, falls man davon reden will, steigt messbar, der Lapp ist glücklich und zeigt abends im Radclub seine akribisch in ein Koordinatensystem übertragene Leistungskurve, die aussieht wie der DAX, als die Börsenwelt noch in Ordnung war. Danach gibt er einen aus, was zumindest mich ein bisschen von der eigenen Performance ablenkt. Ich habe nämlich Anfang März auf meiner Hausstrecke windbegünstigt einen 29er-Schnitt hingelegt. So viel braucht es zwar gar nicht, um Brägel aus den Pedalen zu fahren – aber jetzt komm' ich da nicht mehr ran, nicht ums Verrecken. So was schlägt aufs Gemüt, nährt Selbstzweifel, lässt Dopingpläne reifen und versaut einem völlig die Lust aufs Velo. Ein blöder Zustand, zumal es leider auch keine

Säbelzahntiger mehr gibt. Vor lauter Frust habe ich neulich den Computer an die Wand geworfen, aber schon am nächsten Tag einen neuen gekauft. Und die 293 Jahreskilometer vom alten exakt übertragen.

Brägel, so viel steht fest, rollt als moralischer Sieger Richtung Sommer. Wahrscheinlich hat er vom Weizenbier einfach zu viele weibliche Hormone in sich. Genau, so muss es sein. Der Lapp ist schlicht ein Waschweib. »In der Steinzeit hättest du nicht mal deine Familie ernähren können, du Memme!«, fauche ich ihn an. Brägel guckt nur fassungslos und sagt nichts. Ist auch egal. Im nächsten Frühjahr werde ich mir auch eine Präferenzrunde zulegen. Oder den Tacho abkleben, zumindest bis Juni.

SEITENSPRÜNGE

SOGAR STARS WIE JAN ULLRICH MACHEN ES VOR: IM WINTER GIBT'S EIN LEBEN OHNE RAD UND STATTDESSEN VIELE ANDERE SCHÖNE SPORTARTEN. ABER MUSS MAN'S DENN GLEICH WIEDER ÜBERTREIBEN?

2001 bis 2004

Es gibt Anblicke, die sind nur schwer zu ertragen, vor allem frühmorgens. Neulich bin ich auf dem Weg zur Arbeit Brägel begegnet. Erkannt habe ich ihn nur an seiner Stimme. Er hatte seine Haare pechschwarz gefärbt, die Strähnen anscheinend mit Campa-Fett eingesülzt und streng nach hinten gekämmt. Brägel sah aus wie ein Immobilienhai, meinte aber entrüstet, er wolle sich doch nur den neuen Kumpels vom Bowling-Club annähern. Bowling-Club? Was um Himmels Willen er da wolle, fragte ich. Brägel ölte, dass er im Winter keinen Bock auf Radfahren habe und deshalb die sechs Wochen bis zum Training auf Mallorca Ausgleichssport betreibe. Ich erklärte ihm, dass Bowling kein Sport und die Luft auf den Bahnen ungefähr so gesund sei wie Rollentraining in der Tiefgarage. War Brägel egal. Drei Tage später wurde er allerdings von der Bowlingbahn vertrieben. Weil er darauf bestand, in Radschuhen zu spielen. Sagt er. Es gibt aber auch die Version, laut der er sich nach vier Hefeweizen etwas zu laut über die »Kugeln von der Frau da drüben« ausgelassen hatte. Die »Frau da drüben« war die Gattin des Club-Präsidenten.

Mittlerweile trägt er sein Haar wieder wie gewohnt, Radfahren ist trotzdem nicht. Sein nächster Coup: Er schließt sich dem Nudistenverein, »Sektion Wintersaunierer« an. Auch kein erbaulicher Anblick. Der

nackte Brägel erinnert an das Michelin-Männchen, mit kleinem Henkel unten dran. Wir vom Radclub können dem ja ausweichen, indem wir in eine normale Sauna gehen; aber die armen Nudisten … Nach knapp einer Woche redet er sich bei der Schilderung seiner Tourmalet-Bezwingung anno '97 so in Rage, dass sein Kopf rot glüht und sich sein Henkelchen in Richtung erste Bauchfalte erhebt – was auch in Nudistenkreisen als eher unschicklich gilt. Wieder nix. Also versucht er's mit Skigymnastik. Dumm nur, dass seine jämmerlichen Beinmuskeln beim Wedelhüpfen sein Sprunggelenk nicht richtig festhalten, und sich der Kerl schon in der ersten Stunde den Fuß verstaucht. Der Arzt verschreibt Eispackungen und nach dem Abschwellen leichtes

Radtraining zur Mobilisierung; Brägel lehnt dankend ab. Kann der Kerl stur sein.

Als er wieder gehen kann, entdeckt Brägel den Skilanglauf. Er kauft sich Ski, aber keine passenden Klamotten und wird in der Loipe im Raddress gesichtet. Da er außerdem mit Alpin-Skistöcken unterwegs ist, sehen seine Bemühungen etwas albern aus. Ein Warmluft-Einbruch erlöst ihn und den Rest der Menschheit. Ab ins Fitness-Studio, denkt Brägel und tritt mit Radhose, -socken, -handschuhen und Olé-Mallorca-Stirnband an die Geräte. Radeln auf dem Ergometer zum Aufwärmen lehnt er selbstverständlich ab. Brägel trainiert meistens am Vormittag und vor allem den Bizeps. Schließlich ist das die einzige Maschine, an der er halbwegs sicher zehn Kilo schafft. Nach zwei Wochen bilden sich zwei walnussgroße Knubbel unter der schwammigen Haut seiner Oberarme. Brägel ist begeistert. Im Januar taucht er überall im T-Shirt auf und spannt beim Plausch mit Freunden immer ganz langsam den Bizeps an. Das Ende der Fitnesskarriere naht, als ihm die Frau am Empfang den Aufnahmeantrag präsentiert. Bis dahin hatte er immer Gutscheine für Probetrainings eingelöst. Zwölf Stück, ausgeschnitten aus allen Zeitungen der Region. 200 Euro einmalig will sie nun haben, dann jeden Monat 60. Dazu müsse er noch einen sportmedizinischen Check für 100 Euro machen, weil er ja »schon über 50« sei. Brägel ist 41 und entrüstet über diesen Anschlag auf seine Ehre und vor allem seinen Geldbeutel. Abgang. Und Blondie vom Empfang macht keinen Versuch, ihn daran zu hindern.

»Back to the roots«, bellt Brägel nun, kauft sich Laufschuhe und einen Leichtlauf-Kinderwagen für Jan Miguel Maurice. Leider lenkt Brägel den Kinderwagen beim ersten Training volle Kanne in einen Gullideckel. Das Wägelchen samt Nachwuchs überschlägt sich, und Viola droht mit Auszug. Brägel will seine Laufschuhe sofort verkaufen; dass der Markt für verschwitzte Treter Größe 45 verdammt eng ist, interessiert ihn dabei wenig.

Letzter Versuch: Schwimmen. Brägel erwirbt eine verspiegelte Schwimmbrille sowie eine schwarze Badehose, deren dezenter Schnitt leider von der letzten Bauchfalte fast verdeckt wird, und trainiert auf der Seniorenbahn des örtlichen Schwimmvereins. Nach dem dritten Abend fängt es bei ihm zwischen den Zehen wie wild an zu jucken. Der Hausarzt attestiert Fußpilz, Viola verbietet ihm den Kontakt zu Jan Miguel und den Zugang zum gemeinsamen Bett, und ich begrabe endgültig den Gedanken, Brägels Laufschuhe (Neupreis: 145 Euro) vielleicht doch noch für einen Zehner abzustauben.

In vier Tagen startet endlich der Flieger nach Mallorca, und Brägel reist mit. Es gibt eben doch keinen Ersatz fürs Radtraining. Vorher will er aber noch mal zum Bowling. Der Club-Präsident hat die Stadt verlassen, mit ihm seine Frau. Also kann Brägel wieder die Kugel rollen lassen und verkündet glücklich: »Dann habe ich die Laufschuhe nicht ganz umsonst gekauft.« Doch, Brägel. Bowling spielt man nämlich in Schuhen mit harten Ledersohlen. Wird er zwar nicht glauben, ist aber egal – noch vier Tage bis Mallorca.

SCHÖNE ZEITEN

FÄLLT DER RADSPORT ALS LETZTE BASTION UNVERFÄLSCHTER MÄNNLICHKEIT? BRÄGEL ARBEITET JEDENFALLS DARAN ...

2005

Brägel ist verletzt, ziemlich sogar. Offiziell ist er in einer öffentlichen Wellness-Oase (vulgo: Hallenbad) gegen eine Glastür gelaufen, was ihm eine geschwollene Nase und eine durchgebissene Oberlippe bescherte. Halboffiziell ist er, mit einer Mischung aus Caipirinha und Weizenbier im Blut, auf der Toilette der örtlichen Disco morgens um vier gegen einen Türpfosten gestolpert. Inoffiziell lässt sich nicht mehr herausfinden, wer bei der Ü-35-Party in der Disco den »Türpfosten« in der Hand hatte, gegen den Brägel geprallt ist. Aber weil er solo auf der Party war, wird diese Version nicht weiterverfolgt. Auf jeden Fall geht es Brägel schlecht, und das nicht nur wegen seiner Blessuren. Sein Traum, nächstes Jahr beim Triathlon auf Hawaii zu starten, ist geplatzt, endgültig. Brägel kann nämlich nicht am deutschen Quali-Wettbewerb teilnehmen, da an jenem Wochenende seine Schwiegermutter 75 wird und Viola mit Scheidung gedroht hat, falls er nicht mit zum Fest kommen sollte.

Jetzt nagt der Frust, und die Form leidet. »Wozu sich noch schinden«, nölt er, und alle nicken begeistert. Wir sehen Brägel sowieso lieber am Ende der Gruppe als an der Spitze. Aber Brägel wäre nicht Brägel, wenn er nicht sofort ein neues Ziel für sich finden würde. »Also gut«, sagt er am Clubabend, »wenn schon nicht Hawaii, dann will ich wenigstens weiterhin gut aussehen auf dem Rad. Sportlich, drahtig, runder Tritt, passend gekleidet, eine optische Augenweide.«

Ich frage mich, ob das vielleicht etwas mit seinem Soloausflug zur Ü-35-Party zu tun haben könnte, sage aber nichts. »Lass lieber«, sagt der alte Hans, »wenn du gut aussiehst, erkennt dich ja keiner mehr.« Was haben wir gelacht. Brägel hat sich noch ein Hefe hell bestellt und geknurrt: »Wartet nur, morgen geht es los. Beinenthaarung.«

Zur nächsten Ausfahrt kommt er trotz bitterer Kälte in kurzer Hose und mit Beinen, deren Haut aussieht wie bei einem Suppenhuhn im Tiefkühlregal. Eigentlich wollte Brägel sich in einem Kosmetikstudio mit heißem Wachs entlauben lassen, die Fachkraft dort lehnte aber ab. Zu viele Haare. Also griff der Lapp zur Creme aus dem Drogeriemarkt, die er aber zu lange einwirken ließ, weshalb ihn jetzt rote Pickel zwischen weißen Poren zieren. »Übrigens habe ich mir auch die Haare unter den Armen und auf der Brust entfernt«, sagt er, »da bekommt der Körper gleich eine andere Kontur.« Der alte Hans fragt medizinisch korrekt: »Und im Intimbereich?«, bekommt aber keine Antwort. Wir vermuten das Schlimmste.

Danach ist Brägel zwei Wochen verschwunden. Als er wieder auftaucht, ist die Haut an seinen Beinen abgeheilt und solariengebräunt. Da seine Triathlonform noch nicht völlig im Eimer ist, sieht das gar nicht so schlecht aus. Dafür hat sich sein Gesicht in eine Art Strickmusterbogen verwandelt. Brägel klärt auf: Er war zur Kosmetik und jetzt sei die Haut noch ein bisschen irritiert. »Da gab es erst mal ein Peeling«, sagt er. Da wir als einfache Männer nicht genau wissen, wovon er spricht, erklärt er es uns. Wenn ich's richtig kapiert habe, hat sich Brägel das Gesicht abschleifen lassen, und seine Augenbrauen wurden zu schmalen Linien gezupft. Brägel hat jetzt superdünne Bartschnüre an Wangen und Kinn, wie sie junge Fußballprofis gern tragen. Danach zeigt er uns eine Batterie Pflegemittel, die er täglich aufträgt. In Erinnerung ist mir noch eine Augencreme, von der ein winziges Töpfchen 78 Euro kostet, und die angeblich Augenfalten reduziert. Ich denke, dass der Inhalt des Döschens in einer einzigen Brägelschen Falte versickern würde, sage aber wieder nichts. »Du siehst scheiße aus«, sagt der alte Hans, aber das stimmt nicht. Nur ein bisschen merkwürdig.

Nach einer weiteren Woche erscheint Brägels Haut glatter, seine Haare dunkler und seine Augen heller. »Stimmt«, jubelt er, »die Kosmetik wirkt, die Haare sind getönt und ich trage gefärbte Kontaktlinsen.« In der Gesamtschau mit den rasierten Beinen kommen wir nicht umhin einzuräumen, dass er was hermacht, der Lapp. »Jetzt folgen die Accessoires«, kündigt er an und lässt uns ratlos am Stammtisch zurück. »Die was?«, fragt der alte Hans, aber Brägel ist schon weg.

Am folgenden Samstag wissen wir's. Brägel hat sich zur Trainingsrunde passend zu seinem eh schon schicken blau-schwarzen Gios Carbon eingekleidet. Silberfarbene Schuhe, schwarze Hose s i l b e r n e Socken, dunkelblaues Trikot, blau-schwarze, zum Lenkerband passende Handschuhe, auch der Helm ist neu und farblich abgestimmt. Und das Beste – die verspiegelte Zuhälterbrille ist weg. Brägels Nase ziert ein feingliedriges Modell. »Wer ist der Mann?«, flüstert der alte Hans.

Langsam würde mich wirklich interessieren, was bei der Ü-35-Party los war. Die Trainingsrunde verläuft in sportlicher Hinsicht wie gewohnt. Brägel rollt wie seit Wochen im hinteren Mittelfeld, steht aber sofort im Mittelpunkt, wenn wir halten, und sei es nur an einer Ampel. Der Mann ist zum Blickfang geworden. Die Welt schaut hin, ohne genau zu wissen, warum. Wie bei einem Gemälde. »Passt aber auch alles zusammen«, raunt der Präsident, »sieht schon gut aus.« Himmel noch mal, wo sind wir jetzt, auf dem Laufsteg? Obendrein schmilzt auch noch die neue Bedienung im Clubheim dahin. »Sagen Sie doch Manuela zu mir«, flötet sie Brägel an. Ich frage den Lapp, wann er denn wieder mal seinen Zeitfahreinteiler von Banesto anziehen wolle. »Nie mehr«, sagt er, »willst du ihn haben?«

Will ich nicht. Aber langsam wird es lästig. Ich könnte wetten, dass es der alte Hans war, den ich am Montag aus der Parfümerie habe kommen sehen. Ja, spinnen jetzt alle? Ich bin, natürlich nur zur Information, selbst einmal reingegangen und kam mit der Erkenntnis wieder raus: Lieber drei Pickel als pleite! Das kann ja ein heiteres Frühjahr geben, umgeben von schönen Männern, die sich über die passende Sockenfarbe unterhalten und Kajalstifte nebst Spiegelchen in die Trikottaschen stecken. Dass dieser Brägel aber auch immer Unheil säen muss.

DER EINGEBILDETE KRANKE

BEI BRÄGEL HAT NUR EINES BESTAND: SEINE SPRUNGHAFTIGKEIT. SEINE VEREINSKOLLEGEN MÜHEN SICH REDLICH, SCHRITT ZU HALTEN …

2005

Ist das ein schöner Abend am Stammtisch. Draußen tobt der Frühling, wir sind von der Terrasse ins Innere des Clubheims umgezogen, weil der Wind doch ein bisschen kühl wurde. Beim nächsten Bier geben wir uns wieder unserem Lieblingsthema hin: Kann Jan Ullrich noch einmal die Tour de France gewinnen? »Nie und nimmer«, doziert der Präsident, »dem Mann fehlt es an der nötigen Härte gegen sich selbst, an Disziplin, am Willen zur Leistung. Wenn der so professionell drauf wäre wie der olle Zabel, hätte er doch schon sechsmal gewonnen und nicht der gedopte Ami. Ullrich fehlen einfach preußische Tugenden.«

Im Prinzip sehe ich das ähnlich, wage aber den Einwurf, dass Herr Ullrich aus der Hansestadt Rostock stamme, also aus ehemals preußischem Gebiet. Der alte Hans, bekannt für eine klare, allgemein verständliche Sprache, winkt ab. »Ullrich ist ein Weichei«, poltert er – viele nicken. Auch die, die am Nachmittag nach 25 Kilometern die Trainingsrunde abbrachen, weil aus einer einzigen Wolke am blauen Himmel drei Tropfen Regen fielen. Brägel gehörte auch zu den Kneifern. Doch er reiht sich nicht in die Schar der Ulle-Kritiker ein, sondern sagt mit ernster Miene. »Lasst doch den Jan in Ruhe. Es gibt eben Phasen, da läuft nicht alles so, wie man es gern hätte. Menschen sind keine Maschinen. Manchmal geht es halt nicht – ich kenne das auch.«

Das ist nicht neu. Bei Brägel läuft es, von kurzen Ausnahmen abgesehen, eigentlich seit zehn Jahren nicht richtig rund. Und seine Sprünge zwischen harter Disziplin und Laisser-faire, zwischen Bio-Lauch mit Buchweizengrütze und Schnitzel mit Pommes, zwischen Mineralwasser und Hefeweizen oder täglichem Training und einer Mini-Runde pro Woche sind legendär. »Was ist los, Alter?«, frage ich, »wirst du altersmilde, oder bist du krank?« Brägel nickt. »Ja was nun, alt oder krank?« »Krank«, antwortet Brägel und berichtet. Es gehe ihm schon seit Wochen nicht so gut. Er habe immer ein bisschen Kopfweh, fühle sich müde, abgeschlagen, er schlafe schlecht und werde oft von einer inneren Unruhe geplagt. Manchmal auch von Herzklopfen. Deshalb habe er in zwei Wochen vier Ärzte konsultiert, die aber alle nichts finden konnten. »Na, ist doch prima«, nölt der alte Hans, »und gegen das bisschen Kopfweh trinken wir jetzt noch einen Schnaps.« Brägel schüttelt nur müde den Kopf. Wir würden das nicht verstehen, jammert er, er aber wisse, dass er unter psychosomatischen Störungen leide, und das sei kein Spaß. »Was nuschelt Brägel?«, fragt der alte Hans. »Hat er einen an der Waffel?« Ich erkläre ihm, dass dies eine unzulässige Verkürzung sei. Wenn auch mit einem Körnchen Wahrheit. Es sei so, dass Brägel sich nicht wohl fühle, ohne dass ein Arzt dafür eine Ursache finden könne – und bei solchen Leuten nehme man an, dass ihnen ihre Psyche einen Streich spielt. »Also doch was an der Waffel«, sagt der alte Hans und bestellt zwei Schnäpse auf Brägels Rechnung. »Das ist die beste Therapie.«

Brägel trinkt schweigend, sieht aber immer noch leidend aus. Uns interessiert, wie er auf seine Diagnose gekommen ist. Fünf Minuten später haben wir eine einfache, technische Erklärung für Brägels neue Frühjahrsleiden. Sein neuer Satelliten-Receiver beamt ihm 169 Programme ins Wohnzimmer – und da ist Brägel beim weihnachtlichen Glotzen-Marathon an einen Sender geraten, der 24 Stunden am Tag medizinische Beratungsshows sendet. Brägel weiß seither, dass das menschliche Leben ein zartes Pflänzchen ist, bedroht von Hunderten böser Feinde. Natürlich wusste der Sender Rat, weshalb Brägel inzwischen ein ganzheitlichesoterisches Hilfspaket für 199 Euro erworben hat. Darin waren vier Tees, ein Heim-Set für einen Kamilleneinlauf und eine CD-Rom mit wertvollen Tipps. »Fernsehen macht doof«, sagt der alte Hans. Brägel geht früh, er müsse pünktlich um 21:00 Uhr eine Tasse eines unaussprechlichen Tees trinken, der seinen Energiefluss ins Lot bringe und ihn besser schlafen lasse. Wir bestellen noch einen halben Liter Hopfensud, der zumindest bei mir durchaus schlaffördernde Wirkung hat. Wir müssen Brägel helfen, die Frage ist nur: wie? Der alte Hans schlägt vor, Brägel beim Training sauber abzudrängen und ihn in den Graben zu fahren. Solche Kuren hätten sich früher schon bewährt, so im 16. Jahrhundert etwa. Bei Rückenschmerzen habe man Patienten mit einem glühenden Eisen ein Loch in die Haut über dem Knie gebrannt, die hätten ihren Rücken garantiert nicht mehr gespürt, sagt der alte Hans. Wir streiten kurz über Vereinsausschlussverfahren (gegen Hans) – aber grundsätzlich war sein Ansatz schon richtig. Wir brauchen ein Gegengift. Wir beschließen, Brägel am kommenden Samstag beim Training mit ausgesuchter Besorgtheit zu umgarnen und uns zu erkundigen, ob er sich schon Gedanken für den Ernstfall gemacht habe. Also: Einäscherung oder Erdbestattung. Das sei wichtig, wegen des Vereinswappens auf der Urne. »Wenn er dann immer noch Kopfweh hat, kann ihm auch keiner mehr helfen«, schloss der Präsident, »dann ist er eine Memme wie Ullrich.«

Brägel kam am Samstag – strahlend, perfekt gestylt und putzmunter. »Ich bin geheilt, lasst uns fahren«, sülzte er selig lächelnd. Die Antwort lag auch hier in den Weiten der Television. Kanal Hundertirgendwas – Happy-TV oder so ähnlich –, jedenfalls ein Sender für erfolgreiche, dynamische Menschen mit Power-Activity-Kit für 249 Euro. Wir werden Brägel bei nächster Gelegenheit die Schüssel klauen, so viel ist sicher.

FURCHT VOR FALTEN

EIGENTLICH HAT BRÄGEL VOR NICHTS ANGST. ABER DASS DER ZAHN DER ZEIT AN SEINEM ALABASTERKÖRPER NAGT, MACHT IHM DOCH EIN WENIG SORGEN ...

2006

Brägel ist schon den ganzen Abend brummig. »Was ist los«, frage ich, »war doch eine schöne Runde heute?« Brägel seufzt. »Schon, aber ich war nicht so gut drauf.« »Das ist doch immer so«, ätzt der Präsident. Wir empfehlen Brägel noch ein Hefe hell, weil das seine Stimmung zuverlässig hebt. Er trinkt brav, verströmt aber weiter Stimmung in Moll und seufzt gelegentlich schwer. Im Herbst sind uns seine Depri-Phasen geläufig, aber jetzt, im beginnenden Frühjahr, ist das doch merkwürdig. Eine Stunde und ein Hefe später rückt er langsam raus mit der Sprache. Wenn ich es recht verstanden habe, wollte er von der gesetzlichen in die private Krankenversicherung wechseln, wurde aber vor der Unterschrift zu umfangreichen Untersuchungen verdonnert.

»Das sei normal in meinem Alter, hat mir der Versicherungsfuzzy gesagt«, jammert Brägel, »und da ist mir wieder mal klar geworden, dass die Jugend wohl dahin ist.« Kein Grund zur Panik: »Das geht uns doch allen so«, sage ich. Aber offenbar hält ihn die Midlifecrisis fest im Griff. »Ist doch furchtbar. Schaut mal, was das Alter aus einem macht. Die Kraft schwindet, der Verfall ist unübersehbar«, klagt er und deutet auf den alten Hans. Der dreht sich auf der Suche nach dem beschriebenen Wrack um und kapiert nur langsam, dass er gemeint ist. »Hör mal zu«, knurrt er, »ich hab' ein paar graue Strähnen und

Falten im Gesicht, aber für dich reicht es am Berg immer noch.« Brägel lächelt milde. »Mag ja sein, aber in 15 Jahren brauchst du eine Leiter, um in den Sattel zu kommen, und ich schaffe vielleicht noch einen 20er-Schnitt.«

Das könnte durchaus so sein, aber auch das ist weder neu noch außergewöhnlich. Der muskuläre Verfall beginnt unmittelbar nach der Pubertät und beschleunigt sich langsam, aber stetig. Wir im Radclub sind mittlerweile in einer Zeitzone angekommen, in der Leistungssteigerungen nur noch durch aberwitziges Training erreichbar sind und schon das Halten des Niveaus jedes Jahr mehr und mehr Kilometer fordert. Aber sonst geht's schon noch – Wampenfaktor im Club ist erträglich, die Gespräche am Stammtisch drehen sich nur am Rande um Krankheiten, auf Kur war noch keiner, und dass die Älteren beim Lesen der Speisekarte die Arme ausstrecken müssen – das ist halt so. »Brägel«, sagt der Präsident, »wenn du Probleme hast, lass dir doch die Haare tönen und versuch's mal bei einem Anti-Aging-Doktor.« »Was ist denn das?«, fragt er, sofort Feuer und Flamme. »Das sind Leute, die dir unsinnige Pillen verschreiben und dein Konto plündern«, sage ich, aber der Lapp ist infiziert.

Zwei Wochen später ist Brägel wieder obenauf. Er hat jetzt einen Therapeuten, der ihn mit einer Spritzenkur hochjubelt und ihm ein 20 Jahre längeres Leben durch Papaya-Extrakte und rechtsdrehendes Soja verspricht. »Superspritzen, da ist alles drin, was dein Körper nicht mehr richtig produziert«, jubelt er, »vor allem Sexual- und Wachstumshormone. Wirkt fantastisch.« Wir wollen gar nicht so genau wissen, wie fantastisch, müssen ihm aber leider erklären, dass er künftig außer Konkurrenz an den Ausfahrten teilnehmen muss, weil diese Substanzen keine Medizin, sondern schlicht Doping sind. »So weit kommt's noch«, sagt der Präsident, »du gehst zum Arzt und dopst nachher auf Rezept.« Brägel ist verzweifelt, betont die medizinischen Aspekte – aber da hat er sich geschnitten. »Wenn du dich zehn Jahre jünger machst, kannst du künftig mit der Nachwuchsgruppe mitfahren«, sage ich. Brägel lenkt mürrisch ein und verspricht, die Mittel abzusetzen, weil ihm die Gemeinschaft im Club doch wichtiger sei. »Ist auch besser für dich«, sagt der alte Hans, »reife Typen haben schließlich auch Chancen bei den Frauen.« »Reife vielleicht – überreife nicht«, kontert Brägel, gelobt aber, sich künftig altersspezifisch zu verhalten, zu ernähren und zu trainieren.

Wir glauben ihm nicht. Ist ja auch merkwürdig, dass der Lapp Tage später immer noch so unglaublich leichtfüßig tritt. Zudem hat der

Präsident beobachtet, dass sich die Struktur von Brägels Oberarmen verändert hat. Wir beschließen, der Sache auf den Grund zu gehen. Ich werde bestimmt, den Anti-Aging-Doktor aufzusuchen. Vielleicht ist ja trotz ärztlicher Schweigepflicht rauszukriegen, ob Brägel dort noch Patient ist. Der Präsident bewilligt zu Recherchezwecken 200 Euro aus der Clubkasse. Leider ist es trotzdem ein sehr schweres Unterfangen. Bevor man in der chromglänzenden Praxis einen Arzt sieht, nehmen einem sehr junge Damen sehr viel Blut ab. Danach fährt man auf einem Ergometer, der aussieht wie ein Raumgleiter, muss einen sehr indiskreten Fragebogen (Wie oft haben Sie Sex in der Woche?) ausfüllen und auf ein Federpedal pinkeln. Dann kommt tatsächlich ein Arzt und erklärt mir, dass ich praktisch so gut wie tot sei. Aber Hilfe sei in Sicht, ein paar Kombi-Präparate, die leider keine Kasse bezahlt, und schon ginge es wieder ab wie die Feuer wehr. Was genau abgehe, will ich wissen, aber da ist er schon wieder weg. Auf dem Tisch liegen Privatrezepte über knapp 700 Euro, zu Hause im Briefkasten finde ich kurz darauf die Arztrechung: 412,65 Euro. Armer Radclub. Ob Brägel dopt, wissen wir immer noch nicht. Nach dem nächsten Training fragen wir. Brägel grinst und wirft eine Handvoll Rezepte auf den Tisch. Die gleichen, die ich auch bekommen habe – offenbar hat er die Drogen nie abgeholt. »Ich bin doch nicht wahnsinnig«, sagt er, »dass diese Doktoren in ihrer Superpraxis nicht richtig ticken, hab ich gleich gemerkt.« Wir sind sprachlos. »Aber du hast doch von dem Papaya-Mist erzählt?«, frage ich. »Euch kann man auch alles erzählen. Meine Form kommt von ganz normalem Training, ihr Lampen.«

Stille im Rund. Brägel hat uns ausgetrickst, ganz klar. Aber jetzt können wir wenigstens in Ruhe gemeinsam alt werden. So in ein paar hundert Jahren.

DER MORALAPOSTEL

BRÄGEL NIMMT DEN KAMPF GEGEN DOPING AUF – ZUM ENTSETZEN SEINER MITFAHRER

2005

Auf dem geräumigen Teller liegt ein exotischer Pilz, in drei kleine Stückchen geschnitten. Daneben zwei kunstvoll arrangierte Kresseblättchen, eine halbe Cocktailtomate und ein Schnipsel Parmesan. Auf der Karte steht, das sei ein Fitnesssalat. Der alte Hans fischt sich gerade das fünfte Ministückchen Weißbrot aus dem silbrigen Designerkorb und streicht ganz dick einen »Dialog aus fettarmem Quark und Gartenkräutern aus der Toskana« (so die Karte) drauf, wobei ihm ein dialogischer Klecks auf seine Krawatte tropft, was er aber nicht merkt, weil er eigentlich nie Krawatte trägt. Aber heute muss er. Brägel hat zum Jahresessen des Radclubs in das neue In-Restaurant der Stadt geladen. Mal wieder ein Laden, wo man selten satt aber ganz leicht arm wird. Aber das ist Brägels Problem, weil er am Ende die Zeche zahlt. Ein leicht schmierig wirkender Herr in schwarzem Anzug schreitet auf unseren Tisch zu und erklärt mit gekünstelt französischem Akzent, dass uns die Küche in Kürze mit »klarer Herbstgemüseessenz mit gerösteten Würfeln von Bauernbrot aus der Bretagne« beglücken werde. »Was?«, fragt der alte Hans. »Suppe, du Idiot«, flüstere ich zurück. Brägel nickt dem Oberkellner huldvoll zu, der Präsident stöhnt leise. »Meinst du, es gibt auch noch was zu essen?«, raunt er mir zu.

Nach der Essenz, die ein wenig wie Wasser mit Brühwürfel und altem Brot geschmeckt hat, muss der Präsident eine kurze Rede halten. Sie wird sehr kurz, weil er sich erst räuspert und dann mit seinem

Dessertlöffel an einen gewaltigen Rotweinkelch klopft. Natürlich zu fest, und eigentlich macht man das mit einem leeren Glas. Nun gut, der schwarze Anzug schnippt kurz mit den Fingern, eine Horde junger Männer mit ernsten Gesichtern und weißen Hemden decken den Tisch neu, und dann bedankt sich der Präses artig bei Brägel für die Einladung. Weiter geht es mit Edelfisch aus irgendeinem, mir nicht bekannten Meer an Fenchel und sieben langen, dunklen Reiskörnern, die wie verirrte Fliegen auf dem Teller drapiert sind. Der alte Hans trinkt den dazu gereichten südbadischen Grauburgunder auf einen Zug und fragt, ob er vielleicht eine Scheibe Fleischkäse mit zwei, drei Pommes bekommen könnte, weil er Fisch nur paniert mag. Als der Kellner entsetzt verneint, bestellt er neues Brot und lässt sich Rotwein nachschenken, von dem er auch schon zum Fitnesssalat und der Essenz zwei Gläser gekippt hat. Der Fisch sieht merkwürdig aus, schmeckt aber gut. Jetzt soll noch eine rosa gebratene Lammschulter mit unaussprechlichen Beilagen kommen. Der alte Hans rechnet aus, dass acht Lämmer umgebracht wurden, wenn jeder von uns eine Schulter bekommt. Dies gelte für den Fall, dass ein Lamm zwei Schultern habe. Weil Hans aber nicht genau weiß, ob Lämmer vielleicht doch vier Schultergelenke besitzen, könnte es auch nur die Hälfte sein. Keine Frage, der Kerl hat einen in der Krone. Ich will ihm gerade noch einen großen Schluck vom Rotwein nachschenken, damit er endlich ohnmächtig wird und den Mund hält, als sich Brägel räuspert. Er will reden. Das hat er bisher noch nie getan bei unserem Jahresessen.

Brägel trägt ein Hemd in Aufbruchorange, dazu einen dunklen Anzug, keine Krawatte. Sieht gar nicht so übel aus. »Liebe Freunde«, beginnt er, und danach folgt eine höchst bemerkenswerte Rede über die Moral im Radsport. Zusammengefasst: Brägel ist entsetzt über unseren schönen Sport. Dass nun auch Armstrongs Urin EPO enthielt, habe ihm den Spaß fast vollends verdorben. Es müsse sich dringend was ändern, die Moral wieder im Zentrum stehen. Hehrer Sport, faire Gesinnung, saubere Leistung. Da schau her, Brägel als Saubermann. Ausgerechnet er, der außer Eigenurin alles probieren würde,

wenn er nur wüsste, wo es das Zeug zu kaufen gibt. Und jetzt einen auf sauber machen. Nun gut, dass er spinnt wissen wir ja. Ich will mich gerade auf das Lamm freuen, da lässt er die Bombe platzen: »Da ich die Profis nicht mehr ändern kann, habe ich beschlossen, wenigstens im Verein ein Zeichen zu setzen. Künftig wird es bei uns nach den Ausfahrten und RTFs Kontrollen geben. Und damit wir gleich wissen, wo's lang geht, gibt jeder heute Abend eine Urinprobe ab, die auf Anabolika und Aufputschmittel untersucht wird. EPO und Wachstumshormon folgen, wenn die Tests billiger werden. Maître Jacques wird nach dem Digestif die Becher verteilen.«

Der schwarze Anzug grinst diabolisch und verbeugt sich leicht. Ach, du dickes Ei – wenn der alte Hans heute Abend noch in einen Becher pinkeln muss, gibt es ein Unglück. Der trifft höchstens noch ein Schwimmbecken. Ich frage mich gerade, was Brägel jetzt wieder reitet, als mir der Präsident den Ellenbogen in die Rippen rammt. »Äh, könntest du vielleicht für mich pinkeln?«, raunt er und schaut betreten auf seine Schuhspitzen. Da schau her, jetzt wird mir einiges klar, besonders der harte Tritt vor einer Woche am Großglockner. Überall am Tisch betretene Gesichter, nur der alte Hans jubelt, weil er nicht kapiert hat, um was es geht. Zwei verlassen noch vor dem Lamm die Runde – wichtige, unaufschiebbare Termine. Der Präsident nuschelt was von einem Prostataleiden, das es ihm leider unmöglich mache, heute noch Wasser zu lassen. Am Ende will etwa die Hälfte keinen Becher von Maître Jacques annehmen.

Kein Zweifel, Brägel hat in ein Wespennest gestochen. Auch unser Radclub also eine Schlangengrube des Dopings, stammelnde Lügner, feiste Ausreden? Unglaublich. Plötzlich erhebt sich Brägel wieder. »War nur ein Scherz Leute, so viel Kohle habe ich auch nicht. Aber jetzt wissen wir wenigstens, wer die nächsten sechs Monate außer Konkurrenz fährt. Lasst's euch schmecken, Prost! Und ein besonderes Hoch auf deine Prostata, Präsident!« Peng, das saß. Ehrlich gesagt, bin ich auch froh, dass wir uns nach dem Lamm noch angstfrei den »frischen Früchten an einem Schnee von karamellisiertem Rohrzucker« zuwenden können. Man weiß ja schließlich nie, was bei so einem Test rauskommt. Ich meine – mein Pulver kommt aus dem Internet. Ganz legale Nahrungsergänzung für amerikanische Bodybuilder. Ganz bestimmt kein Doping, im Ernst.

GLATT GEBÜGELT

BRÄGEL WILL JÜNGER AUSSEHEN – UND GREIFT ZU RADIKALEN MITTELN

2008 bis 2012

Die Attacke kam völlig unerwartet, aber so ist das eben im Leben und im Radsport. Brägel war eine Woche im Training nicht dabei. Als er dann plötzlich unvermittelt am Stammtisch auftaucht, spüren wir alle sofort, dass irgendwas nicht stimmt. Dummerweise merken wir nicht, was. Brägel bestellt Hefe hell, prostet uns aufgeräumt zu und sagt nur: »Na?« Wir sind erst einmal sprachlos. Man kennt das ja. Du kommst nach Hause, deine Partnerin schaut dich fragend an, und du Idiot brauchst eine Stunde, bis du endlich merkst, dass sie nackt ist oder eine neue Frisur hat. Typisch männliche Wurstigkeit eben. Brägel ist allerdings nicht nackt, und von so was wie einer Frisur kann man bei ihm schon seit Jahren nicht mehr reden.

Wir schweigen noch ein wenig ins Bier, bis der alte Hans endlich sagt: »Was, na?« Brägel grinst und sagt: »Schaut doch mal.« Herrgottnochmal, das tun wir schon seit zehn Minuten, aber ohne Ergebnis. »Hast du ein neues Hemd?«, krächzt schließlich der Präsident. Brägel schüttelt den Kopf, deutet auf seine Stirn und sagt: »Was ist das?« Was zum Teufel soll das jetzt werden? »Eine Stirn«, sagt der alte Hans. »Und was noch?«, nölt Brägel. Jetzt schweigen wir wieder, weil eine Stirn eben eine Stirn ist. Plötzlich platzt Brägel, natürlich nur verbal. »Mann, schaut doch hin, ihr Affen! Keine Falten, nullkommanull, die habe ich mir mit Botox wegspritzen lassen.« Jetzt, wo er's sagt: tatsächlich. Brägel sieht aus, als sei er in eine Heißmangel gefallen.

Danach gibt es natürlich ein riesiges Palaver. Ganz im Ernst, das kann nicht sein. Rasierte Beine – okay; einfarbig edle Campa-Trikots gehen immer, ein Lederband ums Handgelenk auch noch, und – wenn es denn sein muss – auch ein kleines Tattoo auf der Schulter. Aber Botox ... niemals! Das Zeug ist mutmaßlich noch giftiger als Brägels

Eigenurin. »Ignoranten«, bellt Brägel, »dafür sehe ich besser aus als ihr; viel besser.« Genau genommen sieht der Lapp scheiße aus, maskenhaft und lächerlich. »Möchte sich der Herr auch noch den Hintern straffen lassen?«, ätzt der Präsi, was Brägel aber gar nicht beeindruckt. »Warum nicht«, sagt er.

Danach doziert er eine halbe Stunde darüber, dass Schönheitskorrekturen beim Mann der Wachstumsmarkt überhaupt seien und in den USA bereits jeder zweite Kunde eines Schönheitschirurgen männlich. Brägel redet über Hautglättung, Kinn-Implantate und Fettabsaugung, als ginge es um Fahrrad-Accessoires. Und am Ende sagt er dann noch: »In zwei Wochen lasse ich eine Lidstraffung machen.« Wir schweigen verwirrt, bis der alte Hans knurrt: »Wenn man so ein kleines Ding auch noch strafft, dann ist es weg.« Wir erklären ihm, dass sich Brägel nicht das Glied straffen lassen will, sondern am Auge, aber das ist nicht das Problem. »Bist du bescheuert«, ruft der Präsident, »wir sind ein Radclub und kein Sammelbecken für Michael-Jackson-Imitate.«

Dann geht es richtig los. Am Ende des Abends steht fest, dass wir im Radclub die Male der Zeit mit Anstand tragen werden. Es wäre ja auch absurd, sich für teures Geld Hüftspeck anzufressen, nur um ihn dann für noch mehr Geld wieder absaugen zu lassen. Zudem drückt sich männliche Schönheit viel mehr durch elegantes und geschmeidiges Drehen der Radkurbel aus als durch hinter die Ohren gebügelte Gesichtshaut. Ganz abgesehen davon kostet eine einzige gestraffte Hinterbacke so viel wie drei Carbonrahmen, und das steht natürlich keineswegs in einem gesunden Verhältnis. Und noch was: Würde man Brägels Haut konsequent straffen, wäre sie am Ende derart kurz, dass er beim Gähnen in die Hose machen würde. Alles geht eben doch nicht.

Wir diskutieren lange, aber Brägel bricht erst nach einem physikalischen Argument ein: dass runzlige Oberflächen besser gleiten als glatte. Das weiß man aus der Tierwelt. Die Haut eines Delfins ist rau wie Schmirgelpapier, und man raut heute auch die Tragflächen von

Flugzeugen an. Ergo muss Brägel mit seiner glatten Giftstirn mehr Druck aufs Pedal geben als mit dem alten Faltenwurf. Das wirkt. Brägel verspricht, den OP-Termin abzusagen, und das Botox würde in ein paar Wochen seine Wirkung verlieren. Und so lange müsse er eben im Windschatten fahren.

Das, denke ich, bleibt eine Hoffnung. Trotz des energischen Widerstands gegen Brägels neue Macke scheint im Club aber doch was hängengeblieben zu sein. Das Prospektmaterial über Nasenkorrekturen ist in allen möglichen Jackentaschen verschwunden, und den alten Hans habe ich erwischt, wie er auf der Toilette vor dem Spiegel stand, mit den Daumen die Augenbrauen Richtung Decke zog und »nicht schlecht, nicht schlecht« murmelte.

Brägel hat mir dann noch gestanden, dass er sich intensiv mit der Möglichkeit von Po-Implantaten beschäftigt. »Viola sagt immer, ich hätte keinen Arsch in der Hose«, greint er. Vor meinem geistigen Auge tauchen Bilder auf, wie Brägels Hintern bei einem zu schwungvollen Absetzen in den Sattel platzt und sich grünliches Silikon auf die Straße ergießt.

Ich muss Viola anrufen. Sie darf das mit dem Arsch in der Hose nie wieder sagen. Nie wieder.

ZWITSCHER, ZWITSCHER

BRÄGEL GOES ONLINE: SCHLIESSLICH HAT ER IMMER WAS ZU SAGEN …

2008 bis 2012

Brägel hat ein neues Handy. Ach was, Handy – das pfannkuchendicke Ding heißt so ähnlich wie Schwarzbeere und man kann damit unendlich viele Dinge tun, wahrscheinlich sogar telefonieren, aber da sind wir uns nicht ganz sicher. Auf jeden Fall kann man jederzeit ins Internet, was eigentlich kein Mensch braucht, schon gar nicht beim Radfahren.

Brägel schon. Zuerst fingerte er den Brummer nur dann aus dem Trikot, wenn wir Pause machten. »Will jemand wissen, wie gerade das Wetter auf Malle ist?«, fragte er. »Im Dezember sicher wärmer als hier«, antwortete der Präsident gelangweilt. Genauer wollte es keiner wissen. Dann verstärkte sich Brägels Handymanie. Aber wir interessierten uns weiterhin weder für das Wetter im Süden, noch für aktuelle Börsenkurse, den Bundesliga-Liveticker, ein Speckknödel-Rezept oder die Meldung, dass Frau Merkel für 2010 eine wirtschaftliche Erholung sieht. »Du nervst«, nölte der alte Hans, als Brägel beim gemütlichen Rollen plötzlich begann, das Kinoprogramm vorzulesen.

All das wäre ja noch gegangen, bis uns Brägel beim Weihnachtsessen erklärt, dass er sich bei Twitter angemeldet hat. »Ist das was Sexuelles?«, fragt der alte Hans. Brägel winkt ab und versucht uns Twitter zu erklären, wobei wir es, ehrlich gesagt, nicht so ganz kapieren. Anscheinend geht es darum, dass man jederzeit im Internet loswerden kann, was man gerade macht. Das nennt man dann Twittern, auf Deutsch: Zwitschern. Brägel zückt seine Schwarzbeere und

hackt rein: »Weihnachtsessen mit Gans, Rotwein und Apfelstrudel. Superlecker.« Das schickt er dann ab. »Und wer will das wissen?«, fragt der Präsi. Brägel erklärt, dass seine Botschaft jetzt jeder auf der Welt im Internet lesen könnte. Und dass er schon 17 Follower habe – das seien Menschen, die tatsächlich lesen würden, was er schreibt. Das wiederum finden wir okay. Wenn nur 17 von knapp sieben Milliarden Menschen wissen wollen, was Brägel gerade isst, besteht noch Hoffnung. Wobei die 17 wirklich gaga sein müssen. Zumindest der eine, der ihm geantwortet hat: »Yeah – next time try this«, schrieb ein gewisser »Tiefsee19« und stellte das Bild einer Currywurst dazu.

Nach dieser tollen Vorführung sinnloser Kommunikation haben wir in Ruhe weiter gegessen und herzlich gelacht, als Brägel nach dem Toilettengang gefragt wurde, was denn »Tiefsee19« zu seiner Verdauung gesagt habe. »Idioten«, zischt Brägel, »ewiggestrige Technikfeinde.« Das stimmt natürlich nicht. Keiner von uns wehrt sich gegen sinnvollen Fortschritt. Einen unsichtbaren 200-Watt-Zusatzmotor fürs Rennrad würden wir akzeptieren. Wir hätten auch kein Problem mit neuen, nebenwirkungsfreien Dopingsubstanzen, und wir nehmen es hin, dass es jetzt Bier mit Zitronengeschmack gibt – aber Twittern braucht wirklich kein Mensch.

Brägel schon. Bei der nächsten Ausfahrt begrüßt er uns mit den Worten: »Lance spielt gerade Golf.« Wir antworten altmodisch verbal »Supersuppi« und wollen losfahren, aber Brägel muss sich noch mitteilen: »Bad wheater, good legs.« Wir bezweifeln zwar, dass man das so schreibt, aber Brägel hat seine Follower inzwischen auf 19 erhöhen können und gibt sich international. Der Lapp twittert alle zehn Kilometer seine Position und wie er sich fühlt. Immerhin ohne anzuhalten. Wir hoffen inständig, dass es ihn mal ordentlich auf den Asphalt zimmert, dann wäre vielleicht Ruhe. Aber Brägel bedient die Tastatur souverän und fährt freihändig.

Dann kam der Tag, an dem Brägel die Hände gar nicht mehr an den Lenker nahm, weil er pausenlos Antworten las. »Fühle mich schlapp – was hilft?«, hatte er in den virtuellen Raum gefragt. Danach klingelte es im Sekundentakt. Die Netzwelt bot Brägel Viagra, Testosteron, EPO, isokinetische Massage, Thai-Sex, Warzensalbe, Starkbier, biologischen Bienenhonig, Erdbeermilch und Last-Minute-Reisen an. Brägel war natürlich begeistert und will alles testen, und zwar schön der Reihe nach. Dagegen ist nichts einzuwenden, wenn er nur endlich dieses blöde Ding beim Radfahren ausschalten würde.

Zur Rettung der Radrunden-Kultur wird der alte Hans beauftragt, eine Strecke zu suchen, die ganz in einem Funkloch liegt. Als er uns zu einem geteerten Waldparkplatz in einer Senke unweit der Stadt lotsen will, beschließen wir, die Vereinssatzung zu ändern und Twittern bei Ausfahrten zu verbieten. Wir wollen am Stammtisch gerade die Hauptversammlung 2010 auf den 2. Januar vorverlegen, als Brägel zwischen zwei Hefe hell lapidar mitteilt, dass Twitter doch eher langweilig sei. »Ich bin jetzt bei Facebook, und das mache ich von zu Hause«, sagt er. »Ein ganzes Buch über Brägels Gesicht?«, knarzt der alte Hans. Aber keiner hört zu, wir sind nur glücklich. Das neue Jahr kann kommen, und die Hauptversammlung machen wir wie immer im September.

… UND NUN ZUM WETTER

ES GIBT PULSGESTEUERTES TRAINING, WATTGESTEUERTES TRAINING, TRAINING NACH GEFÜHL - UND BRÄGEL HAT DAS WETTER-GESTEUERTE TRAINING EINGEFÜHRT. ERFOLGE LASSEN AUF SICH WARTEN

2008 bis 2012

Manchmal ist das Internet ein Fluch. Besonders seit Brägel das Netz als Hilfsmittel für die Planung unserer Ausfahrten entdeckt hat. Dazu nutzt er Seiten, auf denen behauptet wird, der Betreiber wisse, wie das Wetter gerade ist und vor allem, wie es werden soll. Das mit dem Ist-Zustand mag sein, da muss man ja nur aus dem Fenster schauen; oder einen anrufen, der anderswo aus dem Fenster schaut. Aber eine Prognose über den Tag hinaus ist heikel – für mehr als 72 Stunden schiere Spekulation. Das wissen wir von Kachelmann (ja, genau von dem).

Brägel meint trotzdem, meteorologische Trainingssteuerung einführen zu müssen. So hat er neulich wegen des Vulkanausbruchs auf Island die Ausfahrt absagen wollen. »Warum?«, fragt der Präsident. »Wenn wir mit den Rädern durch die Aschewolke fahren«, nölt Brägel, »dann können wir Bronchienverstopfung bekommen, und unsere Velos werden auch noch sandgestrahlt.« Wir erklären dem Lapp, dass die Aschewolke nur hoch am Himmel ein Problem wäre und dass seine lumpigen 30 km/h niemals Sandstrahl-Effekte auslösen könnten; selbst dann nicht, wenn die Wolke direkt über dem Clubheim liegen würde. »So langsam, wie du fährst«, knarzt der Präsi, »würde die Asche nicht mal zu einem Schienbein-Peeling reichen.«

Das hat Brägel tatsächlich kapiert. Trotzdem hält er an wetteroptimiertem Training fest. »Ich habe mir am Ende meiner aktiven Karriere geschworen, nie mehr im Regen zu fahren«, sagt er. Wir wissen zwar nicht, von welcher Karriere er spricht, aber gut. Wenigstens scheint dieser Spleen ungefährlich. Vergangene Woche hat er aber unsere Samstagsausfahrt auf Freitagnachmittag vorgezogen. Wonnige 24 Grad, leichter Südwestwind, blauer Himmel, so seine netzgestützte Prognose. Kurz nach 17:00 Uhr begann es zu schütten wie aus Eimern, es hatte keine 20 Grad, dafür heftigsten Freitagsverkehr. Am Samstag meldeten sich dann vier Mitglieder von der kurzfristig angesetzten Trainingsrunde mit Schnupfen ab. Schade eigentlich, denn es war Traumwetter, obwohl Brägels Prognose »Gewitterstürme« versprochen hatte. Es stellte sich heraus, dass Brägel seine Vorhersage von der Homepage eines Allgäuer Druiden hatte, der gebührenpflichtig einen hundertjährigen Kalender führt, der angeblich immer stimme. Wir wollten dem Druiden ein paar Worte husten, aber auf unsere Beschwerde-Mail kam nur eine automatische Nachricht, dass der Druide zum Zwecke der inneren Einkehr bis Ende August in einem Hochtal der Pyrenäen wandern würde. Gott zum Gruß.

Nach dieser Pleite dachten wir, er sei geheilt, aber Brägel hat obendrein zwei »seriöse« (Brägel) Wetterdienste zusätzlich abonniert. Der eine wagt eine 21-Tage-Vorhersage, was schon mal nicht seriös sein kann. Sagt Kachelmann (ja, der). Sollte der Dienst aber Recht haben, versinkt Frankreich von Mitte Juli an in atlantischem Starkregen. Brägel will daraufhin schon unseren Ausflug zur Tour absagen, aber da hat er sich geschnitten. Der Meteodienst hat selbst beim Wetter vom nächsten Tag nur eine Trefferquote von 50 Prozent. »Das ist normal«, nölt Brägel, »das ist der kostenlose Bereich.« Aha. Und woher weiß das Wetter das?

Wir haben ihn dann irgendwann vom Online-Wetter weggebracht – aber nicht vom Internet. Sein neuestes Hobby ist es jetzt, kurz nach dem Training in sich hineinzuhorchen, ob ihm da etwas nicht geheuer sein könnte. Das gibt er dann bei Google ein, schreibt »Ursachen« dahinter und ist deprimiert. Nach der letzten Ausfahrt, bei der er wenig getrunken hatte, googelte er »brennende Zunge Ursachen« und ist sich sicher, dass er noch in diesem Jahr von einer heimtückischen Krankheit hinweggerafft werden wird. Brägel plant jetzt, ein Forum für Betroffene im Netz einzurichten. Ein Hypochonderforum brennender Zungen mit Brägel als Chef – das will keiner in diesem Sommer. Wir erzählen ihm also, dass sein Allgäuer Druide überraschend seine Wanderung abgebrochen und uns per Mail vor einem gewaltigen kosmischen Sonnensturm im Juli und August gewarnt habe. Eine unsichtbare Energiewolke rast auf uns zu, die bei Internetverbindungen im Haus Kurzwellenstrahlen produzieren könnte, die Schlimmeres bringen als Zungenbrennen.

Wir raten Brägel daher, bis Ende der Sommersaison vom Netz zu gehen. Wir hoffen, er tut es, sonst müssen wir seinen Router klauen. Für die Wetterprognosen haben wir uns jetzt übrigens einen Frosch gekauft, der im Clubheim in einem Glas sitzt. Schaut er gut gelaunt aus, gehen wir Rad fahren. Wenn nicht, auch.

PRIMA KLIMA

BRÄGEL WILL DEN PLANETEN RETTEN. MAL WIEDER

2019

Alle Welt wählt ja jetzt grün. Das hat auch Brägel erkannt, der diesen Mai zerknirscht registrieren musste, dass die bisherige Partei seines Vertrauens mindestens so viele Prozente verloren hat, wie er zu viele Kilos wiegt. Aber Brägel ist ja für seine Anpassungsfähigkeit bekannt. Deshalb erklärt er uns, dass auch der Radclub sich künftig primär um den Klimaschutz bemühen müsse.

Eigentlich machen wir, dachten wir, das ja schon immer, schließlich fahren wir Rad. Wir könnten in unserer Freizeit ja auch dicke Motorräder bewegen, mit ungefilterten Achtzylindern zu Oldtimer-Treffen knattern oder im Steinzeit-Kurs der Volkshochschule einen Holzkohlemeiler bauen und kokeln lassen. Machen wir aber nicht. Wir fahren Rad, und unseren musealen Renndienstwagen nehmen wir ja nur noch als Transportauto fürs Sommerfest.

Brägel meint aber, dass wir unsere guten Taten auch zeigen sollten. Wenn's nach ihm geht, sollen wir also künftig unser Wochenend-Training »Satercycle for Future« nennen und uns das aufs Trikot drucken lassen. Himmel hilf! Mittelalte Männer in peinlich bedruckten Trikots auf Carbonrädern, deren Herstellung das Klima wahrscheinlich um ein weiteres Grad erhöht. »Und außerdem …«, fragt der Präsident, »was soll ein Mann ohne Future wie der alte Hans dann anziehen?« Der will gerade empört aufspringen, als Brägel nachlegt: Man könne noch viel mehr CO_2 sparen. »Wir sollten dem Rad auch im Alltag mehr Platz einräumen«, sülzt er. »Okay«, sagt der Präsi, »aber ich habe in meiner Garage nullkommanull freie Fläche mehr.« Außerdem müsse, sagt Brägel, Schluss sein mit dem Herbsttraining auf Malle. »Warum das denn?«, fragt der alte Hans. Brägel erklärt, dass Fliegen ein Klimakiller sei. Da hat er ausnahmsweise recht, aber Malle muss einfach sein. Wir könnten ja, schlägt einer vor, stattdessen drei Monate vor dem Abflug kein Schnitzel mehr essen. Dadurch müssten weniger Tiere aufgezogen werden, die ja auch jede Menge Treibhausgase produzieren. Gut, darüber könnte man nachdenken. Brägel wird beauftragt, einen Experten zu suchen, der ausrechnen kann, wie viel weniger Schnitzel einen Flug nach Malle klimaneutral machen würden. Der Einwand eines sehr jungen Mitglieds, man könne doch die Schnitzel generell durch vegane Bratlinge ersetzen und den Flug trotzdem weglassen, wird mit großer Mehrheit abgelehnt.

Brägel reicht das alles noch nicht. Es müsse Schluss sein mit dem Unsinn, dass wir sonntags mit dem Renner im Kofferraum zum Start einer RTF fahren. Okay – aber das hieße, dass sich etwa unsere Lieblings-RTF mit An- und Abreise im Sattel selbst in der kürzesten 85-Kilometer-Variante auf stramme 165 Kilometer verlängern würde. In der von uns präferierten mittleren Variante wären es dann 220 Kilometer, und wer die Langdistanz fahren will, müsste mit 310 Kilometern rechnen. Ganz abgesehen davon, sagt der Präsi, würde es dem Klima nicht so viel bringen, »weil wir dann bei der Heimfahrt vor Erschöpfung mehr Treibhausgas emittieren als ein alter Diesel.« Die wissenschaftliche Haltbarkeit dieser speziellen These ist zwar ein wenig unsicher, aber es wird schnell klar, dass es gar nicht so einfach ist mit dem Klimaschutz.

Doch wir sind ja willig. Wir wollen auch nicht, dass der Meeresspiegel steigt, denn dadurch würden schließlich auch wunderbare Radstrecken verschwinden. Vor allem flache. Also tun wir was dagegen. Und gut – auch im Alltag kann man das Rad ruhig ein bisschen öfter als bisher nehmen. »Aber dann bitte das E-Bike«, sagt der Präsi. Brägel kontert, das sei nicht effektiv, weil dafür ja auch Strom produziert werden muss. Doch da gab es plötzlich andere Fakten, der alte

Hans hatte sich schlau gemacht. »Es gibt klimaneutralen Ökostrom, du Lapp«, sagt er. Außerdem wären der Bau und das Recyceln der Batterie schon mit 100 weniger gefahrenen Autokilometern wieder drin. Das ist in der Tat nicht viel. Also machen wir das künftig. Und wenn wir mehr als 100 Kilometer mit dem E-Bike statt dem Auto gefahren sind, kann man ja mal darüber nachdenken, doch wieder mit der Karre zur RTF zu fahren. »Oder«, sagt Brägel, »pro weitere 100 Kilometer per E-Bike ein Schnitzel mehr vor Malle essen.«

So machen wir es. Wir sind eben Klimaschützer vor dem Herrn.

BEWEGLICHES HINDERNIS

WER RENNEN GEWINNEN WILL, MUSS AUCH BERGAB SCHNELL GENUG SEIN. EINE ERKENNTNIS, DIE BRÄGEL NOCH NICHT VERINNERLICHT HAT

2014

Die Tour de France sorgt doch immer wieder für erstaunliche Erkenntnisse: So erklärte uns ein Fernsehkommentator bei einer Pyrenäenetappe, dass die beiden jungen Franzosen Romain Bardet und Thibaut Pinot »große Probleme« bei der Abfahrt hätten. Zu sehen war davon freilich nichts. Die beiden frästen den Tourmalet hinunter, als gäbe es kein Morgen, und es konnte einem dabei schon allein von den Kameraschwenks übel werden. Kurzum – will man wissen, wie es wirklich aussieht, wenn man talwärts ein Problem hat, sollte man Brägel zuschauen. Der Lapp bremst ab Tempo 45 schon auf der Geraden, weil er »scharfe Verzögerungen vor der Kurve nicht mag«, wie er sich ausdrückt. In einem Feld ist Brägel deshalb bergab nichts weiter als ein bewegliches Hindernis.

»Seltsam«, sagt der Präsident neulich nach dem Training, »eigentlich müsstest du abwärts der Schnellste sein, weil Gewicht rollt und Menschen ohne Hirn normalerweise keine Angst kennen.« Das war natürlich ein wenig unsachlich, und Brägel verwahrte sich auch entschieden dagegen, dick und dumm zu sein. Er war auch durch die gönnerhafte Einschränkung des alten Hans kaum zu beruhigen, nach der er ja nur auf dem Rad ein rundlicher Angsthase mit dem IQ einer Nagelfeile sei. Wir haben natürlich gelacht, und Brägel hat geschmollt.

Aber er hat sich seine Schwäche auch zu Herzen genommen und arbeitete zumindest zeitweise an der Überwindung seiner Hemmschwelle bergab. Im Internet fand er die Adresse eines Therapeuten, der Ängste aller Art mit einem Lichtblitz in das linke Auge, Hypnose und einem barrierelösenden Sud aus ostasiatischen Kräutern lösen wollte. Der Therapeut aus einem unaussprechlichen Dorf in der Eifel wurde von einem Privatsender empfohlen, der allerdings nicht unter den ersten 400 Kanälen eines handelsüblichen Satellitenempfängers auftaucht. Blitz, Sud und Hypnose holte sich Brägel bei einem Wochenendseminar ab, das 985 Euro kostete plus 199 Euro für die Übernachtung mit Halbpension und 37,50 Euro für den Sud, der laut Brägel schmeckte wie »Weizenbier mit Kuhdung«. Es würde uns nun nicht besonders wundern, wenn es genau das war, aber gut. Brägel fuhr jedenfalls danach trotz »Angstfrei-Zertifikat« genauso grausam wie vorher zu Tal, eher sogar noch ein bisschen langsamer, weil ihm seit dem Blitz sein linkes Auge ständig tränt.

Als Nächstes versuchte es Brägel mit diversen Fahrtechnik-Büchern, die er dummerweise lesen wollte, während er den Hausberg hinabbremste. Natürlich legte sich der Kerl dabei unsanft auf den Asphalt und bestärkte damit seine eigene Angst. Danach bot ihm der alte Hans eine Art Crashkurs an. Er und Brägel rollten allein talwärts, der alte Hans zog locker vorbei und brüllte: »Na, du Weichei, hast wohl die Hosen voll, oder?« Normalerweise reagiert Brägel auf so etwas wie ein Stier auf ein rotes Tuch, in dem Fall blieb er aber ruhig. »Gegen das senile Wrack brauche ich doch nicht abwärts zu rasen«, erklärte er hinterher am Stammtisch, »den habe ich doch am nächsten Anstieg sowieso wieder.«

Nach einem kurzen Tumult wegen des senilen Wracks hatte dann endlich einmal einer eine gute Idee: Brägel bekommt einen Personal Trainer für die Abfahrt. Im Nachbarort lebt ein Exprofi, der sogar einst den Giro d'Italia gefahren ist. Das ist zwar schon ein wenig her, aber der wird es bergab schon noch draufhaben. Der gute Mann willigt auch ein, und die beiden treffen sich am kommenden Wochen-

ende. Ein paar Tage später gehen wir alle auf Ausfahrt, der Exprofi ist auch dabei. Und siehe da – bei der finalen Abfahrt fallen er und Brägel gemeinsam zurück. Später wird uns der Mann erklären, dass ihm Brägel die Augen geöffnet habe. Das Leben, so der einstige Radprofi, sei jedenfalls zu kurz und zu schön, um es an einem Baum neben der Straße mit eingeschlagenem Schädel zu beenden.

Wir geben auf und empfehlen Brägel, ein Buch zu schreiben, so was wie die »Entdeckung der Langsamkeit«. Oder »Mann ohne Eier«, wie der Präsi meinte, was aber natürlich wieder ein bisschen unsachlich war. Beschlossen wurde dagegen, Brägel auf der Weihnachtsfeier ein Trikot zu schenken. Und darauf soll stehen, schön dick und schwarz auf rotem Grund: »Ich bremse auch für mich!«

FASTENZEIT

BRÄGEL ENTDECKT DIE ZÖLIAKIE FÜR SICH UND ÜBERREDET DEN RADCLUB ZU EINER DIÄT

2017

Man sollte Brägel einfach nicht ohne Bewachung zum Friseur lassen. Es ist doch immer das Gleiche: Wenn er beim Haartrimmer seiner Wahl kurz warten muss, greift er zu einer der vielen Frauenzeitschriften und nervt anschließend wochenlang mit dem, was er da an neuen Erkenntnissen gewonnen hat. Dieses Mal kam er aus dem »Coiffeur-Studio Style Moderne« mit dezent nachblondiertem Haupthaar und der Erkenntnis, dass Weizen des Teufels sei. Aber so was von.

»Wisst ihr eigentlich was Klebereiweiß ist?«, wirft er in die Runde. Nun ja, nicht wirklich. Und die Assoziationen, die sich bei uns im Kopf im Kontext von Brägel und klebrigem Eiweiß einstellen, wollen wir jetzt lieber nicht vertiefen. Brägel unterbricht aber unsere Altherrenfantasien mit einem kurzen: »Das ist Gluten.« Ach so, na dann. »Kenne ich«, sagte der alte Hans, »das ist Tapetenkleister, gibt es im Baumarkt.« Wir nicken, aber Brägel erklärt uns, dass Gluten ebenjenes Klebereiweiß sei, das man in Getreide finden würde, hauptsächlich in Weizen. So weit, so gut, aber dann meint er noch, dass dieses Gluten schädlich sei, weil es den Darm ruiniere. Danach nimmt er erst einmal einen großen Schluck aus seinem Hefe hell. Wir erklären ihm, dass er im Moment auf dem direkten Weg in den Krankenstand sei, da der wissenschaftliche Name von Hefe hell Weizenbier sei. Brägel wird blass, ermittelt sofort im Netz, dass tatsächlich sein Hefe hell 274 Milligramm Gluten pro 100 Gramm enthalte und dass er im Schnitt nach der Radrunde wohl mehr als 100 Gramm zu sich nehmen würde. Viel mehr. Bei Pils seien es allerdings nur vernachlässigbare 1,2 Milligramm. Also beschließt er, künftig nur noch Pils zu trinken. »Dafür hat Pils aber einen anderen Nachteil«, sagt der Präsident. »Welchen?«, will Brägel wissen, und der Präsi meint: »Es enthält Pils.«

Aber gut, wenn sich Brägels Kleber-Macke mit dem Umstieg von Hefe hell auf Pils erledigt, soll es auch recht sein. Und wir wollen ja auch nicht dafür verantwortlich sein, wenn sich der Lapp mit Kleber-Hefe zu Tode trinkt. Aber Brägel reicht die Biernummer natürlich noch nicht. Ab sofort will er nichts mehr zu sich nehmen, in dem Weizen oder Weizenmehl drin ist. Soll er, solange er nicht nervt. Aber das wird nicht so einfach, weil Brägel ja ein gewisses Sendungsbewusstsein eigen ist. Kurzum, er hat die Clublösung für uns alle gefunden. Die nennt sich Steinzeitdiät und besteht aus Gemüse, hochwertigen Tierprodukten und Obst. Brägel bejaht auch unsere Fragen, ob fetter Schweinehals ein hochwertiges Tierprodukt sei, Pommes als Gemüse und Himbeergeist als Obst gilt. Dann ist ja gut. Wobei wohl nicht zu klären sein wird, ob Höhlenmenschen die Fritteuse kannten. Brägel ist jetzt aber trotzdem weizenlos glücklich.

Das gönnen wir ihm – bis zu dem Tag, an dem wir feststellen, dass er einen Ernährungsberater zum Clubabend eingeladen hat. Der Mann ist ziemlich blass, sieht kränklich aus und sagt dann noch, dass die Steinzeitdiät streng genommen Quatsch sei, weil sowieso kein Mensch wisse, was die Kerle damals gegessen hätten. Nur eben sicher kein Weizenmischbrot oder Butterkekse. Brägel mampft derweil begeistert seinen glutenfreien Kichererbsenbratling und spült mit zwei Pils nach. Wir bleiben bei der rustikalen Variante mit Steak und Salat.

Nach ein paar Wochen haben wir aber tatsächlich fast vergessen, dass es glutenhaltige Lebensmittel gibt. Besser geht es freilich auch keinem, weil sich außer Brägel auch keiner schlecht gefühlt hatte. Und wenn es jetzt langsam wieder wärmer wird, wäre so ein Hefe hell mit ganz viel Gluten auch nicht so schlecht. Oder eine gemeine

Wurstsemmel. Wir fragen Brägel deshalb, welcher Arzt bei ihm die gluteninduzierte Enteropathie oder – im Volksmund – Zöliakie festgestellt habe. Brägel sagt, dass er das selbst war, weil er so oft Bauchweh hatte.

Himmel, hilf, Glutenunverträglichkeit betrifft wirklich krankhaft etwa ein Prozent der Bevölkerung, maximal fünf Prozent vertragen es nicht so besonders gut. Für den Rest sei Weizen völlig harmlos, erklären wir ihm, wahrscheinlich also auch für ihn. Ach so, sagt Brägel, jetzt verstehe er auch, warum er immer noch ab und zu Bauchweh habe. Wir hätten es uns ja denken können, aber so übel ist die Steinzeitdiät durchaus nicht, und wir können sie jetzt ja gelegentlich noch mit einem Schnitzelbrot adeln. Und Brägel sollte seinen Friseur wechseln, aber das wird nichts nützen. Der alte Hans hat ihn kürzlich mit der *Apotheken Umschau* unterm Arm gesichtet. Titelthema: Männliche Wechseljahre. Das kann ja heiter werden.

LET'S DANCE!

DER RADCLUB HAT RÜCKEN, ZUMINDEST EINER AUS DER TRUPPE. BEI DER SUCHE NACH EINEM PASSENDEN AUSGLEICHSSPORT MACHEN DENNOCH ALLE MIT …

2018

Brägel hat neulich vom Arzt den dringenden Rat bekommen, zusätzlich zum Radfahren einen Ausgleichssport zu betreiben, der seine kümmerliche Muskulatur im Rücken so stärkt, das er morgens nicht mehr eine Viertelstunde braucht, um sich aus dem Bett in die Senkrechte zu bringen. Eigentlich keine schlechte Idee. Wir haben uns im Radclub Gedanken um ein paar Bewegungsarten gemacht, die das altbekannte Rückendefizit der Radler ein wenig lindern könn(t)en.

Naheliegend ist natürlich Schwimmen. Aber doch auch wieder nicht. Unsere Erfahrung: Radständer vor Freibädern sind ungefähr so sicher wie die am Hauptbahnhof – also gar nicht. Brägel fehlt nach dem ersten Besuch das Vorderrad, dem Präsidenten das ganze Velo. Im Bad läuft es auch nicht besser. Der alte Hans bekommt Ärger mit dem Bademeister, weil er im Wasser eine Ölspur hinter sich herzieht. Der Mann schmiert sich seit Beginn der Zeitrechnung ein scharf riechendes Massageöl auf die Beine, bevor er in den Sattel steigt. Man riecht ihn deutlich, bevor man ihn sieht. Nachdem man beim Schwimmen auch die Arme braucht, hat sich der alte Hans komplett eingefettet. Das Bad riecht wie nach einem Chemieunfall, wir erklären uns aber solidarisch mit unserem Senior und entfernen uns unauffällig.

Nächster Versuch: Bogenschießen. Brägel nuschelt etwas von »gerader Haltung und Muskelstärkung durch das Ausziehen der Sehne«. »Wen ziehen wir aus?«, fragt der alte Hans, bekommt aber keine Antwort. Brägel dagegen ordentlich Ärger. Auf dem Schießstand nagelt er die Pfeile kreuz und quer auf benachbarte Scheiben, was die anderen in ihrer kontemplativen Versenkung völlig aus der Bahn wirft.

»Wie wäre es denn mit Laufen?«, fragt Brägel deshalb am nächsten Stammtisch. Laufen, also die Fortbewegung zu Fuß, ist für uns Radler das ultimative Grauen. Der Präsident fährt die 200 Meter zum Bäcker stets mit dem Auto. Brägel erinnert sich noch mit Schrecken an seinen Mittelfußbruch, den er sich beim Joggen beim Sturz über

eine Wurzel zugezogen hat. Außerdem ist Laufen nur bei optimaler und gerader Haltung förderlich für den Rücken. Wer jemals Radler in Laufschuhen gesehen hat, weiß, dass das ein Widerspruch in sich ist. Nordic Walking soll da besser sein – aber dass wir unsererseits zur stockschwingenden Bedrohung für andere Radler werden, ist schlechterdings nicht vorstellbar.

»Gibt es denn überhaupt nichts für uns außer Radfahren?«, jammert Brägel in merkwürdig vorgebeugter Haltung bei unserem nächsten Stammtisch. Da liegt auch unser jüngster Alternativsport-Selbstversuch schon hinter uns. Beim Inlineskating rastete seine Wirbelsäule in genau der Haltung ein, die man aus dem Fernsehen von den Eisschnellläufern kennt. Außerdem hat der Präsident bei der Aktion mit gesenktem Haupt eine ganze Wandergruppe abgemäht.

Dann flattert uns aus der Zeitung ein Faltblatt der örtlichen Tanzschule entgegen, mit einem Angebot für günstige Sommerkurse. Wie elektrisiert kräht Brägel, dass er bei einer dieser Tanz-Shows im TV gesehen habe, was für ein Wahnsinnsganzkörpertraining das sei. Wir melden uns an – und geben ein Bild des Jammers ab. Die Partnerinnen waren zunächst begeistert, zur ersten Stunde kamen sie dann aber doch leicht in Moll, weil sich ihre Männer in schiefgelaufene Tanzschuhe ihrer Jugend zwängten, manche trugen fliederfarbene Hemden oder solche mit Rüschen an der Knopfleiste. Der alte Hans kam zwar ungeölt, aber im Radtrikot. Kurz: Wir waren ein erbarmungswürdiger Haufen, der Tanzlehrer bekam bei unserem Anblick mutmaßlich selbst Rückenschmerzen. Wir wären vielleicht drangeblieben, doch als Brägel dann am Stammtisch immer »Rück vor – tscha, tscha, tscha – vor rück – tscha, tscha, tscha« säuselte und unterm Tisch mit den Füßen scharrte, war es dann doch genug. Pfeif' auf das Kreuz.

Wir haben jetzt beschlossen, unsere Rücken künftig am Stammtisch zu stärken. Das bedeutet, dass das erste Hefe hell im Stehen getrunken wird, die nächsten in kerzengerader Haltung am Tisch. Wer sich durchhängen lässt, zahlt die nächste Runde. Das müsste als Ausgleichssport reichen. Und jetzt ab aufs Rad.

VENI, VIDI, VICI

IM WINTER KOMMEN RADFAHRER AUF DIE SELTSAMSTEN IDEEN. BRÄGEL ZUM BEISPIEL VERSUCHT SICH AN SEINEN MEMOIREN

2018

Es ist eine Art Reflex. Wenn die Tage kürzer werden, senken sich schwere Gedanken in Brägels Gemüt. Statt sich auf Weihnachten zu freuen, setzt sich der Lapp dann mit Grundsätzlichem auseinander und sagt Dinge wie: »Das muss man machen, solange es noch geht.« Am Stammtisch verkündet er, was er sich noch so alles vorgenommen hat. Brägel will Klavier spielen lernen, seine elektronische Fotosammlung der vergangenen zehn Jahre sortieren und Alben mit Papierbildern anlegen. Dazu will er sich in die Bedienungsanleitungen der Geburtstagsgeschenke der vergangenen drei Jahre (Fitness-Tracker, Helmkamera, Kettensäge) einlesen, damit die Dinger den Sprung aus der Verpackung in den Alltag auch endlich mal schaffen.

Das wäre an sich nicht schlimm; aber Brägel möchte jetzt auch noch sein Leben in Buchform zu Papier bringen. Er merke, dass er immer öfter Dinge vergesse und es wäre ein Jammer, wenn das alles verloren ginge. »Warum?«, fragt der Präsident, und die anderen nicken. »Weil mein Leben so interessant ist, dass man es der Nachwelt erhalten sollte«, kontert der Lapp. Es klingt nicht so, als meine er das ironisch. »Es gibt ja Verlage, die drucken jeden Mist, wenn man dafür zahlt«, grummelt der alte Hans leise vor sich hin, aber Brägel hat's gehört und wird eine Nuance lauter. »Das wird ein Bestseller.«

Ideen für den Titel hat er auch schon. Erst wollte er etwas seiner radsportlichen Lebensleistung Angemessenes wie »Der Berg ruft«

oder »Vom Winde verweht«, aber das sei schon besetzt. »Wie wäre es denn mit ›Ein Quantum Prost‹«, schallt es aus der Runde. Der Lapp winkt ab. Das »Werk« (Brägel) trägt nun den Arbeitstitel »Brägel – eine Sattel-Ikone erinnert sich«. »Ich denke, du vergisst alles«, ätzt der Präsident, aber Brägel will sich partout nicht von seiner Idee abbringen lassen. Eine Gliederung gebe es auch schon. Bei einem Kapitel

müssten wir ihm aber helfen. Wir sollen aufschreiben, was uns beim Radfahren an ihm imponiert. »Das wird ein verdammt dünnes Kapitel«, knurrt der alte Hans. Wir versprechen trotzdem, in uns zu gehen und fragen noch, wer das »Werk« eigentlich verfassen soll. »Na, ich natürlich«, poltert Brägel, »es ist schließlich eine Autobiografie.« Wir erklären ihm, dass die meisten Autobiografien für ihre Auftraggeber von professionellen Autoren geschrieben werden, die über eine gewisse Sprachfertigkeit verfügen. Wie nicht anders zu erwarten, ist Brägel aber fest davon überzeugt, dass er, wie er sagt, »so gut schreiben wie Rad fahren kann.« »Dann wird das Buch also ein Desaster«, sagt der alte Hans, und der Präsi setzt noch einen drauf: »Wenn das Werk so wird, wie du Rad fährst, dann wird es nie fertig.«

Brägel hat sich aber trotz allem Spott, nun ja, ans Werk gemacht. Beim nächsten Stammtisch wedelt er mit zwei Blatt Papier herum – eine Leseprobe aus dem Kapitel »Ausfahrten mit dem Radclub«. Weil er eine Runde Hefe hell spendiert, hören wir gnädigerweise zu. »Es war an einem dieser Sommertage, an dem schon die ersten Strahlen der Morgensonne eine böse Vorahnung von Gluthitze über das noch schlafende Land senden. Dieser Tag würde zu einer monströsen Herausforderung für den Willen aller am Hausberg heranwachsen. Ich werde bereit sein. Schon Stunden vor dem Start senkt sich stählerne Entschlossenheit in meine Beine, mein Herz, meine Lunge, in jede Faser meines Körpers. Veni, vidi, vici. Mit elegantem Schwung entschwebe ich dem Bett, spüre den besorgten Blick meiner Gattin Viola im Rücken. Als ich mich umdrehe, erkenne ich glitzernde Tränen. ›Pass bitte auf dich auf‹, schluchzt sie. Mit zwei federnden Schritten stehe ich neben ihr, lege ihr beruhigend die Hand auf die Stirn und sage …«

»SOFORT AUFHÖREN!«, bellt der Präsident, »das ist ja unerträglich!« Brägel knurrt »Banausen« und lässt die Blätter sinken. Wir hoffen inständig, dass dieses Werk nie zu Ende geschrieben wird, aber plötzlich sagt der alte Hans: »Mir gefällt's.«

Himmel, hilf.

4

BRÄGEL AUF REISEN

INSELDUELL

FÜR GUTE LAUNE UND GLÄNZENDE FRÜHFORM HILFT NUR EINES: EIN TRAININGSCAMP IM SONNIGEN SÜDEN. WENN MAN DANN NOCH EINEN FÄHIGEN TOUREN-GUIDE BEKOMMT …

1994 bis 2001

Was für ein Tag. Die Sonne lacht, Frühling liegt in der Luft, irgendwelche Säfte schießen – kurzum: Ich fühle mich perfekt. Und dann das: Brägel schleicht durch den Hausgang, den Blick am Boden, ein Bild des Jammers. Ebenfalls kurzum: Mit seiner Flamme ist es wieder mal aus. Mit den Mädels ist es bei ihm wie mit dem Rad fahren – es will einfach nicht so recht klappen. »Flieg' doch nach Mallorca«, sag' ich zu ihm, »buch' eine Woche in einem Radcamp, das lenkt ab. Ich nehme so lange den Hund.«

Dummerweise fand Brägel die Idee ausgezeichnet und hat statt einer Woche gleich vier gebucht: nicht als Gast, sondern als Guide. Beim Bewerbungstelefonat hat er sein Alter deutlich runter und seine Jahreskilometerzahl deutlich hoch gesetzt. Sie wollen ihn für einen Monat. Gehalt null, Kost, Logis und zwei Sätze Trikots frei. Ich habe noch eingewendet, dass auch ein Blinder ihm die 32 Jahre nicht abnimmt, dass er 10.000 Kilometer vielleicht in drei Sommern zusammenbringt, dass er erst einmal auf der Insel war, sich dabei jeden Tag verfahren hat und dass der langsamste Schnitt einer Radgruppe immer noch ein 22er ist. Das war ihm alles wurscht, der Hund sowieso. Er hat sich noch ein Spanisch-Wörterbuch gekauft, eine Schachtel Kreatin, eine Klinikpackung Kondome, und weg war er.

Das hat uns im Radclub natürlich gefuchst. Also haben wir einen Kontrollbesuch beschlossen und sind zwei Wochen später nachgeflogen. Den Hund haben wir mitgenommen, was eine ziemliche Tortur war, weil er mittlerweile so groß ist, dass er kaum in die Kiste gepasst hat. Irgendwie haben wir die Anreise gemeistert und wollten gleich in Brägels Gruppe einchecken. Aber es gab keinen Brägel. Schließlich fanden wir sein Foto am Schwarzen Brett. Der Lapp firmiert als Kevin aus Neuseeland. Er führt die Fatburning-Gruppe, die mit 21er-Schnitt 80 Kilometer pulskontrolliert rollt. Dabei gibt er die Geschichte, dass er aus Neuseeland sei und in Europa ein wenig Spaß haben wolle. Er könne Deutsch, weil er deutsche Vorfahren habe. Warum er als Neuseeländer kaum Englisch versteht, erklärt er nicht.

Am nächsten Morgen trifft ihn fast der Schlag, als wir plötzlich am Sammelplatz erscheinen, aber wir lassen ihm seine Geschichte. Brägel sieht ordentlich aus, er hat ein bisschen abgenommen, die Beine sind rasiert und leicht gebräunt, trotzdem ist der Kerl nicht bester Laune. Seine Gruppe besteht aus 16 Männern und zwei Frauen, eine davon ist 49, Krankenschwester aus Idar-Oberstein und seit 25 Jahren glücklich verheiratet, wie sie betont. Die andere 26, Studentin in München, die die Radwoche von ihrem Vater geschenkt bekommen hat, der das für eine sehr gute Idee hielt. Sie nicht. Schlechte Zeiten also für Kevin aus Neuseeland.

»Wir fahren ans Cap Formentor«, brüllt Brägel, der ein kanariengelbes Trikot mit roten Punkten und einen Helm in Orange trägt. Die Hose ist von Kelme, also grün-blau. Dazu präsentiert er ein schwarzes Carbonrad mit roten Magnesiumpedalen nebst einer verspiegelten Sonnenbrille, ein Werbegeschenk von »Innenausbau Habermaier«, wie auf dem Bügel steht. Vor der Abfahrt müssen wir uns an den Händen fassen und »Ja, ja, ja« brüllen – das hat er auf einem Gratis-Infoabend bei Scientology gelernt. Seinen linken Unterarm hat er sich tätowieren lassen. »I will, I do«, steht dort. Wir wundern uns ein bisschen: Das Cap Formentor ist gerade mal 35 Kilometer entfernt, und, wie gesagt, Schnitt 21, Puls maximal 130. Aber was soll's. Nach fünf

Kilometern kommen wir an eine Kreuzung. »Cap Formentor« steht auf einem Schild, das nach rechts weist. Brägel fährt links. »Ich kenne einen besseren Weg«, sagt er und sülzt in holperigem Englisch hinterher: »I know a special way, you know«, weil auch zwei Amis in der Gruppe sind. Gleich danach beginnt die Straße zu steigen und erheblich schlechter zu werden. Die Pulsfrequenz von 130 ist nur noch bei 6 km/h zu halten. Kurz danach gar nicht mehr, was bei 15 Prozent Steigung auch nicht wundert. Brägel, Verzeihung, Kevin lächelt unsicher, fingert nach seiner Karte und stürzt, als er versucht, bei 5 km/h freihändig zu fahren. Hanni, die Krankenschwester, fällt über ihn, was ziemlich lustig aussieht. Sie bleiben ein wenig zu lange liegen. Susanne aus München ist es langweilig: »Geht's weiter oder was?«

Es geht weiter, nur weiß keiner, wohin. Auf Brägels »Generalkarte Spanien« ist Mallorca so groß wie ein Daumennagel. Beim Versuch, auf einer Finca nach dem Weg zu fragen, wird er beinahe von zwei Dobermännern zerrissen. Später erfahren wir, dass dort ein mittelmäßig berühmter Zuhälter aus St. Pauli wohnt. Wir drehen um, kommen nach einer halben Stunde wieder an die Kreuzung und fahren dem Schild nach Richtung Formentor. Nach drei Kilometern hat

Susanne einen Platten. »Wir warten, bis du fertig bist«, sagt Brägel gönnerhaft, aber Susi jammert: »Ich kann das nicht.« Brägel auch nicht, weshalb er am Schlauch herumwurschtelt, bis wir ihm helfen.

Wir sind jetzt zwei Stunden unterwegs. Unseren Fatburning-Puls haben wir etwa fünf Minuten gehalten.

Kurz danach beginnt es zu regnen. »Weiter«, bellt Brägel. Wir kommen an einem Restaurant vorbei, in dem die Rollergruppe aus unserem Camp (24er-Schnitt) eingekehrt ist. Allerdings sind die schon auf dem Rückweg. »Am Cap gibt's auch ein Café«, raunzt Brägel und fährt weiter. Am Cap gibt es eine Imbissbude, und die ist zu. Susi wird böse und beleidigt Brägel, der mit einem »Pedalschlampe, bucklige« kontert. Die Amis lachen, der Rest schweigt.

Auf dem Heimweg versucht sich Kevin als Radlehrer, korrigiert Trittfrequenz und Sitzhöhen und erhellt uns mit Fachkommentaren wie: »Mehr über dem Lager sitzen«, oder »Ellenbogen tiefer bei Nasenatmung«. Uns reicht's. Es ist kalt, windig, und wir haben noch 25 Kilometer vor uns. Also setzen wir uns an die Spitze und treiben den Schnitt und den Puls hoch – schließlich hockt der Hund im Hotel und muss endlich Gassi. Wir fahren einen lockeren 30er, die anderen folgen erfreut, Brägel und die Krankenschwester müssen abreißen lassen. »Sehen wir uns heute abend, Kevin?«, flötet Hanni trotz 25 Ehejahren später im Radkeller. »Sure«, nuschelt Brägel und klappert mit den Augendeckeln. Leider kam es nicht zum Rendezvous. Die »Pedalschlampe« hatte sich beschwert. Kevin wurde gefeuert und musste noch am Abend sein Zimmer räumen.

Am nächsten Tag ist er samt Hund nach Hause geflogen. Wir sind noch ein bisschen geblieben und haben uns in die Gruppe mit dem 26er-Schnitt eingetragen. Unser Guide heißt Lars, und er sagt, er sei aus Schweden. Schau'n mer mal.

WALLFAHRT

BERG DER LEIDEN, SCHICKSALSBERG, SCHARFRICHTER DER TOUR - DER MONT VENTOUX BEFLÜGELT SEIT GENERATIONEN DIE FANTASIE DER RADSPORT-FANS. UND BESONDERS DIE EINES ALLSEITS BEKANNTEN FREIZEITSPORTLERS, DER WIEDER AUFGETAUCHT IST …

1994 bis 2001

Endlich, ich dachte schon der Mann ist tot, hat geheiratet oder am Ende beides. Weder noch, neulich ist Brägel wieder aufgetaucht. Morgens beim Bäcker stand er plötzlich neben mir, in einem schwarzen Trainingsanzug der Größe XXL und ziemlich mopsig im Gesicht. Kein Vergleich mehr zum Trainingslager im Februar auf Mallorca, wo er verdächtig gut in Form war. »Ich habe ein Jan-Ullrich-Problem«, jammert er und bestellt vier Mohnschnitten, zwei Quarktaschen, zwei Stück Schwarzwälder-Kirsch-Torte und zwei Brötchen. »Zum Frühstück«, sagt er. Für wieviel Personen, frage ich, und Brägel zeigt mir lächelnd zwei Finger. »Weißt du, ich und meine neue Flamme, wir bereiten uns auf die Tour de France vor.«

Allmächtiger! Ich nehme den Kerl beiseite und erkläre ihm knapp, dass Ullrich nicht deswegen zugenommen hat, weil er die Tour gewinnen will. Das Gegenteil sei der Fall, der Profi zudem auf Diät und eine neue Freundin habe er auch nicht. Ganz nebenbei – Brägel wiegt schon im Normalzustand 85 Kilo, was mehr ist, als ein Jan Ullrich im Winter. Und im Moment liegt der Lapp garantiert über 100. Dafür scheint wenigstens seine neue Freundin netter zu sein als die letzte, bei der er immer Buchweizengrütze und esoterischen Magerquark aus

kontrollierten Kühen (oder so ähnlich) essen musste. Dafür war er damals verdammt schnell mit dem Rad unterwegs. Keine Frage – die Neue ist mir jetzt schon sehr sympathisch, aber wahrscheinlich blind oder ein kleines bisschen seltsam veranlagt.

Aber es hilft ja nichts. Brägel will zur Tour, er hat schon frei genommen und sich die Etappe von Carpentras auf den Mont Ventoux ausgesucht. »Der Gnadenberg der Tour«, jault er, »den bezwingen wir.« Ich erkläre ihm, dass es gnadenlos heißt und dass der Ventoux für ihn garantiert zur Grabstätte wird, wenn er mit seinem Mohnschnitten-Kessel hoch fahren will. Zur Sicherheit verabreden wir deshalb einen Testlauf und fahren für ein verlängertes Wochenende zum Training ins Vaucluse. Das machen die Profis schließlich auch so auf ihrem Weg zur Tour.

Brägel bekommt vorher zwei Wochen Diät, die Freundin ein Kochverbot und sein Velo vorn einen Dreifach-Kranz. Dazu kommt noch ein Stapel neuer Trikots. Zur Vorsicht packen wir noch einen Satz Laufräder extra ein – man weiß ja nie. Also, auf zum Ventoux. Die Tour hat am 14. Juli Bergankunft auf dem knapp 2.000 Meter hohen Steinbrocken. 1.600 Meter Höhenunterschied sind zu knacken, 21 Kilometer bergauf. »Vive le tour, vive le velo, vive la France«, bellt Brägel und rast los. Er hat sich die Seite von Bedoin her ausgesucht. Wie jeder weiß, ist das die schwerere. Der Kerl rammt in die Pedale, als wolle er einen 30er-Schnitt zum Gipfel fahren. Es läuft auch gut. Was Brägel nicht weiß – die ersten sieben Kilometer geht's noch ziemlich moderat aufwärts und es hat Rückenwind. Und zwar mächtig.

14 Kilometer vor dem Gipfel biegt die Straße links in den Wald. Es wird steil. Brägel brüllt »Heia, Pantaniiiii«, geht aus dem Sattel und rast weiter. Ziemlich genau 165 Meter, dann kracht die Kette erbärmlich, weil er vorn zwei Blätter auf einmal runterschaltet. Willkommen am Ventoux.

800 Meter weiter nähert sich Brägels Gesichtsfarbe den Lavendelfeldern an, er japst, reißt am Lenker, tritt wie ein Hamster im Rädchen und fällt trotzdem beinahe um. Noch 13 Kilometer. Eine Bergläuferin joggt fröhlich lächelnd an uns vorbei: »C'est dur, hein?« Brägel stöhnt: »Die meint dich, ich bin nicht dürr«, und tritt weiter. Ich versuche ihn ein bisschen zu motivieren. »Denk an Tom Simpson«, rufe ich ihm zu, »der ist hier gestorben. Allerdings viel weiter oben.« Zugegeben, auch nicht wirklich lustig. Brägel fließt fast aus seinem Kelme-Trikot, aber er gibt nicht auf. »EPO«, röchelt er, »gebt mir EPO«. Sollen wir ihm sagen, dass das jetzt auch nichts mehr bringt? Ist aber auch ein echter Kotzbrocken, dieser Ventoux. Immer mindestens zehn Prozent und jetzt, sechs Kilometer vor dem Gipfel, auch kein Schatten mehr.

Am Chateau Renard sieht Brägel aus wie der Tod auf Rädern. Mindestens. Er fährt Schlangenlinien, von Straßenrand zu Straßenrand. Plötzlich sieht er eine Glasscherbe in der Sonne blitzen. Schnell drüber fahren, ein bisschen am Lenker drücken – peng, der Reifen platzt.

Brägel strahlt: »So ein Mist, eine Panne! Ehrlich, ich wäre durchgefahren, es fing gerade an zu laufen, ich hätte dich noch locker eingeholt ...«, und so weiter, und so fort. Etwas unsicher steht er am Straßenrand, die Waden zittern, die Wampe vibriert leicht mit dem rasenden Puls.

Nach dem Reifenwechsel kriechen wir weiter. Brägel erreicht mit zwei weiteren Stopps den Gipfel. Am Simpson-Gedenkstein hat er geweint und seine Luftpumpe hinterlegt. Warum? »Ich weiß nicht, aber es ist so schön«, schluchzt er.

Endlich oben. Brägel reißt sich das Trikot vom Leib. Darunter trägt er ein weißes Unterhemd mit schwarzer Aufschrift: »No mountain too high, Clara«, hat der Idiot draufgeschrieben. Clara ist seine neue Freundin. »Qu'est-ce que c'est?«, fragt die freundliche Bergläuferin, die schon seit einer Stunde da ist. Ich zeig' ihr den Vogel, dann auf Brägel. Sie nickt und strahlt.

Abwärts. Brägel ist euphorisch und lässt es laufen. Keine Chance zum Mitfahren, der Mann ist einfach zu schwer und hat die angeborene Fähigkeit, bergab sein Gehirn vollends auszuschalten. In Bedoin hat er etwa vier Minuten Vorsprung. »Nicht der Gipfel ist wichtig«, sagt er, »es zählt nur, wer als Erster im Ziel ist.«

Hoffentlich sehe ich ihn bei der Tour de France nicht wieder. Und seine Freundin soll ihn bekochen, bis er aus seinem XXL-Trikot platzt. Aber subito.

DABEISEIN IST ALLES

... HAT SICH KOLLEGE BRÄGEL GESAGT UND NOCH SCHNELL EIN TICKET NACH SYDNEY GEBUCHT. JETZT IST ER BESEELT VOM OLYMPISCHEN GEIST

1994 bis 2001

Es gibt Geschichten, die glaubt kein Mensch, aber sie sind trotzdem wahr. Also, es war so: Mein Chef ist ein guter Kerl und hat mich vor ein paar Wochen nach Sydney zu den Olympischen Spielen geschickt. Das ist eine verdammt weite Reise, und wenn man dann nach 24 Stunden in verschiedenen Fliegern down under ankommt, ist der Normalmensch ein bisschen durcheinander. Deshalb dachte ich zunächst an eine Halluzination, an einen Ausraster nach derbem Jetlag oder so etwas. Auf dem Weg ins Hotel kam ich an einer ziemlich abgerissenen Kneipe vorbei, die 24 Stunden geöffnet hat und in der ein permanenter Karaoke-Wettbewerb stattfand. Als ich vorbei ging, war drinnen die Hölle los. Die Leute johlten, und auf der Bühne grölte einer »One moment in time« von Whitney Houston – und zwar derart grauenhaft, dass es keinen Zweifel geben konnte: Er war da, 20.000 Kilometer von zu Hause entfernt, aber er war's. Ein Blick genügte, und mir wurde fast schlecht: Brägel stand auf einem Bretterpodest.

Der Kerl hatte eine schwarze Trainingshose an, ein gelb-grünes Australia-T-Shirt, eine Goldmedaille aus Schokolade um den Hals und eine dunkelblaue Schildkappe der Brauerei Fosters auf dem Kopf. Das hätte schon genügt, aber dazu noch das Gewinsel, da wurden selbst die freundlichsten Australier sauer. Ich habe ihn dann lieber rausgezerrt und gefragt, was, um Himmels willen, er hier in Sydney-

Lidcombe mache, wo seine neue Flamme wäre und überhaupt. Brägel war, vorsichtig ausgedrückt, angetrunken, hat nur gegrinst und gelallt: »Dabei sein ist alles.« Himmel, hilf!

Das Wichtigste zuerst: Von Fräulein Hildegard hat er sich getrennt, die gemeinsamen rituellen Einläufe mit Jasmintee und Honig zur Reinigung von Seele und Körper waren ihm dann doch zu viel, zumal sie auch unangenehme Auswirkungen auf sein Radtraining hatten, aber das ist eine andere Geschichte. Kurzum – um die Trennung besser zu verarbeiten, hat er sich entschlossen, am olympischen Straßenrennen teilzunehmen. Beim Bund Deutscher Radfahrer hat man ihm auf sein schriftliches Ersuchen höflich mitgeteilt, dass man sich zwar über sein Interesse freue, die Equipe aber aus den Herren Ullrich, Zabel, Voigt, Klöden und Aldag bestehe, deren Qualifikation minimal höher wäre als sein Formnachweis durch vier abgestempelte RTFs. Er könne ja in vier Jahren noch einmal vorsprechen oder vielleicht bei der Elfenbeinküste nachfragen. Mit freundlichem Gruß. Daraufhin hat sich Brägel um die Staatsbürgerschaften von Trinidad und Tobago, Äquatorialguinea, Ost-Timor und den Virgin Islands beworben. Zwei Absagen hat er schon, von Ost-Timor kam eine Mitteilung, dass man leider kein richtiges Land sei und Äquatorialguinea hat sich Bedenkzeit erbeten, man wolle zunächst noch seine Fähigkeit als nationale Identifikationsfigur prüfen. Das war genauso gut wie eine Absage, aber Brägel hoffte noch und ließ derweil down under die Sau raus.

Die Sache mit dem Olympiastart erledigte sich dann aber am nächsten Morgen. Beim ersten ernsthaften Training schaute er bei der Einfahrt in eine Kreuzung nach links, was in einem Land mit Linksverkehr ziemlich fatal ist. Das Auto konnte zwar noch bremsen, für deftige Prellungen und ein angebrochenes Schlüsselbein hat es aber gereicht. Dafür kam seine Geschichte auf Seite 8 im »Sydney Morning Herald« und »Braegel« wurde für einen Tag bekannt. Äquatorialguinea wollte ihn aber trotzdem nicht, und so musste Brägel das olympische Straßenrennen und das Zeitfahren als Zuschauer erleben. Besonders beim Kampf gegen die Uhr fiel ihm das verdammt schwer. »So schnell wie der Zülle wäre ich auch gewesen«, maulte er. Sollen wir ihm wirklich sagen, dass der neue Vorradler des deutschen Team Coast als Drittletzter zwar grottenschlecht war, aber immer noch einen Schnitt so um die 45 gefahren ist, den Brägel höchstens aus zwei Versuchen addiert zusammenbringt, wenn überhaupt?

Ich habe es gelassen, und Brägel hatte noch seinen Spaß in Sydney – und seither noch eine Meise mehr. Olympia hat ihm so gut gefallen, dass er jetzt zu Hause jeden Abend ein Feuerwerk in seinem Garten abbrennt. Rad fahren kann man mit ihm auch nicht mehr, weil er jeden Passanten freundlich grüßt, wie er es in Australien gelernt hat, was aber beim Windschattenfahren große Probleme macht. Außerdem spinnt er weiter seinen olympischen Traum. »Athen 2004 – ich bin dabei« hat er sich auf alle seine Trikots bügeln lassen. Ich habe ihn daran erinnert, dass er dann 46 ist und sich bei Olympia eigentlich die Jugend der Welt treffen sollte – das ist ihm aber wurscht. Etienne

De Wilde hätte in Sydney mit 42 Jahren eine Silbermedaille auf der Bahn gewonnen, sagt er. Stimmt, aber der Belgier kann auch Rad fahren. Egal, Brägel trainiert jeden Tag, bewirbt sich um die Staatsbürgerschaft von Grenada und hat sich doch wieder seiner Hildegard zugewandt, weil Athleten ein geregeltes Umfeld brauchen, wie er sagt. Ob dazu auch rituelle Einläufe gehören, ließ er offen.

Im Winter will er jetzt im Radclub Vorträge über olympische Ideale und sportgerechte Ernährung halten. Einmal im Monat geht er zu einem Stufentest auf dem Ergometer. Sein letztes Ergebnis: 230 Watt. Das ist nicht einmal die Hälfte eines Jan Ullrich und wahrscheinlich auch für einen Staatsbürger von Grenada zu wenig. Aber er hat ja noch vier Jahre Zeit.

ZITTERPARTIE

GELOBT SEI, WAS DIE BIRNE WEICH MACHT – PARIS-ROUBAIX PASST SO GUT ZU MODERNEN RENNRÄDERN WIE EIN SUPERMARKT-PARKPLATZ ZU MOUNTAINBIKES. ABER WAS WÄRE DER PROFI-ZIRKUS OHNE DIE SCHÜTTELEI …

1994 bis 2001

Vor uns steht Monsieur Legrand (alle Namen sind natürlich rein zufällig). Aus seiner linken Augenbraue löst sich ein kleiner Schlammtropfen und fällt, platsch, auf den edlen Kamelhaarmantel. Aber das ist jetzt eh schon wurscht, der Mann sieht schließlich so aus, als sei er eine Stunde hinter einer Jauche-Schleuder spazierengegangen. Monsieur Legrand ist Inhaber der Firma Marmala, die einen Profi-Radrennstall gleichen Namens sponsert. Für die fünf Millionen Mark im Jahr wollte der Chef gern einmal seine Werbeträger in Aktion sehen, und deshalb steht er nun ziemlich bedeppert und eingesaut da, zusammen übrigens mit dem Prokuristen, seiner Frau und dem kleinen, weißen West-Highland-Terrier. »Paris–Roubaix – Chef, das ist das Größte«, hatte Legrands Assistent zuvor noch geschwärmt, »der archaische Kampf Mensch gegen Natur, gewaltige Leiden in der Hölle des Nordens.« Also hat sich der Boss in einem verlassenen Winkel Nordfrankreichs an den Straßenrand karren lassen. Vor ihm liegt eine holprige Steinpiste, die die letzten hier noch lebenden Bauern seit Jahren umfahren, weil sie sonst immer die Schrauben an ihren Treckern nachziehen müssen.

Dummerweise hat der Assistent nicht viel Ahnung von Radrennen. Und so hat er seinen Chef mit dem blau-rosa-gelb-grünen

Marmala-Fähnchen an einem der 22 Pavé-Abschnitte irgendwo bei Wallers-Aremberg postiert, wo den Weg aus grausigen Steinbrocken zufällig noch ein 20 Zentimeter breiter Dreckstreifen säumt. Zuerst rumpelte ein Polizeimotorrad an den Steinen vorbei durch den Matsch und versaute Legrands Beinkleider. Danach kamen die Fahrer, einer nach dem anderen, fluchend und Dreck spritzend. Nach zehn Minuten war alles vorbei, Frau Legrand einer Ohnmacht nahe, der Gemahl und das Fähnchen eingesaut und der Assistent gefeuert. Nur der Hund, der jetzt als brauner Dackel durchgehen würde, wedelte erfreut mit dem Schwanz. Ob im Profipulk auch ein Marmala-Fahrer war – und wenn ja, wo – wusste hinterher auch keiner. Viel zuviel Dreck auf den blau-rosa-gelb-grünen Trikots.

So ist das eben bei den meisten Klassikern im Frühjahr. In Belgien eine Ansammlung von 22-Prozentern auf glitschigen Holperpisten hinaufkeuchen, in Frankreich 266 Kilometer bei Gegenwind durch gottverlassene Gegenden strampeln, davon gut 50 Kilometer über Kopfsteinpflasterstrecken, die teilweise unter Naturschutz stehen oder von der Société du Tour de France gekauft wurden, damit die alljährliche Zitterpartie überhaupt noch stattfinden kann.

»Kasseien« nennen die Belgier den Straßenbelag für die absolut legale Tiefschlagorgie. Das klingt ganz ähnlich wie »kasteien«, was aus dem lateinischen kommt und bedeutet, dass sich jemand Entbehrungen auferlegt. Ganz ähnlich hört sich auch »kastrieren« an. Es ist allerdings nur ein Gerücht, dass sich das Wort direkt auf die Radelei über Holpersteine zurückführen lässt.

Hart sind die Pavés aber allemal. Und irgendwie auch prägend. »Ich hab' so gezittert, ich konnte zwei Tage keine Tür aufmachen«, jubilierte einst Gilbert Duclos-Lassalle nach seinem Sieg – und das mit einer Federgabel. Wir freuen uns ganz narrisch mit dem Franzosen. Gelobt sei, was die Birne weich macht.

Irgendwie ist es schon seltsam. Da arbeiten Legionen von Ingenieuren und Technikern jahrelang an der Optimierung des Zweirads, und dann werden die Berufsfahrer zwischen Rübenfeldern auf Strecken

gehetzt, die früher wahrscheinlich als Zufahrt zur örtlichen Hinrichtungsstätte gedient haben und die zu den filigranen Rennrädern passen wie Mountainbikes auf einen Supermarkt-Parkplatz. Kein Zweifel – diese Pisten taugen eher für Haltbarkeitstests von Zahnfüllungen als für Radrennen und außer dem Sieger macht die Schüttelei wirklich niemandem Spaß. Das ist ganz sicher. Jan Ullrich ist wahrscheinlich gottfroh, dass er im Frühjahr immer ein bisschen zu schwer ist. Auf den Pavés würde er sicher jeden Rahmen gnadenlos zu Bruch reiten.

Trotz der Härte gibt es Paris–Roubaix auch für jedermann. Brägel hat sich neulich angemeldet, will aber vorher vorsichtshalber zur Samenbank gehen, weil er gern noch Kinder haben möchte. Wenn er den prophylaktischen Gang vergessen sollte, könnten in diesem Fall die Pavés doch noch ein gutes Werk vollbringen. Aber das ist ein anderes Thema.

Was haben sich die Ingenieure nicht alles einfallen lassen, um die Leiden zu mindern. Früher hat man es mit ballonartigen Schlauchreifen und gaaaanz weichen Lenkerbändern versucht. Heute gibt es Rock-Shox-Gabeln und vollgefederte Renner. Was aber auch nicht immer nützt. 1995 zerbrach Johan Museeuws Feder-Velo kurz vor dem Ziel. Anschließend brauchte ein Mechaniker eine Minute, um den Belgier von seinem neuen Pedal zu befreien. Wahrscheinlich war es festgeschüttelt worden. Der Weltmeister von 1996 hat im übrigen sicher die Schnauze voll vom Kopfsteinpflaster. Im Frühjahr knallte er bei einem Sturz böse aufs Knie. Komplizierter Bruch, das Karriereende droht.

Vielleicht sollten sie bei der UCI mal über Alternativen nachdenken. Wie wäre es zum Beispiel mit »Bozen–Innsbruck« über den Alpenwanderweg? Oder mit »Quer durch den Panzerübungsplatz«?

Aber irgendwie gehört die Schüttelei doch auch dazu. So zu Hause, gemütlich vor dem Fernseher, schauen wir doch immer wieder gern hin. Monsieur Legrand hat sich im übrigen auch nicht vom Radsport abgewandt. Zuerst wollte er ja schon den Geldhahn zudrehen, aber der Anblick seiner dreckverkrusteten und hellauf empörten Gattin hat ihm dann doch wieder sehr gut gefallen. Außerdem wurde einer seiner Fahrer Dritter und kam in einem frischen Trikot als Held aus der Hölle des Nordens in die Zeitungen. Monsieur Legrand wird also auch im nächsten Jahr dabei sein. Dann allerdings auf der Ehrentribüne der Radrennbahn zu Roubaix.

IN HANDSCHELLEN BEI DER TOR DE FRANCE

WOVON MANCHE RADPROFIS NUR TRÄUMEN KÖNNEN, HAT BÄGEL GESCHAFFT: BEI DER TOUR DE FRANCE MITZUFAHREN – WENN AUCH NUR EIN PAAR METER

2001 bis 2004

Es konnte nicht gutgehen, auf gar keinen Fall, und deshalb machen wir uns jetzt im Radclub Vorwürfe. Warum, fragen Sie? Wir hätten es verhindern müssen, dann streckte Brägel jetzt vielleicht nicht so tief in der Tinte. Aber glaubt schon so was? Der Reihe nach: Im April überraschte uns der Lapp mit der Ankündigung, dass er sich in das Feld der Tour de France schmuggeln wolle. Das war nach drei Weizen, und wir nahmen das Ganze auch nicht weiter ernst, da Brägel als werdender Vater eh seit geraumer Zeit ein wenig durchs Leben stolpert. »Pass auf«, haben wir ihm gesagt, »so wie du aussiehst, kannst du als Michelin-Männchen in der Werbekarawane von einem Sattelschlepper winken.«

Das hat ihn wahrscheinlich doch getroffen. Auf jeden Fall hätten wir stutzig werden müssen, als sich der Kerl aus einer alten

Reklametafel am Vereinsheim ein Stück heraussägte, mit schwarzem Filzstift »853« draufschrieb und sich die Komposition stumpf an den Rahmen pappre. »Meine Startnummer«, sagte er, und wir haben gelacht, weil bei der Tour nur knapp 200 Fahrer starten. »Schau' lieber nach deiner Freundin«, haben wir gerufen und ihn stehen lassen. Ein großer Fehler. Brägel fuhr tatsächlich zur Tour. Ausgestattet mit Trikots und Hosen von Telekom, Festina und Mercatone Uno. Letztere waren zwar gar nicht dabei, aber das war eh wurscht, da Brägel von jedem Team immer nur ein Teil besaß: Hose von Telekom, Trikot von Festina und Tennissocken aus dem Supermarkt. Dazu hatte er seine Waden rasiert, die Haare milimeterkurz geschoren und auch noch ein Gelbes Trikot von »La Vie Claire« dabei. Dieses Team ist zu einer Zeit gefahren, als sogar Brägel noch jung und vor allem schlank war. Aber das war ihm, wie so vieles, egal. Genau wie der Rückschlag, als es auf der Etappe von Straßburg nach Pontarlier derart regnete, dass kein Mensch bemerkte, dass er tatsächlich drei Kilometer am Ende des bummelnden Feldes mitgerollt ist. Die Rennfahrer waren alle so dick eingepackt, dass Brägel in seiner Festina-Telekom-Kombination nicht weiter auffiel.

Doch Brägel wollte höher hinaus. ER machte sich auf die Suche nach dem Col de la Madeleine, endete aber wegen seiner mangelnden Sprachekenntnisse erst einmal in einem Provinzbordell (»Chez Madeleine«) in der Nähe von Chamberry. Bis er sich aus den Klauen der Damen befreit hatte, war Lance Armstrong bereits am Ziel in L'Alpe d'Huez. Also nix mit Madeleine, zumindest nicht auf dem Rad. Brägel ließ nicht locker, fuhr mit dem Auto zum Bergzeitfahren nach Grenoble, parkte an der Strecke, direkt neben Didi Senfft. Das ist der Mann, der seit Jahren den Teufel gibt, der mit viel Gebrüll und knappem Wortschatz mit Dreizack neben den Profis hersprintet. Brägel ging um 14:12 Uhr auf den Kurs, zwischen der Startnummer 174 und der 29. Erwartungsfroh stampfte er bergauf, die Sonnenbrille auf dem rasierten Schädel, seinen Handy-Freisprecher im Ohr, aber leider mit 39 x 28 – mehr kann er halt nicht. Kein Mensch klatschte, kein TV-Motorrad war zu sehen, nix war los, außer dass ich zwei betrunkene Holländer mit Bier vollspritzten. Zu langsam, zu dick und überhaupt. »Ülrick?«, fragte ein kleiner Franzose seinen Papa. »Non, touriste«, war die Antwort. Kurz danach hupte ein Tour-Motorrad Brägel rüde zur Seite. Die Nummer 29 hetzte vorbei.

Wild entschlossen ging Brägel noch einmal »en route«. Ganz hinten, kurz nach Lance Armstrong, zwischen Kivilev und Simon. Brägel hatte das alte Gelbe Trikot von La Vie Claire an, und da der gute Diabolo gerade neben ihm Radau machte, kam er tatsächlich im Fernsehen. Brägel auf dem Weg nach Chamrousse – live. Uns hat's im Radclub vor der Glotze fast die Biergläser aus den Händen gehauen, und seine Viola bekam vorzeitige Wehen. Aber dann wurde Brägel von zwei Gendarmen in einem Auto einfach umgefahren. Wir sahen noch, wie er sein Trikot vor der Kamera lupfte und konnten auf seinem Unterhemd »Viola, ich liebe dich« lesen, dann war das Bild weg. Er auch. Da die Polizei bei Brägel zwei Magnesiumtabletten fand, kam es zum Eklat. »Dopage?«, haben sie ihn gefragt. Brägels Antwort: »Ich bin kein Arsch.« Dann hat er dem ersten Gendarmen auch noch eine gelangt.

Mittlerweile ist Brägel wider zu Hause und wartet auf seine Verhandlung. Angeklagt wird er wegen Widerstands gegen die Staatsgewalt, Verunglimpfung von nationalen Sportssymbolen (Gelbes Trikot) und unerlaubtem Medikamentenbesitz. Mittlerweile ist er wieder zu Hause und hütet die Sportzeitung »L'Equipe« vom 19. Juli wie seine schwangere Viola. Auf der sechsten Sportseite steht ganz unten ein kleiner Artikel unter der Überschrift »Der verrückte Deutsche«. Daneben ein Bild, wie Brägel gerade Handschellen angelegt werden und vier Polizisten ihren geohrfeigten Kollegen hindern müssen, Brägel mir dem Schlagstock eins überzuziehen.

Im kommenden Jahr will er aber unbedingt wider zur Tour. Natürlich mit dem Rad, wieder mit einer Nummer und einem Trikot. »Ich schaff' das schon noch«, sagt er. Hoffentlich lässt er wenigstens sein Kind zu Hause.

FERIENLAGER

BRÄGEL MACHT ERSTMALS FAMILIENURLAUB – UND SCHAFFT'S TROTZDEM, DASS ES IST WIE IM TRAININGSLAGER

2002

Urlaub ist die schönste Zeit des Jahres – sagt man. Das könnte natürlich auch für den guten Brägel gelten, der in diesem Sommer zum ersten Mal mit Familie in den Süden fahren will. Doch das Elend beginnt schon, als er partout nicht die zwei Fahrräder und das Reisebett für Jan-Miguel in sein Cabrio quetschen kann. Also mietet er einen Van, packt die Räder aufs Dach – und verliert schon an der ersten Autobahn-Mautstelle einen Sattel, weil er durch eine Zahlspur rumpelt, die nur für eine Fahrzeughöhe von 2,50 Meter freigegeben ist. Schließlich kommen sie aber doch noch gut an und beziehen ihr gebuchtes Ferienhäuschen in Südfrankreich. Beim Ausladen fällt Viola aber der Schlüssel für den Radträger in einen Gully, und Brägel muss die Velos vom Autodach sägen.

Danach hätte es eigentlich ein schöner Urlaub werden können. Brägel will allerdings die 14 Tage nutzen, um seine teigige Gestalt in Form zu bringen. Schon am ersten Morgen springt er um 07:00 Uhr aus dem Bett, reißt die Vorhänge auf und brüllt: »Die Sonne scheint!« Jan-Miguel kreischt vor Schreck, Viola ist stinkig.

Brägel lässt sich nicht beirren. Macht Frühgymnastik und asiatische Atemübungen mitten im Wohnzimmer, was für seine Familie nicht so lustig ist, weil ihm bei seinen Bauchmuskelübungen lautstark Darmwinde entfahren. Danach ölt sich Brägel die Beine, quetscht sich ins Crédit-Agricole-Trikot, fährt 600 Meter zum Bäcker und ordert dort »tra Krason« – woraufhin ihm der wortlos ein Baguette aushändigt.

Nach dem Frühstück besteht Brägel auf einer Familienausfahrt. Jan-Miguel will zwar lieber am Strand spielen, Viola auf den Markt nach St. Tropez, aber Brägel bleibt beinhart und montiert den Kinderanhänger an Violas Rad, weil die Halterung nicht an das Sattelrohr seines Boliden passt. Vom Meer weg geht es gleich einen kurzen, knackigen Stich mit 14 Prozent hinauf. »Und hopp, Rhythmus halten, allez, allez«, feuert Brägel Viola an, die pumpt wie ein Maikäfer, als sie oben ankommt. Aber Brägel drängt zur sofortigen Weiterfahrt, weil sonst die periphere Durchblutung nachlasse; und schließlich wolle sie doch auch 'nen knackigen Hintern haben, oder? Viola denkt erstmals an vorzeitige Heimfahrt. Nach gut zwei Kilometern quengelt dann Jan-Miguel: »Eis haben«. Brägel stoppt ganz generös an einem Stand, ordert »ein Erdbeereis« – und kommt mit einem Schinken-Käse-Baguette zurück. Jan-Miguel schreit. Viola sagt gar nichts.

Eine halbe Stunde später rollt das Trio in den Hafen von St. Tropez. Viola will über den Markt schlendern – was Brägel entrüstet ablehnt, weil »der Franzose sofort die Räder klaut«. Zum Trost erlaubt er eine Rast im Hafencafé. Brägel ölt sich die Waden nach, ordert »zwei

Expresso und einen Sprudel« und bekommt zwei Bier, eine Cola und eine Rechnung über 13 Euro. Als Viola einen Happen essen will, drängt er zur Weiterfahrt. »Zurück machen wir aber ein bisschen Tempo«, nölt er, »und einen kleinen Schlenker durchs Hinterland, sonst bringt das nix.« Viola entgegnet schwach, dass sie Urlaub habe und eigentlich lieber am Strand liegen würde.

Der »kleine Schlenker« ist 32 Kilometer lang. Brägel doziert über die Schönheiten der Provence, Viola denkt bereits über eine Trennung auf Probe nach. Im Örtchen Ramatuelle entdeckt Brägel einen Laden für Terracotta-Töpfe. »Sind die nicht wunderbar«, jault er und kauft trotz Violas Protest (»die gibt es auch bei OBI«) ein mittelgroßes Exemplar für 72 Euro, das er zu Jan-Miguel in den Anhänger stopft. Zum Glück geht es zurück bergab. Brägel lässt es laufen, seine Gattin bremst sich wegen des Anhängers die Gummis flüssig. Kurz vorm Ziel geht es dann noch einmal leicht bergauf. Brägel tritt an und brüllt: »Schau mal her, Süße, so geht das: kleiner Gang, hohe Frequenz.« Viola denkt an Scheidung.

Im Ferienhaus wird addiert. 42 Kilometer, 18er Schnitt. »Zu wenig«, motzt Brägel, »morgen muss mehr kommen, wir haben schließlich nur 14 Tage«. »Rad ist doof«, quengelt Jan-Miguel. Brägels Gattin nickt entschieden und erklärt dem Lapp kurz und bündig, dass er künftig allein radelt oder sich zum Teufel scheren kann. Brägel protestiert pro forma ein bisschen, ist in Wahrheit aber sehr zufrieden. Endlich kann er fahren, bis die Reifen rauchen. Wäre er gleich allein losgedonnert, hätte es Ärger gegeben. Jetzt hat er den Freibrief für ungestörtes Training. Am Strand liegen mag er eh nicht – rundherum nur braun gebrannte Waschbrettbäuche. Da fährt er seine Wampe lieber spazieren.

Brägel mimt den Einsichtigen, entschuldigt sich sogar und lädt die Familie ins Restaurant ein. »Deux Loups de Mer, un menu enfant et une bouteille de vin rosé, s'il vous plaît«, sagt Brägel. Es kommen der Fisch, Pommes Frites für Jan-Miguel und der Wein. Und es war der Beginn eines wunderbaren Urlaubs.

TRIUMPH IN ALPE D'HUEZ

JEDER RENNRADLER SOLLTE MAL EINE ECHTE BERGANKUNFT HINTER SICH BRINGEN – ABER BESSER NICHT MIT BRÄGEL ALS GEGNER

2003

Vor einiger Zeit haben wir an dieser Stelle berichtet, dass sich Brägel für die Tour de France ein Super-Luxus-Wohnmobil mieten wollte. Er ist auch tatsächlich losgefahren, in die Alpen, nach Bourg d'Oisans, das Örtchen, von dem aus es hinauf geht nach Alpe d'Huez. Ich bin mitgefahren, weil wir im Radclub der Meinung waren, dass Brägel so eine Herausforderung unmöglich allein bewältigen kann. Und wenn er nicht gesund wiederkommt, fehlt uns der Sponsor für die neue Sauna im Clubhaus, die wir im November eröffnen wollen.

Wir fanden dann einen schönen Platz für das Riesenschiff, allerdings nur im Tal. Die Plätze am Berg waren schon drei Tage vor dem Rennen restlos belegt, wobei Brägels rollendes Zweifamilienhaus sowieso nirgends hingepasst hätte. Am Abend haben wir uns ein sportgerechtes savoyardisches Raclette mit drei Flaschen Rosé gegönnt, sind danach zum Wohnpanzer zurückgewankt und haben die Alarmanlage ausgelöst, weil Brägel an der Tür den falschen Code eingegeben hat. Nachdem die halbe Stadt zusammengelaufen war, gelang es uns doch noch, die Tür sachgerecht zu öffnen. Wir entschuldigten uns, aktivierten die automatische Niveauregulierung der Betten und legten uns hin. So viel zur Vorgeschichte.

Brägel weckt mich um sechs, weil er in der Kühle der Morgens radeln will. Das ist zwar vernünftig, allerdings öffnen die Bäcker erst

um sieben, und im Kühlschrank des Panzers sind nur einige Dosen Cola. Brägel ist das egal, er erklärt die Taktik. »Pantani«, sagt Brägel, »ist in etwas mehr als 37 Minuten die 14 Kilometer hochgefahren. Wir geben pro Kilometer eine Minute drauf, dann sind wir bei 51 Minuten.« Ich erkläre ihm müde, dass wir damit immer noch locker so schnell wären wie das Gruppetto mit Leuten wie Zabel oder Peschel – und Brägel nickt. »Genau«, sagt er.

Ich wage den Einwurf, dass sein Tacho Anfang Juli bei knapp 2.000 Kilometern steht und dass er gut und gerne zehn Kilo zu viel auf den Rippen hat. »Dafür vorne Dreifach«, kontert der Lapp, »ich kurble wie Lance.« Ich sag' nichts, trinke eine Cola und kaufe beim nächsten Bäcker, der gerade öffnet, Croissants. Besser als nichts. Vor dem Einstieg in die 21 Kehren mit durchschnittlich 7,9 Prozent Steigung kauft Brägel noch vier Flaschen dunkelblaue Elektrolytbrühe in einer Tankstelle. »Zum zweiten Frühstück sind wir oben«, sagt er, »sind ja nur knapp 14 Kilometer.« Aber was für welche, denke ich und sage laut: »Wohlan, lass uns beginnen.«

Die erste Panne hat Brägel noch im Tal. Plattfuß. Er behebt den Schaden, doch inzwischen zeigt die Uhr zehn, die Sonne brennt mit Macht. Zwei der vier Flaschen mit dem klebrigen blauen Zeug sind schon weg und wir immer noch im Tal. Um 10:07 Uhr entern wir die Schicksalsstraße der Tour, 30 Sekunden später kurbelt Brägel vorn auf dem Rettungsring. Ich versuche ihn zu trösten, erinnere daran, dass es nach den ersten vier Kehren etwas flacher wird, doch Brägel antwortet nicht. Aber er fährt. Ich kette 39 x 28 und entspanne mich. Der Tacho zeigt zwischen 6,9 und 7,4 km/h. Ganze Horden schieben sich an uns vorbei, grüßen freundlich. Ich antworte locker, Brägel hat keine Luft dazu, an seinen Schläfen treten die Adern bleistiftdick hervor. Ich denke an die Sauna im Clubhaus, lege sanft meine Hand in Brägels Rücken und schiebe ein bisschen. »Kleine Pause, Alter?«, frage ich.

»Niemals«, stöhnt Brägel, der sich gerade an einem etwa 75-jährigen Franzosen vorbeikämpft, ohne meine Hilfe. Balsam für seine Moral – wenigstens einer ist langsamer. Nach 37 Minuten, Pantanis Zeit, haben wir 4,5 Kilometer geschafft, also ungefähr ein Drittel. Als die angestrebten 51 Minuten um sind, fehlen uns immer noch sechs Kilometer, und zu trinken haben wir auch nichts mehr. Den Plan, nach der Hälfte mein Tempo zu fahren, gebe ich auf, es geht um die Sauna. Ein netter Mann füllt unsere Flaschen an einem Brunnen, rennt uns das Stückchen nach und drückt sie uns in die Hand. »Ich würde mal anhalten, der sieht richtig scheiße aus«, sagt er zu mir und deutet auf Brägel. Ich nicke, aber Brägel will nicht. Noch vier Kilometer.

Brägels Kopf nimmt die Farbe der Punkte auf dem Bergtrikot der Tour an, aber er will keine Rast, auf gar keinen Fall. Wir fahren ein bisschen schneller, weil es flacher wird. Plötzlich warnt sein Pulsmesser – Brägels Pumpe geht in den roten Bereich. Ich fürchte um die Sauna. »Jetzt ist gut, Pause«, belle ich. Brägel fährt weiter, und ich bekomme Panik. Der Mann wird bald zum zweiten Mal Vater; wie bringe ich die Leiche heim, wie lautet nochmal der Code fürs Wohnmobil? Ich will an ihm vorbei, ihn zum Absteigen zwingen, aber plötzlich geht mir der Strom aus, den ich bisher noch gar nicht gebraucht habe. Zu lange in der Sonne, Schwindel, Grummeln im Magen. Brägel zieht davon.

Nach einer Stunde und 27 Minuten ist Brägel am Zielstrich, ich komme zwei Minuten später. Brägel empfängt mich mit Gönnermiene. »Komm, ich lade dich zum Essen ein, du siehst richtig mies aus.« Ich könnte ihn umbringen. Die zwei Minuten wird er mir jetzt ein Jahrzehnt lang vorhalten, bei jeder Gelegenheit. Schon beim Essen fängt es an. Brägel telefoniert seinen Triumph nach Hause. Dann bin ich dran. »Am Ende«, ölt Brägel, »fehlt es dir eben an der Moral. Im Finale musst du mehr Härte zeigen, mehr Biss, weil eigentlich bist du ja besser als ich am Berg.« Himmel hilf! Kein Wort vom Schieben, vom Kriechen am Einstieg, nur sein Triumphgeheul. Und das alles wegen dieser blöden Sauna. »Morgen Croix de Fer?«, frage ich. »Nein«, antwortet Brägel, »ich muss zurück, tut mir leid.«

An diesem Abend werden es vier Flaschen Rosé. Brägel schläft nach einer ein, ich hab' mir den Rest gegeben.

NOMADENLEBEN

BRÄGEL IST AUF DEN GESCHMACK GEKOMMEN: AUF DEN GESCHMACK VON FREIHEIT UND ABENTEUER …

2004

Wir haben gerade ein bisschen Ruhe im Radclub, weil Brägel samt Viola und den Kindern im Urlaub weilt. Wobei es so richtig ruhig auch nicht ist, eher heiter. Heiter gespannt. Das kam so: Vor ein paar Wochen erschien Brägel am Stammtisch und eröffnete uns, dass er direkt nach der Tour de France vier Wochen in Urlaub fahren würde – und zwar mit dem Wohnmobil. Das sei das einzig Wahre, dozierte er, man sei unabhängig von Hotels, Frühstücksbüffets und den vielen »Pauschalidioten« (Brägel). Über Frankreich und Spanien nach Portugal und zurück, Natur pur, Leben wie die Nomaden, Erkunden neuer, unbekannter Radstrecken, die große Freiheit eben. Vor einer Woche ist er losgefahren, mit einer Art rollendem Vier-Zimmer-Panzer – Satelliten-TV, zwei Schlafzimmer, Spülmaschine, separate Radgarage. Der Super Wummer kostet am Tag so viel Miete wie ein Zimmer im Fünf-Sterne-Hotel für eine Woche, aber Brägel war glücklich – damals. Jetzt treffen fast täglich E-Mails aus dem rollenden Trumm ein. Brägels Logbuch, sozusagen. Und der Grund für unsere heiter-gespannte Stimmung …

Es ging schon nicht besonders gut los. Sechs Stunden nach der Abfahrt waren Brägels wieder zu Hause, weil der Lapp die Velos vergessen hatte. Aufgefallen war ihm das beim ersten Tankstopp, als er sich ein Bier aus der Radgarage holen wollte. Um das Beste draus zu machen, unternahmen Brägel, Viola und die Kinder mit den Rädern eine kleine Entdeckungsrunde durch die nähere Umgebung und übernachteten vor dem eigenen Haus in ihrem Panzer (Natur pur). Am nächsten Morgen starteten sie noch einmal.

Sie kommen immerhin nach Frankreich, wo Brägel an einer Mautstelle zunächst versucht, mit seinem rollenden Haus unter der Höhenbegrenzung durchzufahren. Er bemerkt seinen Irrtum, der Schaden ist überschaubar, aber seither meidet er Autobahnen. Katastrophe dann in der Nähe von Lyon, Reifenpanne. Brägel bekommt Respekt vor der Größe seiner Karre und bestellt den Notdienst. Ein freundlicher Herr vom Typ sardischer Eisenbieger entfernt das platte Rad (Superedel-Alufelge) und befestigt das Reserverad (Stahlfelge). Beim Anziehen der Schrauben verspürt Herr Kraftmeier einen Widerstand, über den er entschlossen hinwegdreht. Kraftmeier kassiert und entfernt sich. Brägel will weiterfahren, aber das Auto steht. Unverrückbar. Mit einem Tieflader wird der Koloss in eine Werkstatt für Superedel-Wohnmobile bugsiert. Diagnose: Der kräftige Herr hat die überlangen Schrauben für die Alu-Felge kurzerhand in und durch die Bremsscheibe gedreht. Das Ganze kostet Brägel zwei Tage, bis die Ersatzteile da sind, sowie den Gegenwert einer einwöchigen Flugreise nach Mauritius. Der Rechtsstreit mit dem Pannenservice, sagt Brägels Anwalt, dürfte sich etwa vier Jahre hinziehen. Um überhaupt etwas Sinnvolles zu tun, streift die Familie auf Fahrrädern durch die Umgebung des Industriegebiets von Lyon (Erkunden neuer Radstrecken) und schläft nachts hartnäckig weiter in den eigenen vier Wänden (große Freiheit).

Dafür will er den Gegenwert eines ordentlichen Alu-Rahmens. Ein Rechtsstreit mit dem Italiener sei sinnlos, mailt sein Anwalt. Viola droht mit Scheidung, falls Brägel sie noch einmal ans Steuer des Monsters zwingen sollte. Jan-Miguel will ins Hotel, die kleine Louise hat Durchfall und brüllt (große Freiheit).

Von Lyon geht es in die Alpen, wo am Lac d'Annecy zwei Tage lang tatsächlich nichts passiert. Brägel fasst neuen Mut, rumpelt weiter nach Süden. Mutiger Plan: Er will mit dem Rad über den La Bonette fahren, mit 2.802 Metern die höchste befahrbare Passstraße

in Europa. Viola soll mit zwei Stunden Abstand folgen und mit dem Wohnpanzer von der Nordseite her die 1.700 Höhenmeter bergwärts wummern, um ihn oben am alten Fort Restefond abzuholen.

Brägel schafft den Anstieg ohne Schieben und ohne Pause, fängt aber auf der Passhöhe nach zehn Minuten Warten in eiskaltem Wind an zu frieren. Keine Viola, kein Handy-Netz. Nach einer Stunde rollt er langsam zurück, zehn Kilometer, dann hat er seine Familie wieder und eine dicke Rechnung in der Hand. Viola hatte ein Stück rückwärts fahren müssen, weil ihr auf der engen Straße ein italienisches Wohnmobil entgegengekommen war. Dabei krachte sie mit dem rechten Heck des Panzers in die Leitplanke. Der Pannendienst hat mit beherzten Hammerschlägen den verbogenen Radkasten so malträtiert, dass sich das rechte Hinterrad wieder frei dreht.

Die vorläufig letzte Mail kommt von einem Campingplatz in der Nähe von Rosas in Spanien. Brägel berichtet, dass sein Super-

Wummer sicher und stabil neben dem Sanitärblock mit 200 Duschen und Klos steht, auf einem Platz, wo die »Jugend Europas jede Nacht fröhliche Partys feiert« (O-Ton Brägel). Das Radfahren sei allerdings schwierig, da auf den Straßen ziemlich viel los sei. Außerdem hätte er ein technisches Problem am Rad gehabt: Einen Platten am Hinterrad mit fürchterlichen Auswirkungen, da in ganz Rosas kein Schlauch mit Langventil für seine altmodische Shamal-Felge aufzutreiben ist. Gestern hat er sich ein komplett neues Hinterrad gekauft, ist eh' schon egal. »Dafür«, schreibt uns Brägel, »sind die anderen glücklich und baden im Meer. Viola tanzt in der Gymnastikgruppe mit einem öligen Animateur Lumumba, oder wie das heißt, und will nicht mehr mit mir Rad fahren.« Brägel hat ausgerechnet, dass er bisher den Gegenwert einer sechswöchigen Luxuskreuzfahrt verjubelt hat. »Aber«, so endet die letzte Mail, »wir fahren auf jeden Fall noch in die Pyrenäen.«

Wir sind weiterhin heiter gespannt.

URLAUB VON ANFANG AN

GANZ RADSPORT-DEUTSCHLAND SEHNT SICH NACH SONNE. BRÄGEL EILT IHR SOGAR ENTGEGEN, GANZ ENTSPANNT ...

2006

Brägel ist ganz euphorisch. Endlich geht's in den Osterurlaub, zwei Wochen im Süden, ausspannen mit der ganzen Familie, aber natürlich auch etwas für die Form tun. Wir haben ihn allerdings extra noch gewarnt, sich vorher zu entscheiden. »Entweder ausspannen oder radeln«, so die Empfehlung des Stammtischs. »Warum denn das?«, fragt Brägel. »Ganz einfach«, antwortet der alte Hans, »weil du mit deinem ganzen Gedöns ein Auto brauchst und nicht fliegen kannst.« Brägel hat sich noch ein Hefe hell bestellt und nur geantwortet: »Ach was, kein Problem.«

Jetzt steht er in seinem Keller vor einem Berg von Gepäck und versucht sich vorzustellen, wie das alles in sein Auto passen soll. Zwei Rennvelos für Viola und ihn, Jan-Miguels Kinderrennrad, Louises 20-Zoll-Rädchen – und daneben steht Dertutnix und wedelt mit dem Schwanz. Brägel hat zwar einen Van, aber der Berg ist gewaltig. Vier Stunden später ist alles verstaut, auch die Bettwäsche fürs Ferienhaus. Das Auto hängt tief in den Federn, obwohl noch keiner drinsitzt. Zwei Räder auf dem Dach, zwei an der Heckklappe, im Gepäckraum stapeln sich links die Koffer bis unters Dach, rechts ist eine Ecke für den Hund ausgespart. Knapp 1.200 Kilometer liegen vor der Familie. »Zum Frühstück sind wir da!«, jubelt Brägel, der nachts fahren will, wegen der Hitze und wegen der Kinder. 21:00 Uhr, Abfahrt. Zehn Minuten später fragt Louise: »Paaaapaaaa, wann sind wir da?« Brägel schmunzelt: »Das dauert noch ein wenig, Mäuschen, schlaf jetzt, schau, die Mama hat auch die Augen zu.« Stimmt. Viola röchelt schon leise, warum auch nicht. Brägel gehört zu jener Sorte Männer, die ihre Frauen nie ans Steuer lassen, schon gar nicht nachts. Lieber fährt er, bis er weiße Kühe auf der Fahrbahn sieht, die da gar nicht sind. Ein, zwei Espresso in der Raststätte, dann geht's schon wieder. Die kleine Louise legt sich brav hin, wobei sie Jan-Miguel berührt, der sie dafür in die Wade zwickt. Tumult auf der Rücksitzbank. »Aufhören«, säuselt Brägel, »wenn ihr jetzt brav einschlaft, gibt es morgen ein Eis.« Der Radau nimmt zu, weil es im Urlaub sowieso dauernd Eis gibt. Inzwischen zieht Louise Jan-Miguel an den Haaren, worauf der zu weinen beginnt, was Brägel rasend macht, weil große Jungs nicht plärren,

wenn die kleine Schwester sie an den Haaren zieht. »RUHE«, brüllt Brägel, die Kinder erschrecken und hören tatsächlich auf. Viola zuckt kurz, schmatzt zweimal und rollt sich röchelnd in ihrem Sitz zusammen. Das Autoradio meldet Stau vor dem Gotthardtunnel. Brägel nimmt Kurs auf den San Bernardino, weil darauf keiner kommt – denkt er zumindest.

01:15 Uhr. Es läuft prima, der Schnitt liegt bei knapp 100 Kilometern pro Stunde, als Viola erwacht. »Kannst du demnächst mal anhalten, ich brauche eine Toilette.« Brägel mag nicht, anhalten ist schlecht für den Schnitt und jetzt läuft's doch gerade so gut. In seiner exakten Zeitplanung ist Pinkeln erst in Lugano vorgesehen. »Schaffst du noch zwei Stündchen?«, flötet er. »Nein.« Brägel steuert einen Rastplatz an, blickt streng auf die Uhr: »Du hast fünf Minuten. Und nimm die Kinder mit, damit wir nicht gleich wieder halten müssen.« Viola erklärt ihm, dass er sie ja wohl nicht alle habe, dass die Kinder weiter schlafen dürften und dass sie genau so lange brauchen werde, wie sie eben brauche. Eine Viertelstunde später geht es weiter. Brägel ist säuerlich, aber dafür hellwach. Jetzt aber flott, denkt er, als vor ihm Bremslichter aufleuchten. Stau am Bernardino, der nirgends gemeldet wurde. Brägel träumt vom Meer und zuckelt mit Tempo 30 weiter Richtung Tessin. »Wenn ich die Kurven schon nicht schnell fahren kann, muss wenigstens der Hund nicht kotzen«, denkt er.

In Lugano fehlen 90 Minuten zum Schnitt, es ist noch dunkel, Brägel totmüde. Dertutnix hat sich im Gepäckraum aufgerappelt und hechelt wie verrückt, er muss auch mal. Brägel steuert einen Rastplatz an und findet nur mit Mühe eine Lücke zwischen den etwa tausend Wohnmobilen. Dafür findet Dertutnix einen halb verwesten Vogel, den er stolz im Maul heranträgt. Der Hund stinkt erbärmlich und wedelt mit dem Schwanz. »AUUUUSSSSSS«, bellt Brägel. Dertutnix schluckt erschreckt den toten Vogel runter und macht ein Bäuerchen. Brägel füttert ihn mit einem Schokoriegel und hofft, dass es wirkt. Weiter geht's. Nach zehn Minuten erwacht Viola und rümpft die Nase. »Was stinkt hier so?«

Brägel hat die Faxen dicke und kontert: »Du.« Es beginnt ein auf Langstrecken üblicher Ehekrieg mit beidseitiger Scheidungsandrohung, an dem sich peu à peu auch die Kinder brüllend beteiligen. Nur der Hund ist still. Die Kernsätze: »Du wolltest ja nachts reisen, warum müssen wir auch so weit mit dem Auto fahren, und du hättest den Hund ja auch zu deiner Tante bringen können.« Die Kernkonter: »Tagsüber hätte ich euch sehen müssen und das ist gegen die Genfer Kriegsrechtskonvention, mit euch komme ich in kein Flugzeug, weil ihr schon vorher als Sicherheitsrisiko verhaftet werdet. Meine Tante mag keine Hunde, und überhaupt ist Dertutnix der einzig Vernünftige außer mir.«

Bis zum Meer passiert dann nur noch wenig. Jan-Miguel lässt einen Becher Bananenjoghurt fallen, Viola besucht demonstrativ 25 Minuten eine Toilette in der Nähe von Genua, und Dertutnix wird in einer scharfen Rechtskurve unter herabfallenden Gepäckstücken begraben, überlebt aber wie durch ein Wunder unverletzt. Dafür konnte er vor Angst das Wasser nicht halten. Trotzdem erreicht die Familie das Ziel. Die Kinder rasen gut gelaunt am Ferienhaus vorbei direkt an den Strand, Viola legt sich ein Stündchen hin und Brägel darf das zerstörte Auto ausräumen und säubern. Hungrig, bleich und müde macht er sich an die Arbeit. Nach zwei Minuten bemerkt er, dass die Kinderräder nicht mehr auf dem Dach sind. Im Nachhinein bekommt das seltsame Geräusch bei der Zahlstelle in Imperia einen Sinn. Brägel beginnt leise zu weinen und schwört sich, künftig auf seine Kumpels im Radclub zu hören.

HOLIDAY ON ICE

BRÄGEL GLAUBT, DIE LÖSUNG GEGEN WINTERFRUST GEFUNDEN ZU HABEN: EIN KOMBINIERTER SKI- UND RADURLAUB …

2004 bis 2008

Brägel trägt neuerdings Gips. Wegen einer Handgelenksfraktur – ein hübsches Souvenir aus dem Winterurlaub. Und das kam so: Brägelchen wollte in diesem Winter das Radeln mit einem Skiurlaub kombinieren, was natürlich schief ging. Das fing schon damit an, dass er an ein altes Rennrad Crossreifen montierte und damit auf der Skipiste fahren wollte. Brägel hat tatsächlich versucht, die Talabfahrt hochzustrampeln, was die vom Liftburschen mit dem Hinweis »Bist narrisch, Piefke!?« sofort unterbanden. Beleidigt wechselte er auf die Straße, kam aber auf der Mischung aus Schneematsch, Split, Pfützen und Eisplatten auch nicht richtig in Tritt. Den Arm hat er sich dann ein paar Tage später beim Radeln in der Loipe gebrochen. In einer leichten Linkskurve rutschte ihm das Vorderrad aus der Spur und brach im weichen Schnee ein. Brägel flog über den Lenker und zur Gaudi der Gäste in die Holzterrasse der »Happy Kratzmoosalm«. »Bitt'schön, schaut's eich den Deppen an«, frohlockte der Wirt und brachte Brägel ein Gratis-Schnapserl für die tolle Show.

Jetzt ist er zurück, sitzt am Stammtisch und erzählt, was man heutzutage in einem Skiurlaub so alles erleben kann. Es fing damit an, dass sein Hotel in einem unaussprechlichen Tiroler Seitental aus etwa 23 ineinander verschachtelten Häusern und Hütten bestand. Die »Wellness-Oase Wintertraum« versprach im Prospekt »ein Erlebnis für alle

Sinne«. An der Rezeption werden Brägel und seine Viola von einem ölig lächelnden Kerl in Lederhose und Holzfällerhemd in Empfang genommen, der sie sofort duzt und sagt, er sei der Xaver und sozusagen der gute Geist des Hauses. Dann stellt Xaver fest, dass Brägel eine Wampe hätte und Viola etwas müde Augen, aber dafür gäbe es Hilfe im neuen Spa des Hauses. »Schaut's amol vorbei«, sülzt der Xaver. Den Weg zur »Panoramasuite Harmonie« im orangen Teil des Anwesens müssen sich Viola und Brägel mittels Farbleitsystem auf den Fluren aber selbst suchen. Nach einer halben Stunde Fußmarsch sind sie da, das Panorama besteht aus dem Blick in einen Saunagarten, in dem zwei nackte Männer mit Pudelmützen stehen, was etwas seltsam aussieht.

Brägel macht sich auf die Suche nach dem Skikeller und findet ein fensterloses Kellerloch, in dem es nach Schweißfüßen stinkt und gerade mal sieben Paar Ski stehen. Zurück im Zimmer, empfängt ihn Viola mit dem telefonbuchdicken Wellness-Katalog des Hauses. »Wir müssen was tun«, sagt sie, »ich für meine Haut und du gegen deinen Bauch.« »Ich will Ski und Rad fahren«, antwortet Brägel, kommt damit aber nicht richtig durch. Viola ordert für ihn ein »Revital-Body-Refreshing-Package« mit sechs Anwendungen zum Vorzugspreis für Hausgäste von 396 Euro (statt 399 Euro), sie gönnt sich das »Skin-Farewell-Power-Oxygen-Menue« mit Lymphdrainage für fast geschenkte 496 Euro, schließlich ist da auch noch ein Dekolleté-Peeling dabei.

Am nächsten Morgen schleicht Brägel heimlich zum Skikeller, wird aber von Xaver abgefangen, der jetzt einen Turban trägt, sich Herr Singh nennt und für indische Kernölmassagen zuständig ist. »I hob im Sommer an Kurs g'mocht«, sagt er zur Brägel und führt ihn in einen Raum, wo Wasser über einen Plastikfelsen plätschert und Entspannungsmusik läuft. In der Mitte des Raumes stehen zwei Bottiche mit sprudelndem Wasser. In einem liegt ein dicker Mann und gibt seltsame Töne von sich. Brägel wird von Singh an eine strenge Frau mit slawischem Akzent übergeben, die ihn zwingt, sich auszuziehen und

in den anderen Bottich zu steigen. Die Frau dreht an einem Knopf, das Wasser sprudelt und die Walküre sagt: »Wasserrrdynamik-Badel Oxygen mit Aromen von Frühlingswiesen, bittäää«. Dann ist sie weg. Der Dicke nebenan stöhnt und riecht säuerlich, Brägel kann durch ein winziges Fenster auf die Piste schauen, wo glückliche Menschen in der Sonne Ski fahren. Morgen mache ich das auch, denkt sich Brägel.

Im Zimmer trifft er auf Viola, die nach einem »Sensitive-Energy-Peeling« aussieht, als wäre ihr einer mit Schleifpapier übers Gesicht gefahren. Und sie steckt wie die anderen Wellness-Zombies in einem viel zu großen weißen Hotel-Bademantel. Ski fahren könne sie mit der gereizten Haut morgen nicht, sagt sie. Brägel beschließt, dem Unfug ein Ende zu machen und schreit am nächsten Morgen bei der Sesamöl-Massage von Xaver Singh so laut um Hilfe, dass ihn das

Hotel kostenneutral aus seinem Wellness-Arrangement entlässt. Viola sieht mittlerweile aus wie ein Hefekloß mit Pickeln, findet aber Wellness toll und Brägel peinlich.

Brägel ist das egal. Er fährt vormittags Ski und nachmittags Rad, bis er am vierten Tag auf der Schnauze liegt. »Wären's halt im Haus blieben«, ätzt Xaver und bietet Brägel ein »isokinetisches, niederfrequentes Muskeltraining nach Dr. Huber« an. Brägel lehnt ab und verbringt den Rest der Woche an der Schneebar der Happy Kratzmoosalm. Nächsten Winter will er wieder zum Radeln nach Mallorca.

SEHNSUCHT NACH LEBERKÄS

ES GIBT NICHTS, WAS BRÄGEL NICHT AUSPROBIERT. EIN BESUCH IN EINER DIÄTKLINIK

2008 bis 2012

Brägel hat eine Festgeldanlage zurückbezahlt bekommen. Mit Zins und Zinseszins. Das ist im Prinzip nicht schlimm, im Gegenteil. Wir machen uns Hoffnungen auf die eine oder andere Extrarunde Hefe hell. Aber der Lapp will sich erst einmal absetzen. Da er zuletzt etwas formschwach unterwegs war und unter plötzlichen Schlafstörungen litt, will er sich von seinem Zinsgewinn »zwei Wochen Privatklinik mit Revitalisierungskur gönnen«, wie er am Stammtisch sagt. Der alte Hans hatte ihm zwar erklärt, dass jeder Schlafstörungen bekommt, der abends anderthalb Liter Bier in sich reinschüttet, weil das schließlich irgendwann wieder raus muss. Brägel winkte aber nur müde ab und ist nun vor fünf Tagen in das »Sanatorium Dr. Dr. Quirin Grunzmichl« ins Bayerische aufgebrochen. Wir werden ihn am Wochenende besuchen.

Es ist gar nicht so einfach, das Sanatorium zu finden. Eine schmale Straße windet sich vom Tal durch einen Wald hinauf bis zu einem großen, undurchsichtigen Stahltor mit Sprechanlage. Der Präsident meldet uns an, das Tor öffnet sich. Plötzlich steht ein älterer Herr vor uns und fragt mit wirrem Blick, ob wir vielleicht eine Wurstsemmel für ihn hätten, oder ein Paar Landjäger oder wenigstens eine Brezel. Der alte Hans will ihm gerade ein Stück von seinem Leberkäs-Weck schenken, als eine weiß gekleidete Frau aus dem Unterholz bricht und den Herrn sanft, aber bestimmt wegschiebt. Wir hören noch ein

»Aber, aber Herr Direktor, jetzt geht es doch erst mal zum Malkurs und dann gibt es Brühe, gell«, dann sind sie weg.

Brägel empfängt uns auf der Terrasse der Klinik, die eher einem Schloss ähnelt. Er trägt ein weißes Shirt mit der Aufschrift »Hin zum Licht«, und am Handgelenk ein rotes und ein gelbes Bändchen. »Toll«, sagt der Präsi, »all inclusive, was?« Brägel winkt ab. Gelb heißt, dass er 1.500 Kalorien am Tag bekommt, und Rot, dass er beim täglichen Einlauf zwischen Kamille und Fenchel wählen darf. Wir fragen Brägel, was das lila Bändchen bedeutet, das wir bei dem älteren Herren gesehen haben. »Heilfasten, Wassergüsse morgens um fünf, Gesprächskreis und therapeutisches Malen«, sagt Brägel, was einiges erklärt. Der alte Hans ist gerührt und gibt Brägel das restliche Stück Leberkäs mit der Bitte, es dem armen Direktor zu geben. Brägel nickt, sein Blick sagt aber, dass er es wohl selbst verschlingen wird.

Brägel sieht ein wenig unglücklich aus, erzählt uns aber voller Euphorie von Thymuskuren, Kräutereinläufen, von orthomolekularer Substitution und Schleimhaut-Sanierung. »Gibt es hier Hefe hell?«, fragt der alte Hans. »Ja, aber ohne Alkohol.« Wir bestellen eine Runde, aber das drückt schon leicht auf die Stimmung. In zwei Tagen wird Brägel Freigänger, dann darf er die Klinik stundenweise zum Radtraining verlassen. Die ersten zwei Tage in Begleitung, dann sogar allein. »Das ist ja wie im Knast«, sagt der Präsident. »Nein«, kontert Brägel, »alles freiwillig. Wer die Klinik als Motivationshilfe nicht verlassen will, muss das extra buchen …« Brägels restliche Worte gehen im Lärm eines Hubschraubers unter, der direkt über uns ein Päckchen abwirft, das an einem kleinen Fallschirm zu Boden segelt. Der Direktor rast mit ausgebreiteten Armen heran, aber bevor er das Päckchen fangen kann, wird er von einem Gärtner sauber abgegrätscht. Brägel lächelt. »Das geht fast jeden Tag so. Der Kerl zahlt Tausende für Sonderbewachung, Postverbot und Einzelzelle«, sagt Brägel und erklärt: »Der will eine Woche nichts essen und hat Probleme mit der Disziplin.«

Brägel nicht – sagt er und erklärt uns seinen Tagesplan. 06:00 Uhr wecken, dann Yoga mit Frau Marianne, danach einen Einlauf. Nach dem Frühstück gibt es eine Frischzelleninjektion, und danach geht's in die Sauna. »Mit Frau Marianne?«, fragt der alte Hans, aber Brägel berichtet weiter. Nach dem Rohkost-Mittagessen wird geschlafen, danach Fitness-Studio und Massage, später eine Tasse 19-Kräuter-Tee. Vor dem Abendessen trifft man sich zu Gesprächskreisen. »Die meisten gehen in den Kurs: Diskrete Hilfe bei der erektilen Dysfunktion des Mannes – ich natürlich nicht«, sagt Brägel. Bevor der alte Hans fragen kann, ob das ein Problem von Campa, SRAM oder Shimano sei, bestellen wir eine Runde Kaffee, der aussieht wie 19-Kräuter-Tee; und auch so schmeckt.

Zwei Wochen später ist Brägel wieder zu Hause. Er sieht ganz gut aus und fährt nur unwesentlich langsamer als vorher. Wieder zwei Wochen später ist die Kur verdaut. Unterm Trikot spannt sanft die Wampe, er ordert Hefe statt Tee und lacht auch mal wieder. Uns würde noch interessieren, was aus dem Direktor geworden ist. Als wir damals die Klinik verließen, wurde er gerade von zwei Wärtern mit Dobermännern gestellt und abgeführt. Er hatte versucht, sich mit einem Kaffeelöffel unterm Zaun durchzubuddeln.

SIEGER AM GALIBIER

DASS BRÄGEL HÄUFIG UNTER STROM STEHT, DARAN HAT SICH DER RADCLUB GEWÖHNT. ABER SO ...

2008 bis 2012

Am Stammtisch klang es toll: Der Radclub will mal wieder in die Berge. So richtig Pässe schrubben in Frankreich. Tagsüber Höhenmeter sammeln, abends dann Rosé und Lamm mit Provençekräutern, zwecks der Blutbildung. Ein paar Tage weg vom Alltag, ohne Pflichten. Super. Dummerweise hat aber Brägel das Ziel ausgewählt, und da der Lapp zu denen gehört, die in der Theorie auch den Mt. Everest ohne Sauerstoff besteigen, soll die Reise an den berüchtigten Galibier gehen. »Da fährt die Tour dieses Jahr zweimal drüber«, erklärt er. Wir begnügen uns mit einem Mal. Der Plan sieht den Anstieg von Norden vor. »Wow, der längste«, sagt der Präsident. Bevor der alte Hans dämliche Fragen stellt, erklären wir ihm, dass rund 36 Kilometer mit 2.000 Höhenmetern auf uns warten. »Uiuiui«, sagt der alte Hans, aber Brägel beschwichtigt. »Alles nur eine Frage der Einteilung. Schön locker bleiben, dann geht's schon.« Das sagt der Richtige. Wir bestellen noch ein Hefe und sind bedingt zuversichtlich.

Das Abenteuer beginnt in einer Pension in St.-Jean-de-Maurienne. Die Zimmer sind klein und muffig, die Matratzen weich wie alter Camembert, und sie riechen auch ein wenig so. Das Essen ist ungenießbar. Brägel hat gebucht – 36 Euro, Halbpension. Wir holen aus dem Supermarché noch Dreiecks-Brote im Plastikmantel und ein paar Flaschen Rotwein. Dann werfen wir die Matratzen auf den Boden, damit es keinen Bandscheibenvorfall gibt, und gehen früh ins Bett. Wie

gesagt, der Galibier ist der längste. Wir starten bei Sonne, Windstille, voller Zuversicht und Vernunft. Lockeres Kurbeln zum Télégraphe, dem Voranstieg zum Galibier. Keiner attackiert, Brägel hat vorne Dreifach und die Kette schon auf dem kleinen Blatt. Unglaublich. Als ich überlege, ob das Formschwäche oder Altersmilde ist, tritt Brägel in der Abfahrt nach Valloire plötzlich an. Später wird er sagen, dass er das in einem Taktiklehrbuch gelesen hat. Wir warten kurz, ziehen dann doch an. Dabei verlieren wir den Präsi durch Sturz. Er muss mit dem Taxi zurück, wir rauschen durch Valloire und sehen am Horizont Brägel hinter der ersten Rampe des finalen Anstiegs verschwinden. Er hat noch 17,5 Kilometer zum Gipfel, wir 18. Den schnappen wir noch, sicher. Wir treten, rotzen und fluchen das Hochtal hinauf, kommen aber nicht näher. Da die Straße ziemlich gerade ist, sehen wir ihn immer wieder. »Vamos«, knurrt der alte Hans, muss aber abreißen lassen. Wir sagen nichts und treten am Kollapspuls, Brägel kommt nicht näher. Im Gegenteil.

Das Panorama am Galibier sei ziemlich beeindruckend, heißt es. Ich sehe nur meinen Pulsmesser. Das Ganze macht so viel Spaß wie ein Diätkochkurs. Noch fünf Kilometer, die Serpentinen beginnen. Immer wieder sehen wir Brägel, jetzt schon zwei Kehren höher. Ich wünsche mir eine Feuerwaffe, trete aber weiter. Noch knapp 1.500 Meter Straße für uns, Brägel winkt schon von der Passhöhe. Als wir schließlich fix und alle oben sind, gibt Brägel jedem ein Schlückchen Gipfelsekt aus Plastikkelchen – hat er im Rucksack hochgefahren.

»Hübscher Berg, oder?«, sagt er. Wir zittern vor Erschöpfung und Kälte, Brägel strahlt rosig. Ganz klar: Doping. Ich frage Brägel, ob wir seinen Rucksack kontrollieren dürfen. Er nickt freundlich – gern. Wir finden Energieriegel, ein Langarmtrikot, einen Kajalstift (???) und den aktuellen »Playboy«, den er sich gegen den Wind unters Trikot schieben will. Sonst nichts. Unglaublich. Nach 15 Minuten kommt der alte Hans und steigt mit einem Laut aus dem Sattel, der etwa so klingt: »Pfffffzementlujaaberauch.«

Wir fahren wieder runter. Am Gegenanstieg von Valloire zum Télégraphe fällt Brägel zurück. Logo, denken wir, alle Körner am Galibier. Von wegen. Am Abend lockert der Rosé seine Zunge. Das Ganze war ein Fake. In Valloire wartete ein Radverleiher mit einem E-Bike. Deshalb die Attacke abwärts. Wir waren außer Sicht, Brägel wechselte das Velo und fuhr bis 500 Meter vor dem Pass mit 150 Extrawatt – dann tauschte er zurück. Der Verleiher war im Auto mit Brägels Renner vorausgefahren. Und wir waren zu weit weg, um den Radtausch zu sehen.

»Drecksack«, zischt der hüftgeprellte Präsident. Ich frage Brägel, warum er uns den Betrug erzählt? Ohne Geständnis wäre er im Club doch unsterblich geworden: Brägel – le vainqueur du Galibier. »Weil ich eure dummen Gesichter sehen will«, sagt er und lacht vollfett. Danach wollten wir ihn ein bisschen töten, haben's aber gelassen. Das Hotel ist zwar wirklich ein Skandal. Aber Brägel zahlt.

BELGISCHER HÄRTETEST

IM FRÜHJAHR NACH MALLORCA FLIEGEN KANN JEDER. WAHRE RADSPORT-FANS QUÄLEN SICH ÜBER BELGISCHES KOPFSTEINPFLASTER. MEINT BRÄGEL

2012 bis 2018

Brägels Augen leuchten, er packt den Lenker fester und ruft: »Endlich – Kasseien!« Jetzt wird es also Ernst. Die Straße unter uns ist im Moment alles andere als ein Gedicht: Schlaglöcher, Kuhmist, Pfützen. Und das Wetter über uns – es gibt keines. Alles grau und diesig, aber was soll man in den Ardennen Mitte März auch schon erwarten. Jedenfalls wird der Radclub unter Brägels Führung in einigen Sekunden geschlossen auf ein Stück Kopfsteinpflaster rumpeln, das erste unseres Lebens. Der Präsident richtet sich auf, lässt den Lenker los und bekreuzigt sich, der alte Hans nimmt Kampfhaltung ein und winkelt dazu die Knie nach außen wie ein afrikanischer Elefant die Ohren. Jetzt ist er also da, der ultimative Härtetest.

Drei Wochen zuvor am Stammtisch hat Brägels Idee noch verlockend geklungen: Statt unter der milden Frühjahrssonne auf Malle könne man ja mal in den Ardennen so richtig Härte zeigen. »Wer hat eine harte Antenne?«, fragt der alte Hans, aber Brägel schwärmt schon weiter. Kopfsteinpflaster, kotzsteile Anstiege, Schlechtwettergarantie. Der Lapp bekommt fast eine Gänsehaut, als er davon erzählt, dass manche Profis nach der Flandern-Rundfahrt oder Paris–Roubaix zwei Tage ihre Wohnung nicht allein aufschließen können, weil ihnen nach der Schüttelei die Hände zittern. »Andere sehen stundenlang doppelt«, schwärmt Brägel. »Wenn wir unter diesen Bedingungen

trainieren, fahren wir im April bei den ersten RTFs alle auseinander.« Mag sein, die Frage ist nur, wer im April schon wieder aus der Klinik entlassen ist. Wir werden sehen.

Seit gestern wohnen wir in einer Pension in Ninove, einem kleinen Ort unweit des berühmten Geraardsbergen, das ist das Städtchen, in dem die Leute mit Bergsteigerausrüstung zur Kirche gehen, weil der Weg dahin so steil ist. Man soll auch mit dem Rad zur Kapelle hochkönnen, heißt es. Seltsames Land, dieses Belgien: beleuchtete Autobahnen, Städtenamen, die nach heiligem Land klingen, Kirchen auf Bergspitzen und kein Hefe hell. Dafür haben sie uns gestern ein Bier ausgeschenkt, das übersetzt Teufel heißt und 8,5 Prozent Alkohol enthält. Das haben wir allerdings erst nach dem dritten Glas bemerkt, als der Präsident plötzlich ein altes deutsches Sauflied anstimmte, was er sonst eher nicht tut.

Bleibt zu hoffen, dass wir jetzt alle wieder nüchtern sind. Es geht los. Brägel rollt als Erster auf die namenlose Kopfsteinpflasterpassage. Der Lenker tanzt, der ganze Bock zittert, als stünde er unter Strom. »Dicker Gang, nicht hektisch treten«, ruft Brägel. Der alte Hans sagt etwas, was wie »arrrghhh« klingt. Der arme Kerl kann nicht sprechen, weil ihm vom Hinterrad des Vordermanns ein Stück Kuhfladen in den Mundwinkel geschleudert worden ist. Hand vom Lenker ist aber unmöglich, anhalten geht auch nicht. »Scheiße gelaufen, was?«, ruft der Präsi, kann sich über seinen Gag nur kurz freuen, weil er mit dem Vorderrad auf ein Kopfsteinstück von der Größe eines Sturzhelms knallt. Mit einem eleganten Überschlag kracht er in den Graben, das gefällt wiederum dem alten Hans, der vor lauter Freude den Mund zum Lachen öffnet. Aber gut, es ist ja auch eine Härteprüfung.

Nach zwei Kilometern ist die Schüttelei vorbei. Die Zwischenbilanz: Der Präsi muss mit Speichenbruch und Schulterprellung ins Begleitauto, der alte Hans will Kaugummi kaufen, und Brägel hat Schmerzen an seiner männlichsten Stelle, weil er »das Suspensorium falsch angelegt hat«, wie er sagt. Wir fragen uns, was man beim Anlegen eines Hodenschutzes falsch machen kann, bekommen aber keine Antwort. Brägel dafür Häme. »Ich dachte, du wolltest Härte zeigen – Weichei«, grölt der verletzte Präsident. Brägel wühlt derweil in seiner Hose und zieht ein Teil heraus, das aussieht wie eine Art Teesieb mit Griff und auch so etwas ist. Da hat er wohl was verwechselt.

Jetzt fängt es auch noch an zu regnen. Sofort füllen sich die Straßen mit Traktoren, die Mist auf die Felder fahren. Das muss hier im März so eine Art Volkssport sein. Wir sehen mittlerweile aus wie nach einem Crossrennen, fahren aber weiter. In Geraardsbergen kommt schließlich zu den Kasseien noch die zweite belgische Besonderheit dazu, die man Hellinge nennt. Das sind kurze, aber superheftige Anstiege mit bis zu 20 Prozent Steigung. Die Hellinge in Geraardsbergen nennt man Muur, also Mauer, weil sie auch noch Kasseien hat. Und das bei 9,3 Prozent Steigung im Schnitt und 20 in der Spitze. Wir können es kurz machen: Brägel hat die Muur als Einziger im Sattel geschafft. Sein Trick – vorn Dreifach und immer im Sitzen fahren, damit das Hinterrad nicht durchdreht. Der Kerl hat sich vorbereitet und ist diesmal tatsächlich der Champ.

Nächsten März fliegen wir wieder nach Malle.

VIVE LA FRANCE!

BRÄGEL ERKUNDET DAS GEHEIMNIS KLETTERSTARKER FRANZÖSISCHER RAD-SENIOREN

2018

Es gibt Dinge im Leben, die ändern sich nie. Dazu gehört, was man alljährlich im Sommer auf den kargen Höhen französischer Pässe erleben muss. Egal, ob auf dem Galibier, dem Tourmalet, dem Mont Ventoux oder dem Iseran, ob in den Alpen oder in den Pyrenäen – überall stehen in dünner Hochgebirgsluft Franzosen in überreifem Alter, lässig an ihre Rennmaschinen gelehnt. Diese Kerle sind oft näher an den 100 als am Fünfzigsten, und von bemerkenswert drahtiger Figur. Dazu ausgestattet mit der gesunden Bräune jugendlicher Strand-Dandys und nur mittelprächtig faltiger Haut, zumindest an den sehnigen Beinen. Für normale männliche Menschen, deren mutmaßliches Verfallsdatum näher liegt als die Geburt, ist dieser Anblick nahezu unerträglich. Und es drängt sich unausweichlich die Frage auf – wie, um alles in der Welt, macht der Franzose das?

Brägel war viele Jahre der Meinung, des Rätsels Lösung liege darin, dass sich die Messieurs mit dem Auto bis zwei Kilometer unter die Passhöhe chauffieren lassen und den Rest im Sattel dann nur für die Galerie absolvieren. Nachdem er sich aber jüngst mehr als zehn Kilometer am Hinterrad eines französischen Opas hinauf nach Alpe d’Huez gekämpft hat, weiß er, dass die Herren tatsächlich aktiv fahren. Und wie. Das lässt, so Brägel, nur den Schluss auf verschärftes Doping zu. Dabei hätten wir es auch belassen, aber der Zufall wollte es, dass der Radclub beim Ausflug in die französischen Berge einen drahtigen Renner aus Grenoble mit nahezu perfekten Deutschkennt-

nissen kennenlernte. René ist 74, wiegt bei 1,75 Metern Größe 71 Kilo und klettert eleganter und schneller als die meisten von uns. Seine Form erklärt er mit dem Verzicht auf zu viel Weißmehl. Dafür konsumiere er eine Flasche Rotwein am Tag, viel Knoblauch und Olivenöl. Auch ein »aktives Eheleben« sei wichtig für die Form, erklärt er.

Mal abgesehen davon, dass ein baguettefreier Franzose kaum vorstellbar ist, warf der Präsident durchaus berechtigt ein, dass die deutsch-französische Freundschaft wohl an der Schlafzimmertür von René enden wird und wir ohne Begleitung unterwegs sind. Das mit dem Wein und dem Öl sei dagegen in Ordnung. Knoblauch ginge auch noch, zumindest gelegentlich. Brägel spricht denn aber aus, was nahezu alle denken – »aktives Eheleben ist ein verdammt hoher Preis für Form am Berg«, sagt der Lapp, »außerdem ist der alte Hans als Single ja dann für alle Zeiten formmäßig außen vor.« Wir nicken – außer dem alten Hans, der erklären will, dass er durchaus auch als Single ... Wir haben seine Fantastereien dann aber abgewürgt und lieber René gefragt, ob es denn zum Formaufbau im Schlafzimmer auch altersgemäße Alternativen gebe?

Bien sur, meinte er, täglich eine Stunde Training zusätzlich hätte den gleichen Effekt. Das hat uns allerdings dann auch nicht wirklich überzeugt, zumal wir an der empirischen Überprüfbarkeit doch leise Zweifel haben.

Zusammengefasst kommt also die erstaunliche Fitness französischer Senioren aus einem ziemlich lasterhaften Lebensstil ohne Croissant und Baguette. »Vielleicht«, merkt der Präsident an, »könnte man die eheliche Pflicht durch ein Plus an Rotwein kompensieren?« Das ist zumindest mal eine Idee, der man ohne großen Aufwand nachgehen könnte. Auf jeden Fall sind wir nach Frankreich wild entschlossen, an der Form zu arbeiten – vielleicht auf einem leicht angepassten deutschen Weg, aber doch. Denn es kann einfach nicht sein, dass uns die knochigen savoyardischen Großväter zwischen den Kehren dermaßen aus der Reserve locken. Auf jeden Fall würde jeder von uns unterschreiben, in 25 Jahren die Form von René zu haben.

Der hat uns dann zum Abschied noch ein wenig beruhigt. Es stimme zwar schon, dass auf jeder Passhöhe Französisch gesprochen werde, es sei aber auch so, dass viele, die aussehen wie Mitte 70, gerade mal den 50er hinter sich hätten. Außer ihm natürlich. Der Grund für die optische Frühalterung läge auf der Hand: zu viel von allem, was gut ist. Von dieser philosophischen Erkenntnis getröstet, fahren wir wieder nach Hause. Wir werden also den französischen Weg zur guten Form bis ins hohe Alter wählen. Und wir hoffen, dass uns der Knoblauch dabei hilft, beim Punkt aktives Eheleben ein wenig sparen zu können. Das Defizit gleichen wir dann mit Rotwein aus. Vive la France!

5

BRÄGEL GIBT SICH FAMILIÄR

TIERVERSUCH

BRÄGELS FORM IST ERNSTHAFT IN GEFAHR. DENN ALS FRISCH GEBACKENER HUNDEBESITZER MUSS ER KOSTBARE TRAININGSSTUNDEN MIT GASSI GEHEN VERBRINGEN

1994 bis 2001

Brägel hat zu Weihnachten von seinem neuen Herzilein in einem Anfall von Wahnsinn einen Dertutnix bekommen. Der Dertutnix hat ein schwarz-weißes Fell, rotblonde Beinbehaarung und einen Gesichtsausdruck, der wildfremde Menschen auf der Straße spitze Schreie (»gooooooldig«) ausstoßen lässt. An Heiligabend hatte Dertutnix die Größe eines Zwergkaninchens und kackte dreimal hinter die Wohnzimmertür, sodass sich beim unbedachten Öffnen derselben ein langer brauner Streifen über Brägels sanftbeigen Teppich zog. In den Tagen nach Weihnachten kotzte Dertutnix auch ab und zu und wedelte dabei mit dem Schwanz.

Einmal ist Brägel nachts barfuß in ein frisches Häufchen getreten, und zwar so mittig, dass es ihm die Kacke zwischen den Zehen durchgedrückt hat. Das fanden wir im Radclub alle sehr, sehr lustig. Mittlerweile kackt Dertutnix kaum noch hinter die Tür, frisst dafür aber gern Schuhe oder jagt erfolglos die Katzen in der Nachbarschaft. Kotzen tut er nur noch, wenn er zuvor zwei Paar Stiefel zernagt hat. Mit dem Schwanz wedelt er dabei nur noch sehr selten.

Seit Weihnachten ist Dertutnix tapfer gewachsen. Er wiegt jetzt knapp 45 Kilo, ist so groß wie 29 Zwergkaninchen und nennt sich laut internationalem Hundebuch »Bernese Mountain Dog«, zu deutsch: Berner Sennenhund. In sechs Monaten wird Dertutnix 60 Kilo wiegen

und etwa zwei Kilo blutschlieriges Lungengewebe oder stinkigen Pansen am Tag verdrücken, danach ein Bäuerchen machen und sich mit einem lauten Stoßseufzer auf Brägels weiße Ledercouch fläzen. Bevor er sanft einschläft, schaut er noch einmal herzallerliebst von unten nach oben und lässt ein Windlein streichen. Ich weiß das deswegen so genau, weil ich selbst einen Dertutnix habe.

Brägel will natürlich unbedingt, dass sein Dertutnix ein radfahrkompatibler Hund wird und übt deshalb seit Wochen fleißig. Dazu fährt er mit dem Velo zigmal an Dertutnix vorbei, den er vorher mit einem energischen »Platz!« aufs Trottoir gesetzt hat. Dertutnix macht Platz, schaut mit raushängender Zunge und schief gelegtem Kopf interessiert seinem vorbeiradelnden Herrchen nach, ist zufrieden – und Brägel hellauf begeistert. »Braaaaaav, Dertutnix, ganz braaaaav«, juchzt Brägel, bremst 100 Meter entfernt und haut sich vor lauter Glück auf die Schenkel. »Braaaaaav, daaaaa komm her.« Dertutnix rast schwanzwedelnd heran, dann herzen sich die beiden, und es gibt ein Leckerli in der Größe eines Zwergkaninchens. Natürlich für den Hund.

Am nächsten Sonntag Bewährungsprobe. Wir gehen Gassi, Dertutnix ohne Leine, ein Mountainbiker nähert sich. »Platz«, bellt Brägel. Dertutnix setzt sich hin. Als der Radler vorbei ist, sagt Brägel begeistert: »Braaaaav, ganz braaaaaver Hund.« Dertutnix versteht, wuchtet sich hoch und rast dem Radler nach. »Keine Angst, der tut nix«, brüllt

Brägel, aber Dertutnix ist schon neben dem ahnungslosen Biker. Und weil der nicht sofort anhalten, spielen und ein Leckerli rausrücken will, hält ihn Dertutnix ein wenig verärgert an der Wade fest. Den Rest kann man sich denken.

Wir haben dem armen Mann zum Abschied eine neue Radhose, eine Abendesseneinladung beim Haubenkoch, Blumen für die Gattin und natürlich auch einen neuen Lenker versprochen. Dertutnix wurde verbal zusammengefaltet (»böööööser Hund«) und saß ein wenig bedröppelt daneben, weil er sich obendrein auch noch leicht an der Pfote verletzt hat, als der Mountainbiker auf ihn stürzte. Brägel war an diesem Abend ein wenig deprimiert, aber es ist eben auch ein ganz schwieriges Thema mit den lieben Tierchen. Radler mit Hund werden irgendwann schizophren, was in Brägels Fall besonders bitter ist, da er eh schon nicht alle Tassen im Schrank hat.

Aber es ist auch wirklich eine verzwickte Geschichte. Wenn ich selbst im Sattel sitze, werde ich subito zum leidenschaftlichen Hundehasser. Wie gehen mir die Zeitgenossen auf den Geist, die mit ihren Kläfftölen durch die Wälder ziehen, die Leine um den Hals, ins Gespräch mit Nachbar Müller vertieft und ohne jedes Auge auf ihren Mistköter, der dann Jagd auf dich macht. Diese Hunde tun natürlich alle nix – sagen ihre Halter. Das stimmt aber nur in den seltensten Fällen, also ziehe ich solchen Tölen normalerweise sofort eins mit der Luftpumpe über. Wenn ich rechtzeitig aus den Pedalen komme, gibt es auch noch einen gezielten Tritt auf die Nase und danach einen Vortrag an den Besitzer, der viele Wörter enthält, die man seinen Kindern zu Hause energisch und mit gutem Grund verbietet.

Wenn ich mit meinem Hund spazieren gehe, wechsle ich sofort das Lager. Dann hasse ich alle Radler, die von hinten kommen, knapp an dir vorbeirasen, ohne vorher auch nur ein ganz kleines bisschen auf sich aufmerksam gemacht zu haben. Mein Hund, der im übrigen garantiert nix tut, erschrickt sich dann zu Tode und fängt an zu bellen, was für manche im Sattel schon des Guten zu viel ist. Meistens brüllen die unhöflichen Rambos dann etwas wie: »Kampfhunde an die

Leine«, wobei ich denen dann am liebsten mit der Luftpumpe einen Scheitel ziehen würde, aber die habe ich beim Spaziergang leider nicht dabei.

Brägel will noch nicht aufgeben. Er hat sich und den Hund in einer Welpengruppe angemeldet und wird danach Mitglied im Hundesportverein. Auf dem Rad trainieren tut er allerdings nur noch selten, weil Gassi gehen zu Fuß unproblematischer ist. Neulich hat er mit Dertutnix die Übungseinheit »Rad fahren mit angeleintem Hund« geübt. Das ging auch eine Zeit lang gut, bis Dertutnix einen Hasen im Stoppelfeld gesehen hat. Brägel flog so schnell durch die Luft, dass es ihm nicht einmal zu einem »Pfui!« gereicht hat. Jetzt hat er den linken Arm in der Schlinge und viel Zeit zum Gassi gehen. Übrigens allein, also nur mit Hund. Die neue Flamme hat Dertutnix zwar gekauft, wollte ihn aber wegen seines heftigen Wachstums und dem schrecklich stinkenden Pansen schon Mitte Januar in ein Tierheim geben. Das hat Brägel abgelehnt, worauf die Flamme ziemlich abrupt erlosch. In diesem Fall halten wir vom Radclub aber ausnahmsweise alle zu Brägel. So ein Hund ist schließlich auch nur ein Mensch.

FAMILIENBANDE

RENNRADFAHREN IST EIN SCHÖNES HOBBY – UND DAMIT DIE FAMILIE DAS AUCH VERSTEHT, EMPFIEHLT ES SICH, EINMAL IM JAHR MIT DEN LIEBEN EINEN GEMEINSAMEN AUSFLUG ZU UNTERNEHMEN …

1994 bis 2001

Der Mai soll ja angeblich ein Wonnemonat sein. Alles neu, alles prima und so. Alles Schmarrn, mit Verlaub. Genau genommen ist für uns Rennradler dieser Monat der blanke Horror, was ausschließlich daran liegt, dass das Wetter wieder allgemein erträglich wird und auch weniger sportive Menschen wieder in den Sattel steigen, um mit ihren Trekkingrädern die schönsten Rennrad-Strecken zu blockieren.

Neulich hat mich mein Nachbar Brägel überredet, mit ihm eine flotte Runde zu drehen, was natürlich nur die halbe Wahrheit war, denn Brägel ist nicht mehr Single. Im Winter hat er sich eine junge Dame mit zwei Kindern geangelt, ein Familienmagazin abonniert und sich mit seiner Neuen zu Volkshochschulkursen in chinesischer Medizin und anthroposophischer Kindererziehung (oder war es umgekehrt?) angemeldet. Kurzum: Der Lapp übertreibt wie immer maßlos und quält die hilflosen Kinder mit ausgewogener Ernährung, original unlackiertem Holzspielzeug und Unterhosen aus Naturfasern. Die sind zwar möglicherweise gesund, kratzen aber wie wild. Und jetzt fahren sie auch noch gemeinsam Rad, und das auch noch mit mir.

So eine Familienfahrt beginnt um 09:30 Uhr vor Brägels Garage. »Moin«, nuschelt er. So richtig sprechen kann der Kerl seit Tagen nicht mehr, weil er sich auf Anraten seiner Neuen alle Amalgamplomben hat rausreißen lassen. Ansonsten wirkt er rein optisch ein wenig mickrig, was wohl auf seine Diät mit biologisch-dramatischem Apfelmus zurückzuführen ist. Aber sonst ist er eisern, wie immer: original Mercatone-Uno-Trikot, Pantani-Tuch, Neunfach-Campagnolo und frisch rasierte Beine. Die hat er sich extra mit einem Öl aus dem Bioladen eingerieben, das irgendwie nach modrigem Keller riecht und Pickel macht. Seine Flamme sitzt in einer Jogginghose auf einem Hollandrad mit Jutesattel und hat ein schon etwas verblichenes T-Shirt mit der Aufschrift »Kaffee aus Nicaragua« an. Wir werden einander vorgestellt, wobei die beiden Kinder (sieben und neun Jahre alt, Buben) brüllend ihre Puky-Räder fallen lassen und mir gegen die Schienbeine treten. Wahrscheinlich kratzen ihre Unterhosen. »Sie mögen dich«, sagt Brägel. Na bravo, auch das noch.

Los geht's. Wir rollen auf einem Radweg, was schon deswegen keine gute Idee ist, weil im Mai noch der Wintersplit rumliegt und Brägel seine nagelneuen Rennpneus (ultradünn) aufgezogen hat. Mein Computer zeigt 14 km/h im Schnitt, bei Puls 92; tolles Training. Nach zwei Kilometern hat Brägel den ersten Platten, nach vier quengeln die Kinder und bei Frau Nicaragua klebt schon das T-Shirt. »Man muss«, sagt Brägel, »man muss auch mal piano fahren können.« Ausgerechnet er, der sonst bei jedem Hügel zum Kampf ums Bergtrikot aufruft und erst aufgibt, wenn sein Pulsmesser bei 195 zu piepen beginnt.

Also gut, nach 7,2 Kilometern machen wir Pause in einer Gartenwirtschaft. Für die Leute sind wir eine echte Attraktion: Zwei erwachsene Männer mit Angeber-Sonnenbrillen, die wie Störche mit Klack-Klack-Schritten Richtung Theke humpeln, verfolgt von quengelnden Bengeln, die genug von politisch korrektem Karotteneis haben und ein Cola wollen. Ich will mir ein Weißbier genehmigen, weil es mit dem Training sowieso nichts mehr wird. Ich komme aber nicht dazu, weil ein Pukyrad einen Platten hat. Und Brägel kann nicht helfen, weil er seine Herzdame mit einer Fußreflexzonenmassage reanimieren muss. Die Dame stöhnt wie Meg Ryan in dem Film »Harry

und Sally«. Wie gesagt, für die Leute im Biergarten sind wir die Attraktion.

Nach dem Flicken des Reifens das nächste Problem. Brägels Luftpumpe passt natürlich nicht auf das dicke Kinderradventil und die junge Frau höhnt über unser alltagsuntaugliches High-Tech-Geraffel. Ich klemme mir das Rad unter den Arm, rase zur nächsten Tankstelle (Schnitt einhändig 28, Puls 165) und habe am Ende wenigstens neun Kilometer trainiert. Nach drei Stunden Pause Aufbruch zur Heimfahrt, »mit einem kleinen Umweg, damit es sich wenigstens ein bisschen lohnt«, wie Brägel mir zuflüstert.

Ein grober Fehler, denn auf Brägels Tour stellt sich uns plötzlich ein Hügel in den Weg. Etwa einen Kilometer lang, mit zwei Prozent Steigung. Höchstens. Die Kinder schmeißen nach 100 Metern brüllend die Räder in den Straßengraben und Brägel bekommt einen pädagogischen Vortrag, weil er »Mistkerle, verzogene« gebrüllt hat. Wie durch ein Wunder kommen wir aber doch noch nach Hause. Sechseinhalb

Stunden hat es gedauert, dabei sind wir 26 Kilometer (neun davon zur Tankstelle) mit einem Schnitt von insgesamt 18,4 gefahren. Auf den letzten zwei Kilometern hat uns eine Gruppe Rennradler überholt. Sehnsüchtig haben wir den Pedaleuren nachgeguckt. Runder Tritt, Puls 140, eine schöne Reihe. Wir eiern hinterher, mit dem kleinen Blatt und ohne Puls.

»Wir könnten«, jault Brägel, »wir könnten nächsten Sonntag ja noch einmal alle zusammen mit normalen Rädern fahren. Ich hab' noch ein altes Dreigang mit Gepäckträger und Ständer im Keller.« Ich nicht, zum Glück.

FRÜHLINGSGEFÜHLE

ALLES IST FÜR DIE RADSAISON GERICHTET: DAS RAD GEPUTZT, DAS TRAININGSLAGER GEBUCHT, DIE BEINE RASIERT. DOCH DANN PASSIERT'S - DAS ZARTE GESCHLECHT BETRITT DIE SZENE UND ES KOMMT GANZ ANDERS …

1994 bis 2001

Mein Gott, wie ich das hasse. Montag morgens, so kurz nach sieben, rauscht einer fröhlich Schlager pfeifend durch den Hausgang und haut mir seine Pranke jovial ins Kreuz. Natürlich Nachbar Brägel, obwohl er kaum zu erkennen ist. Der Lapp steckt im allerfeinsten Zwirn, dekoriert mit einer knallgelben Krawatte auf der rote und grüne Papageien auf blauen Stangen sitzen. Aus jeder seiner edelgeknitterten Bügelfalten wabert der Duft eines uralten Davidoff-Gemischs, sein schütteres Haupthaar ist streng nach hinten gekämmt und nach Tigerart gesträhnt. Kurzum – ein Anblick, der nur sehr schwer zu ertragen ist. Und jetzt dröhnt er auch noch wie der Kanzler im Wahlkampf: »Morgen, schöner Tag, was?«

Dieser Alptraum kann nur zwei Ursachen haben: Entweder der Knabe ist völlig durchgeknallt oder verliebt. Kurz danach die Erklärung beim Bäcker. Die nette Verkäuferin, die immer alles weiß, erklärt mir, dass Herr Brägel seit drei Tagen eine neue Freundin hat. Eine Rennradlerin sei es und eine fesche obendrein. Unvorstellbar, besonders das mit dem fesch. Mir aber gerade recht. Dann verliert der Kerl bei seiner Balzerei bis zum ersten Härtetest im Juni wertvolle Trainingskilometer und außerdem vergeudet er sein Sexualhormon Testosteron für andere Dinge als für den asketischen Muskelaufbau.

Eine Woche später die Ernüchterung – für ihn und für mich. Brägel 'schleicht durch den Hausgang, nachlässig gekleidet, mit schwarzer Krawatte, die Schultern nahe bei den Knien. Er ist verlassen worden, gestern nachmittag. Beim gemeinsamen Radeln hat ihn seine neue Flamme am ersten längeren Anstieg gnadenlos versenkt. Oben hat er dann die Attacke der Dame mit netten Worten wie »Scheiß-Emanzipation« und »Sport ist nix für Weiber« kommentiert. Seither ist er wieder solo. Und da ich keinen Menschen leiden sehen kann, nicht einmal Brägel, verabreden wir uns für den Abend, um eine Strategie zu entwickeln, wie ein Mann, der partout nicht darauf verzichten will, 200 Stunden im Jahr im Sattel zu sitzen, doch noch zu einer Frau kommt.

So gegen vier in der Früh' wankt der Nachbar mit einem schriftlich fixierten Leitfaden zur Partnersuche nach Hause: Brägel solle am nächsten sonnigen Tag in einem farblich dezenten Trikot durch die

Fußgängerzone radeln, sich beiläufig in der Nähe einer ihm genehmen Dame an den Tisch eines In-Cafés setzen, zuerst einen Braunen mit Mineralwasser und anschließend, nach längerer Diskussion mit dem Kellner, einen auf 17,8 Grad Celsius erwärmten Rosso di Montalcino ordern. Zum Wein solle er mit staatstragender Miene die »Frankfurter Allgemeine Zeitung« lesen, und zwar zuerst den Wirtschaftsteil (Börsenkurse intensiv), danach das Feuilleton und zum Schluss, nach einem kurzen Streifzug durch den Sport, die Politik. Erst danach sollte er die Frau direkt ansprechen und bei der beginnenden Konversation darauf achten, dass er a) den Rotwein nur bedächtig trinkt und b) bei der gehobenen Konversation Titanic nicht mit Titan verwechselt. Das alles hat der Nachbar schriftlich in seinem Handbuch.

Vorschlag Nummer zwei sah einen Ausritt an den Baggersee vor, wo er sich als durchtrainierter Naturbursch' präsentieren sollte. Schnelles Anfahren, sofortiges Einspringen ins noch kalte Wasser, wild kraulend durch den halben See, danach mit eingezogenem Bauch zwei Weizen trinken und dabei die Porsche-Sonnenbrille nicht von der Nase nehmen. Zwingend ist dabei eine feuerrote Radhose nach dem Vorbild von Mario Cipollini und eine breitgliedrige Goldkette um den Hals und um ein Handgelenk. Sollte es zu einer Unterhaltung mit einer Frau kommen, hat er alle drei Sätze beiläufig seine Nähe zur Profiszene einzuflechten. Dazu gehören beliebte Starter wie: »Als ich neulich mit Zabel in Andalusien« ..., oder: »Wenn wir beim Italiener essen, sagt Jan immer« ...

Nach dem Briefing war zwei Wochen nichts mehr vom Nachbarn zu hören. Zufrieden, ein gutes Werk getan zu haben, wandte ich mich dem Training zu, bis mich die nette Verkäuferin beim Bäcker aus allen Träumen riss: »Herr Brägel liegt im Krankenhaus.« Im Krankenhaus dann ein erbarmungswürdiges Bild. Brägel mit Veilchen, ein Bein dick eingegipst. Mühevoll erzählt der Lapp seine Geschichte – ein Protokoll des Versagens. Die intellektuelle Nummer ging völlig in die Hose. Brägel kam zwar im dezenten dunkelblauen Trikot, hatte aber seine Pagageienkrawatte um. Danach bestellte er einen 94er Campagnolo, gut gekühlt. Damit war eigentlich schon alles erledigt. Seine letzte Chance vergab er, als er die Hose herunterlassen wollte, als eine Frau ihn höflich fragte, ob sie »einmal in seine FAZ schauen« dürfe.

Ohne Frau, aber immerhin noch unverletzt, versuchte er sich am Baggersee. Dabei radelte er 24-mal am FKK-Abschnitt vorbei und jubelte den Mädels zu: »Ich kenn' Jan Ullrich.« Beim 25. Versuch passten ihn einige junge Männer ab, die für das blaue Auge sorgten. Brägel radelte stinksauer nach Hause. Und da er trotz Dämmerung die Porsche-Brille nicht abnehmen wollte, übersah er ein Schlagloch und hat jetzt dafür einen achtfach genagelten Oberschenkelhalsbruch. In sechs Wochen, so Anfang Juni, soll er entlassen werden. Dann will er eine Kontaktanzeige schalten oder ins Kloster gehen.

Dererlei Schicksale machen nachdenklich. Ist der Radler grundsätzlich beziehungsungeeignet, oder nur Brägel? Am nächsten Morgen habe ich der netten Verkäuferin beim Bäcker den Tipp gegeben, den armen Brägel doch mal im Krankenhaus zu besuchen. Seither habe ich von beiden nichts mehr gehört. Vielleicht klappt es ja doch noch – ganz ohne Handbuch.

VATERFREUDEN

KINDER VERÄNDERN SOGAR EIN RADLERLEBEN. BRÄGEL FÄNGT SICHERHEITSHALBER SCHON VOR DER GEBURT AN, SICH DARAUF VORZUBEREITEN

2001 bis 2004

Brägel hat wieder einmal eine neue Flamme. Das wäre an und für sich nicht besonders beunruhigend, und schlimmer als die Kaffee-aus-Nicaragua-Tante mir ihren zwei verzogenen Bengeln kann es auch eigentlich mehr werden – aber diesmal hat der Lapp gleich richtig hingelangt. »Ich werde Vater«, eröffnet er uns beim Stammtisch im Radclub und lächelte dabei doof. Madonna mia – wie konnte so etwas passieren? Wir sind erst einmal alle der Meinung: überhaupt nicht, weshalb wir ihm dringend zu einem Vaterschaftstest raten, weil sich kein Mensch vorstellen kann, wie, um Himmels willen, er das geschafft haben soll. Als Brägel dann aber glaubhaft versichert, dass alles seine Richtigkeit habe und die Schwangerschaft trotz modernster Verhütungsmittel eingetreten sei, scheint uns das schon fast wieder plausibel. Brägel berichtet dann noch stolz, dass er und seine Viola in der Apotheke für 250 Mark ein Gerät gekauft hätten, dass den Hormonspiegel im Urin misst und ungefährliche Tage mittels grünem Licht anzeigt. Das rote Licht haben die beiden allerdings vier Monate lang irgendwie nicht gesehen. Als der Lapp sich dann immer mehr in Widersprüche verwickelte, wer denn nun eigentlich die Teststreifen benetzt habe, war die Sache klar. Auch im Hinblick auf Fräulein Violas Durchblick beim Thema mit den Bienchen und den Blüten. Das Leben findet eben immer einen Weg.

Auf jeden Fall ist Brägel jetzt völlig durchgeknallt. Er hat sich einen Kinderanhänger fürs Rennrad gekauft und ihn für irrwitzige Kohle mit Campagnolo-Narben ausgestattet. Bei unserer nächsten Trainingsfahrt ist er mit seinem neuen Vater-Kind-Gefährt angetreten, drin sitzt zu Übungszwecken der Hund, der mittlerweile ausgewachsen ist, 40 Kilo wiegt, sich in dem Wägelchen fürchterlich zusammenquetschen muss und entsprechend unglücklich aussieht. Fräulein Viola ist nicht dabei, hat ihm aber vor der Abfahrt Trinkbrei in die Flasche gerührt und ihm einen Helm gekauft, weil er ja jetzt nicht nur für sich verantwortlich ist. Das mit dem Helm finden wir gut, zumal Brägel mit seinem verwaschenen Olé-Mallorca-Stirnband vom Trainingslager 1996 immer ziemlich albern aussah.

Der Trinkbrei ist aber daneben, vor allem weil er nur mittels Löffel eingenommen werden kann, was beim Training ein wenig unpraktisch ist, vorsichtig gesagt. Wie auch immer – am ersten Zweiprozenter ist

Brägel jämmerlich geplatzt, was irgendwie schade ist, denn er hat mit seinem Anhänger einen wahnsinnigen Windschatten produziert. Brägel nimmt's gelassen, was uns ein wenig irritiert, da er früher eher seine Lunge rausgekotzt hat, als abreißen zu lassen.

Aber der Mann hat sich total verändert. ER schone sich, sagt er, plötzlich plädiert der Kerl für sanftes Radfahren und sein Bauch wächst auch stetig weiter. Wie erklären ihn, dass nicht er, sondern seine Viola das Kind unterm Herzen trägt, und dass Babybrei in Verbindung mit Hefeweizen kalorientechnisch verdammt ungünstig sei.

Auch das ist ihm wurscht, sein Velo ziert jetzt eine Babyrassel, mit der aber keine lästigen Inline-Skater verscheucht werden können, weil sie die Rassel nicht hören. Den Schweiß tupft er sich mittlerweile mit einer Windel ab. Daraufhin haben wir beschlossen, Brägel aus dem Verein zu werfen, wenn er das erste Mal mit einem Schnuller auf der Trinkflasche antritt oder um Spenden für das Müttergenesungswerk bittet. Das Training schwänzt er auch immer öfter. »Ich war beim spirituellen Geburtsvorbereitungsseminar«, flötete er neulich, »und dabei haben wir Väter gelernt, unserem ungeborenen Kind entgegenzuatmen«. Keiner, wirklich keiner, wollte wissen, wie das genau geht, aber wir vermuteten das Schlimmste. Auch einen Namen für den Nachwuchs hat er schon. Wird es ein Junge, soll er Karl heißen, nach Karl Wittig, dem Deutschen Straßenmeister von 1910. Für ein Mädchen hat er sich Arielle ausgedacht, nach einer Comicfigur von Disney – warum auch immer.

Wirklich lästig wird der Lapp aber auf der Straße. Brägel fährt jetzt sanft, grüßt höflich Spaziergänger und bremst für kleine Hunde. »Respekt vor dem Leben«, nennt er das. Früher mussten wir ihn auf Radwegen immer in die Mitte nehmen, damit er renitenten Wanderern nicht die Luftpumpe über den Schädel zieht. Bei kleinen Tieren auf der Fahrbahn lautete seine Devise: Beide Hände fest an den Lenker, Augen zu und drüber. Und auf »Rollratten«, wie Brägel Inline-Skater gern nennt, hat er regelrecht Jagd gemacht. Aber jetzt will er Vorbild sein, höflich und korrekt im Sattel. Wir vermuten, dass ihm seine Viola in einem Wollpulli-Laden das Buch irgendeines Sandalenträgers über die neue Väterlichkeit gekauft hat, und versuchen als Gegenmittel eine Kur mit einer harten Mountainbike-Ausfahrt im Südschwarzwald.

Brägel lehnt jedoch ab, weil die Route angeblich durch das Brutgebiet eines Dommelrohrpfeiffers (oder so ähnlich) geht. Das war's dann, die schwangere Lady hat Brägel zum Pedalsoftie umgepolt Ist vielleicht aber auch besser so, auf jeden Fall passt sein Gehabe zum ersten Mal in seinem Radleben zu seiner Form.

Beim letzten Clubabend wollten wir Brägel gerade eine Schnullertasche mit Klettverschluss für sein Rad überreichen, als Fräulein Viola das Lokal betrat. Die Dame an deren Existenz wir schon gar nicht mehr richtig geglaubt haben, ist ein Ereignis – eine Seite-Eins-Lady und tatsächlich schwanger, wie man unter dem auch sonst überaus gut gefüllten Sommerkleid sehen kann. »Brägelchen« säuselt sie, »wir gehen jetzt.« Madre mio – wir wären alle gern mit, aber das ist eine andere Geschichte. Zunächst müssen wir klären, wie um Himmels willen er das geschafft hat. Sollten wir tatsächlich über all die Jahre Brägel verkannt haben ...?

Kann eigentlich nicht sein, oder?

DER STAMMHALTER

ES IST SOWEIT: BRÄGEL IST VATER GEWORDEN – UND HAT, WIE ERWARTET, GEWISSE ANPASSUNGSPROBLEME

2001 bis 2004

Es war alles perfekt vorbereitet. Die Räder geputzt, die Waden zum letzten Mal 2001 rasiert und geölt, die letzten Kreatin-Beutelchen geschluckt. Finale furioso, Abschieds-RTF vor der Winterpause. Wir warten am Clubheim, aber Brägel kommt nicht. Kein zitronengelber Japaner weit und breit. Mal wieder typisch für den Lapp, wochenlang schwallt er davon, wie er uns vor der Pause noch mal richtig abledern will, aber dann kneift er. Aber was soll man auch schon groß von einem erwarten, der sich jetzt sogar die sündhaft teuren Hyperon-Räder von Campa bestellt hat, obwohl er in diesem Jahr nur 2.625 Kilometer auf seinem Tacho hat? Eben. Ausnahmsweise hat Brägel aber mal eine plausible Entschuldigung für sein Fehlen.

Das Unglaubliche ist tatsächlich passiert: Brägel ist just an diesem Tag Vater geworden – obwohl sich bis heute noch niemand vorstellen kann, wie es das gemacht hat. Natürlich ein Junge: Er heißt Jan Miguel Maurice Brägel. Maurice übrigens nicht nach Maurice Garin, dem Toursieger von 1903, sondern weil Viola wenigstens einen der Vornamen bestimmen wollte.

Nach der Geburt ist Brägel zwei Wochen völlig abgetaucht. Natürlich sind wir alle sauer, weil er noch keinen ausgegeben hat. Zudem fahndet der Radhändler nach ihm, weil kein Mensch außer Brägel die teuren Laufräder haben will. Als er nach zwei Wochen doch wieder

auftaucht, sieht er schlecht aus. Blass, ein wenig teigig um die Hüfte und mit einer Sporttasche in der hand. »Kann ich ein paar Tage bei dir wohnen?«, fragt er. »Wir haben Stress.«

Das Drama fing schon am Morgen der Geburt an. Brägel packte gerade seinen Krempel für die RTF, als die Wehen einsetzten. Erst wollte Brägel gar nicht mir in die Klinik. Schließlich gelang es seiner wimmernden Freundin doch noch, ihn zu überzeugen. Die Radklamotten ließ Brägel aber an, für den Fall einer schnellen Geburt.

Im Kreißsaal machte er sich sofort unbeliebt, weil er der Hebamme und dem Arzt unentwegt seine Abenteuer vom Mont Ventoux erzählte und seiner Viola seelenlose Ratschläge erteilte: »Mach's wie ich in Alpe d'Huez; immer feste drücken, rhythmisch atmen, weiterdrücken.«

Die Hebamme wollte ihn aus dem Saal werfen lassen, aber Brägel hat die Geburt dann doch noch live miterlebt, weil es tatsächlich schnell ging. Brägel junior ist ein ganz normales Kind; wir fürchten nur, dass das nicht lange so bleibt. Zu Hause ging der Stress weiter. Brägel hatte das Kinderbettchen im mittlerweile blau gestrichenen Radkeller aufgestellt, damit Jan Miguel (Brägel sagt nie Maurice) sofort die Atmosphäre und Faszination des Rasports spüren kann. Peter Graf habe das mit seiner Steffi auch so gemacht, sagt er. Peter Graf hat seine Tochter gewiss schon früh dragsaliert; es ist aber nicht überliefert, dass Steffilein als Säugling in einer Tennishalle schlafen musste. Viola gelang es natürlich, ihr Kind im Schlafzimmer unterzubringen, was Brägel überhaupt nicht lustig fand. Zudem weigerte er sich hartnäckig, nachts bei dem Kleinen die Windeln zu wechseln. Er sei ausschließlich fürs Training zuständig, erklärte er seiner Viola, die sich daraufhin die Telefonnummer vom Frauenhaus aufgeschrieben hat.

Richtig eklig wurde dann der Kampf um die Verteilung der Ressourcen. Brägel wollte überhaupt nicht einsehen, dass ein Säugling Geld kostet. Statt Windeln schlug er vor, das Baby nackt auf eine alte Plastikplane zu legen, mit der er früher im Winter sein Motorrad abgedeckt hat. Die könnte man bei Bedarf mit dem Schlauch abspritzen. Statt Babycreme stellte er einen Topf Radfett ins Bad, Strampelanzüge sollte Viola aus seinem alten Zeitfahr-Einteiler von Banesto schneidern. Was er anstatt Babyfläschchen vorgesehen hat, kann man sich denken. Spätestens dann würde es aber gefährlich fürs Kind, weil die Rückstände aus Brägels Bidons selbst gesunde Erwachsene umbringen können. Ganz zu schweigen von der Tatsache, dass Brägel vor einiger Zeit mit Eigenurin-Doping experimentiert hat.

Viola hätte die Spinnereien wohl trotz allem ausgehalten, wäre da nicht der Anruf des Radhändlers gekommen, der seine Laufräder bezahlt haben wollte. »Sagen Sie Brägel, er soll vier Riesen mitbringen«, bellte er Viola ins Ohr, die daraufhin die Restfassung verlor. Billigstbrei bei Aldi kaufen, aber 4.000 Mark für Laufräder ausgeben – Brägel flog raus.

Da sitzt er nun. Dass er sich auch noch die neue 3x10 von Campa bestellt hat, weiß Viola noch nicht mal. Sportlich gesehen ist die neue Gruppe zwar verständlich, zumindest das dritte Kettenblatt vorn wird ihm gut tun; aber jetzt muss ihm erst einnmal anders geholfen werden. Wir erklären Brägel, dass sein Sohn durchaus Anspruch auf moderne Windeln und ordentliche Ernährung hat und das moderne Männer nachts nicht nur zum Pinkeln aufstehen. »Ich bin kein moderner Mann«, stöhnt Brägel, was nun auch wider stimmt. Dann bringen wir ihm bei, dass er mit keiner technischen Neuerung auf der Welt jemals Clubmeister wird und entwickeln eine Deeskalationsstrategie. Er soll einen Strauß Blumen kaufen, eine supertolle Babyrassel und die teuersten Windeln – und dann seiner Viola ewige Liebe schwören. Zuvor soll er dem Radhändler klar machen, dass der die Laufräder zum Großhändler zurückgeben soll, weil sonst niemand mehr vom Club bei ihm kaufen würde.

Mal schauen, ob es funktioniert. Bei Brägel muss man aber Angst haben, dass er mit dem Blumenstrauß den Radhändler um Verzeihung anfleht und seine Viola nachher fragt, ob man das Kind nicht beim Großhändler zurückgeben kann. Wir können nur hoffen, dass es nicht so kommt.

VORSORGLICH FÜRSORGLICH

EIGENTLICH IST ES JA GANZ SCHÖN, EIN WENIG UMSORGT ZU WERDEN. WENN ALLERDINGS BRÄGEL SEINEN GANZEN EHRGEIZ DARAUF VERWENDET, IST MAN VIELLEICHT GERADE BESSER NICHT IN DER NÄHE …

2003

Kein Zweifel, Sport ist gesund – und er soll auch gut sein für Paare. Soziologen referieren gern über sinnstiftende Elemente gemeinsamer Sportausübung für Partnerschaften. Was die Gelehrten dabei gern vergessen, ist die schlichte Tatsache, dass Paare in aller Regel aus einem Mann und einer Frau bestehen, und wenn der Mann dann auch noch Brägel heißt, wird's schwierig. Weil, und auch das ist eine Tatsache, Männer immer alles besser wissen, und Frauen eine genetische Beratungsresistenz in sich tragen.

So gesehen ist die Katastrophe programmiert, als Brägels bessere Hälfte Viola trotz Schwangerschaft in diesem Sommer doch wieder aufs Rennrad will. Das Ziel ist klar: Sie möchte sich nicht mehr als acht Kilo zusätzliches Gewicht bis zur Niederkunft gestatten. Brägel ist natürlich begeistert. Endlich fährt mal jemand mit ihm, den er nicht gleich am ersten Hügel aus den Augen verliert. Und da sich der Lapp für einen fürsorglichen Ehemann hält, tut er alles, um seiner Frau den Sport so angenehm, sicher und erfolgreich zu gestalten wie möglich. Was dann so aussieht: Sonntagmorgen, kurz nach acht. Brägel ist schon ganz hippelig. 40 Kilometer mit Viola – das erfordert ein richtiges Frühstück. Brägel kreiert ein Grünkern-Dinkel-Basmati-Müsli

mit frischen Waldbeeren und einen unsäglichen Tee (Blutorange plus Eisenkraut plus Zitronenmelisse). Hinterher sieht die Küche aus wie nach einer Teenagerparty, und Viola ist stinkig, weil sie ohne Kaffee nicht in die Gänge kommt. »Kaffee«, nölt Brägel, »entzieht dem Körper Flüssigkeit. Willst du unser Kind im Mutterleib verdursten lassen?« Viola antwortet nicht und startet die Kaffeemaschine.

Brägel mault noch ein bisschen, trollt sich dann aber in den Keller, um die Räder vorzubereiten. Für Viola hat er sich beim Händler ein Geschoss mit Schwingsattel, Federgabel und Dreifach-Kettenblatt ausgeliehen. Den Sattel hat er so weit wie möglich nach vorn gestellt, damit die Gattin »nicht in das Kind hineintritt«, wie er sagt. Dann füllt er ein seltsames Gebräu aus dem Reformhaus (Krafttrunk mit schottischen Hochmoor-Kräutern, sieben Euro der Liter) in Violas Flasche und wartet auf seine Gattin. Die kommt aber erst nach einer Stunde, nachdem sie die Küche geputzt hat. »Sonst hätten wir heute Mittag Ratten im Haus«, sagt sie. Viola wirft einen Blick auf das Schwingsattel-Monster und nimmt ihr normales Rad vom Haken.

»Ich will radeln, nicht ins Museum of Modern Art«, sagt sie. »Denk an die Gesundheit des Kindes«, jault Brägel. »Ich bin schwanger, nicht krank, und jetzt lass' uns fahren«, antwortet die Gattin.

Brägel nörgelt, fährt aber los. Generös greift er den Lenker oben und bietet gewaltigen Windschatten an. Aber egal, wie schnell oder langsam er fährt, Viola lässt 30 Meter Abstand. »Häng' dich doch endlich rein!«, brüllt Brägel nach hinten. Viola schüttelt nur den Kopf. »Wie dein Hintern aussieht, weiß ich, ich möchte was von der Landschaft sehen.« Brägel stöhnt. »Wir fahren Rennrad, das ist doch keine Wanderung.« Viola kann ihn aber nicht hören. Sie hat angehalten und kippt nach einem Probeschluck den Inhalt ihrer Trinkflasche in den Gully. »Willst du mich umbringen?!«, bellt sie den Gatten an, der leicht genervt zurückgeradelt ist. Brägel schweigt und füllt fürsorglich die Hälfte seiner Wasserflasche in Violas Bidon. Weiter geht's.

Brägel versucht nun ein gleichmäßiges Tempo zu fahren, um »die Grundlagenausdauer bei mittlerer Pulsfrequenz zu schulen«, wie er sagt, »das erleichtert auch die Geburt«. Viola ist das wurscht. Mal fährt sie weit hinter ihm, mal rollt sie einfach vorbei, Brägel kriegt Pickel, beißt sich aber auf die Lippe. Und dann hält sie auch noch an einem Stand für Trockenblumen, fragt, ob man die Blumen auch morgen noch kaufen könne. »Sapperlot, so kommen wir nie ins Flow«, grantelt Brägel.

Schweigend rollen sie weiter, Brägel auf der Suche nach einem Rhythmus, Viola wie sie mag. Der arme Kerl wird ganz nervös. Da weiß er nun so viel von peripherer Durchblutung, von Wohltaten für den Herzmuskel, und das Weib MACHT EINFACH, WAS SIE WILL. Noch ein Versuch: »Höhere Frequenz, kleiner Gang, bitte«, bettelt Brägel. Violas Antwort: »Such dir doch so 'ne junge Sportschlampe, wenn es mit mir nicht recht ist.« Brägel verschluckt eine passende Replik (»Und du dir einen Wanderführer«), und so geht es 18 Kilometer beinahe friedlich weiter.

Es gibt nur ein Problem: Brägel hat sich einen Schnitt vorgenommen, der nicht unter 20 sein darf – da sind wiederum Männer genetisch belastet. Kurz vor der Heimkehr zeigt der Computer 20,2. Könnte reichen, aber da ist noch diese Welle, 15 Höhenmeter vielleicht. »Pass auf, Schatzi«, flötet Brägel, »da drücken wir jetzt drüber, großes Blatt, volle Lotte.« Aus irgendeinem nicht nachvollziehbaren Grund folgt Viola der Ansage ihres Gatten, der Schnitt bleibt am Scheitelpunkt über 20. Brägel ist glücklich, tritt fünfmal kräftig in die Pedale, um in der Abfahrt noch ein bisschen zu beschleunigen. Nur zur Sicherheit, wegen des Schnitts. Viola lässt es rollen. »Treten«, brüllt Brägel, »verdammt, tritt endlich rein!« Viola rollt trotzdem, hartnäckig. Brägel bremst, wartet, dann geht es mit ungesundem Zorn im Bauch Richtung heimischer Garage. Ein Rentner-Paar auf Dreigangrädern stampft vorbei. Brägel leidet stumm. 19,9 zeigt der Schnittrechner am Ziel. »Du verstehst das Rennradfahren nicht«, sagt er zu seiner Frau. Die bleibt stumm, und der Rest des Sonntags ist irgendwie eisig. Trotz Hochsommer.

Übrigens: Bis zur Geburt radeln die beiden getrennt, und Brägel will einen offenen Brief an alle deutschen Familiensoziologen schreiben.

BRÄGEL ALLEIN ZU HAUS

WIE DER NACHBAR DIE IRRUNGEN UND WIRRUNGEN DES ALLTAGS ENTDECKT …

2006

Das Unheil ist für alle gut sichtbar. Brägel kommt zur Samstagsrunde und guckt unglücklich aus einem viel zu kleinen T-Mobile-Trikot, das ihn bauchfrei präsentiert, obwohl das ein relativ unästhetischer Anblick ist. Bevor wir Hohngesänge anstimmen können, klärt er uns auf – seine Frau Viola ist mit den Kindern für drei Wochen in Tante Hedwigs Ferienhaus in die Toskana gefahren. Ohne ihn, weil er unseren gemeinsamen Ausflug nach L'Alpe d'Huez in ein paar Tagen nicht versäumen will, und weil er Tante Hedwig, deren Haus und ihre toskanischen Freunde leiden kann wie Bauchschmerzen. »Aber warum kaufst du dir deshalb Puppenkleider?«, fragt der alte Hans. »Idiot«, zischt Brägel, »ich hab' gewaschen, und dann sah das so aus.« Wir erkundigen uns nach der Waschtemperatur und ernten Stirnrunzeln. »Wie, Temperatur? Ich hab' das Zeug rein in die Trommel, Waschpulver hinterher, Türe zu und los.« Wir erklären ihm, dass Waschmaschinen ein Temperaturrad haben, das Waschpulver in ein separates Fach kommt und die Wäsche nach Farbe und Temperatur getrennt behandelt wird. Aber davon scheint er keine Ahnung zu haben, wie ein Blick auf seine Socken beweist, die wohl mal weiß waren und jetzt in einem schmutzigen Magenta schimmern.

Keine Frage, dem Mann drohen harte Wochen bis zur Abfahrt in die Alpen, zumal er heute Vormittag schon 50 Euro Strafe im Supermarkt zahlen musste. Brägel erklärt, dass er seinen Einkaufswagen

mittels Seitenschneider von der Kette getrennt hätte, den Ein-Euro-Schlitz habe er erst später bemerkt. Eigentlich gute Aussichten für uns. Wenn er so weitermacht, sitzt er entweder in zwei Tagen im Bau oder vergiftet sich selbst, weil er den Abflussreiniger mit Knuspermüsli verwechselt. Aber da wir grundsätzlich gute Menschen sind, werden wir ihm natürlich helfen. Jetzt aber erst mal Training, wobei uns nach 30 Kilometern auffällt, dass Brägel selbst für seine Verhältnisse relativ teigig fährt und von ganz üblen Blähungen geplagt wird. »Sag mal Alter, was isst du eigentlich den ganzen Tag?«, fragt der alte Hans. »Morgens gar nix, mittags Curry spezial mit Pommes an der Bude, und abends mache ich mir Miracoli.« Wahrscheinlich steckt er dazu die gesamte Packung in die Mikrowelle. »Quatsch«, tönt er, »die Nudeln werden gekocht, und das Tomatenmark verrühre ich eins zu eins mit Öl zu Soße.« »Eins zu eins mit Wasser, du Lapp«, sage ich, »und dann noch ein Schuss Öl oder Butter dazu. Hast du den Käse etwa auch in die Soße gekippt?« Brägel nickt.

Im Prinzip gönnen wir ihm ja jedes Unheil, aber hier droht Gefahr für Leib und Leben. Brägel bekommt zwei Handynummern als Hotline für alle Fragen, die Männer allein zu Hause bewegen könnten. »Ruf einfach den Präsidenten an oder mich, wir helfen gerne«, sage ich zum Abschied, »und schmier' dir bitte kein Campa-Fett aufs Brot, ja?!« Brägel nickt wieder. Keine vier Stunden später klingelt mein Handy. Brägel ist im Supermarkt und will noch eine Vorratspackung Miracoli, saure Gurken, Dosenwurst und Flaschenbier kaufen. »Hier läuft eine Verschwörung«, zischt er, »die Frauen kriechen fast alle im Kühlregal herum und aus den Lautsprechern kommt dauernd ›Die 12 bitte an 35, die 12 bitte an 35‹ – hier stimmt was nicht.« Ich erkläre ihm, dass die Frauen deshalb tief in die Regale eintauchen, weil hinten die frische Ware steht; und dass die Durchsage eine Verkäuferin oder Kassiererin betrifft, die zum Chef kommen soll. Brägel stöhnt. Ich empfehle ihm, auch was Gesundes zu kaufen und lege auf. Ein Fehler. Ein paar Stunden später ist er wieder dran. »Ich habe mir einen gesunden Salat gemacht, wie du gesagt hast, aber jetzt brennt mein Hals wie Feuer«, krächzt er. Es stellt sich heraus, dass Brägel Essigreiniger über das Grünfutter gekippt hat. »Bist du wahnsinnig, Essigreiniger ist für das Bad!« Brägel fragt, ob er den Salat im Bad essen solle. Ich ignoriere seine Einfalt, empfehle ihm, Milch zu trinken und sofort zum Arzt zu gehen. Danach hören wir drei Tage nichts.

Am vierten Tag kommt er gut gelaunt zum Training. Er trägt ein neues Trikot und sein Rad strahlt blitzblank. Brägel erklärt, dass Essigreiniger weder für Salatsoßen noch zur Badreinigung zu gebrauchen sei. Im Salat schmecke er streng, und im Bad wirke das Zeug kaum. »Ich habe aber ein super Mittel entdeckt, Baff oder Biff oder so«, sagt er und berichtet, dass er das Dreifache der empfohlenen Menge in die Dusche gesprüht habe, die jetzt strahle wie ein Spiegel. »Und mit dem Rest habe ich das Rad eingesprüht«, tönt er. Wirklich verblüffend, Brägels Velo glänzt wie eine Speckschwarte. Allerdings lösen sich das Lenkerband und die Zughüllen auf. »Biffbaff ist der Hammer«, schwärmt Brägel. »Das ist brachiale Chemie«, kontert der Präsident, »ein Spritzer und zehn Millionen Liter Grundwasser sind auf hundert Jahre im Eimer.« Brägel kümmert derart grämliche Ökohuberei nicht, zumal Biffbaff auch stark blondierende Wirkung auf sein Haupthaar hat, seit er es als Shampoo benutzt. »Ein Mittel für alles«, schwärmt er, »nur trinken sollte man es besser nicht.«

Wenigstens das hat er gelernt. Überhaupt, Brägel wirkt recht zufrieden. Der Lapp hat nämlich festgestellt, dass er als hilfloser Mann auf Frauen wirkt. »Müsst ihr auch probieren«, sagt er. Was probieren? »Na, du gehst in einen großen Feinkostladen mit Selbstbedienung, stellst dich dumm (was heißt hier stellen?) und fragst eine Frau: ›Entschuldigung, ich lebe allein in einem großen Haus und würde heute Abend gern ein wenig Edelfisch mit einer Flasche Schampus zu mir nehmen. Was muss ich für einen Champagner kaufen, und wie bereitet man Doraden zu?‹« Brägel macht eine Kunstpause. »Und?«, bellt der alte Hans. »Ganz einfach, heute Abend kocht Alina, und wenn es gut läuft bügelt sie auch noch meine Hemden«, doziert Brägel. »Und dann?«, lechzt der Präsident. »Nichts dann«, sagt Brägel, »der Hund ist ja auch noch da, und der petzt.« Ich bekomme einen Schreck. »Dertutnix ist bei dir? Was kriegt er denn zu fressen?«, frage ich besorgt. »Döner, Big Mac und ab und zu eine Karotte, warum?«, antwortet Brägel.

Höchste Zeit, dass Viola mit den Kindern wieder kommt. Höchste Zeit.

PA34SY678GPZ – LIEBE IM NETZ

STROHWITWER BRÄGEL STREUNT DURCHS INTERNET. DAS HAT FOLGEN!

2008 bis 2012

Die Welt ist so einfach geworden. Bevor der moderne Mensch sein Gehirn einschaltet, fährt er lieber den Computer hoch und startet eine Suchmaschine (wir sagen jetzt nicht, welche). Die erklärt einem dann beispielsweise den Unterschied zwischen Biomilch und Magerquark, ob 1493 Rudolf der Große einen Vorläufer des Kondoms aus gekochtem Schafsdarm erfunden hat (hat er nicht), oder ob ein leichtes Ziehen im Oberbauch ein erstes Anzeichen für baldiges Siechtum ist (möglicherweise). Natürlich wird auch das Fahrrad verbal seziert. Und da kommt Brägel ins Spiel. Der surft zurzeit stundenlang im kostenlosen Service einer Single-Börse, weil seine Gattin zu einer Frauen-Wanderreise nach Ägypten aufgebrochen ist und er »nur mal gucken« wollte, was da so geht. Und da blieb es nicht aus, dass sich der Lapp in den Weiten der virtuellen Welt auch mal bei Google (ups, jetzt haben wir es doch gesagt) verirrt hat und das Wort Fahrradfahren eingab. Leider.

Beim nächsten Stammtisch gibt er Folgendes zum Besten: »Jungs, wisst ihr, dass das Fahrrad den Boden an zwei Stellen berührt – den Aufstandsflächen der Reifen?« Alle Wetter, da wären wir nie drauf gekommen. »Wo hast du denn die revolutionäre Erkenntnis her?«, ätzt der Präsident, »außerdem sind es bei dir vier Stellen, du hast die Stützräder vergessen.« Wir lachen ein bisschen, aber Brägel sagt nur »Wikipedia« und strahlt. »Vickys Baby ist da?«, nölt der alte Hans.

»Wer ist Vicky?« Wir hören aber nicht so genau zu, weil Brägel schon ansetzt und uns erklärt, dass sich das Rad in einem »labilen Gleichgewicht« befände. »Trotzdem ist das Fahrradfahren auch einem Menschen möglich, der nur eine durchschnittliche Fähigkeit hat, sich beziehungsweise das System, dessen Teil er ist, auszubalancieren«, zitiert Brägel das Netz und strahlt. Ich denke, dass nach dieser Definition Brägel nach dem dritten Hefe hell eher nicht mehr nach Hause radeln sollte, sage aber nichts, weil der Lapp uns klar macht, dass wir unseren Sport künftig ein wenig analytischer angehen sollten. Himmel hilf.

»Habt ihr euch überhaupt schon mal Gedanken über das Kurvenfahren gemacht?«, fragt er. Haben wir, besonders wenn Brägel mitfährt, weil man dann immer aufpassen muss, dass er einen nicht ummäht. Aber das will er nicht hören. In Worten, die kaum einer versteht, erklärt er: Um nach rechts zu fahren, muss man den Lenker erst ganz leicht nach links drehen, damit das Rad auf die gewünschte Seite kippt. Ich bezweifle zwar, dass ich so fahre, aber wenn es im Netz steht, dann wird es schon so sein. Aber eigentlich ist das auch völlig egal. Die Erkenntnis, dass vor engen Kurven und auf schmierigen, schotterigen oder glatten Bodenbelägen ein Abbremsen notwendig ist, weil die Reibung sonst nicht ausreicht, eine der Fliehkraft betragsgleiche Zentripetalkraft aufzubringen, haut einen auch nicht um. Auf Deutsch heißt das nämlich einfach: Achtung, Rutschgefahr!

Wir hoffen auf baldige Rückkehr von Gattin Viola, aber bis dahin müssen wir Brägels neue Netzgläubigkeit hinnehmen. Der Kerl kauft sich mittlerweile nicht mal mehr Steaksoße, ohne vorher stundenlang Vergleichstests gelesen zu haben. Dank seiner Surferei wissen wir nun auch, dass man aus normalem Feinwaschmittel Sprengstoff herstellen kann, und dass es ein kleines Wunder ist, dass wir jeden Morgen überhaupt lebend aus dem Bett kommen, da wir ständig von unglaublichen Krankheiten mit unaussprechlichen Namen bedroht sind. Brägels neuestes Hobby ist nämlich, seinen baldigen Abgang von diesem Planeten zu prophezeien. Neulich hat er bei Google (oh,

schon wieder) »leichte Blähungen« eingegeben und ist sich jetzt sicher, Darmkrebs im Endstadium zu haben. Ganz sicher. Dummerweise können wir ihm nicht das Gegenteil beweisen. Also müssen wir auch seine jüngste Marotte aushalten, zwölfmal am Tag die Wetterprognose anzuklicken und mindestens ebenso oft die Börsenkurse, obwohl er gar keine Aktien mehr hat. Und zu allem Überfluss diskutiert er jetzt auch noch in allerlei Foren zum Beispiel über das Für und Wider von Steckschutzblechen, wobei er uns dann immer Kopien mailt, die in einer fürchterlichen Sprache verfasst sind und abscheuliche Wörter wie »achselzuck« »grins« oder »würg« enthalten.

Es wird wirklich Zeit, dass Brägels Frau aus dem Urlaub kommt. Zumal er sich mit PA34SY678GPZ in seiner Single-Börse angefreundet hat. PA34SY678GPZ findet Brägel »süß«, was wohl der endgültige Beweis dafür ist, dass im Internet einiges schiefläuft. Irgendwann will er sich aber mit PA34SY678GPZ treffen. »Dann fahren wir eine Runde Fietse«, sagt Brägel am Stammtisch. Wir schweigen. Er erklärt: »Fietse sind im Plattdeutschen lokale Bezeichnungen für Fahrräder, in Münster in Westfalen heißen sie Leeze.« Diese Weisheit hat er natürlich auch von Vickys Baby, und wir haben langsam genug. Aber es gibt Hoffung: Unter »Hefe hell« gibt es keinen salbungsvollen Quatsch im Netz. Wenigstens das. Grins.

GENERATIONSKONFLIKT

BRÄGELS KINDER KOMMEN IN EIN ALTER, IN DEM SIE IHN NICHT MEHR SO TOLL FINDEN. DER RADCLUB WIRD ZUR SELBSTHILFEGRUPPE

2008 bis 2012

Es ist so weit: Brägel ist dem eigenen Nachwuchs nur noch peinlich. Jan-Miguel, dem langsam Bartflaum wächst, und die kleine Louise haben neulich gefragt, ob er nicht langsam damit aufhören könne, in grellbunten Klamotten und mit rasierten Beinen Rad zu fahren. Sport sei was für Jüngere und speziell sein Sport sowieso total bescheuert. Auf jeden Fall uncool. Wenn er es aber partout nicht lassen könne – »dann fahr' wenigstens nicht an der Schule vorbei, sonst erkennt dich einer, und das wäre superpeinlich für mich«, sagt Jan-Miguel. »Und überhaupt. Mach doch mal was Altersspezifisches.«

Jetzt schaut Brägel am Stammtisch bedröppelt in sein Hefe hell und beklagt den Verfall der Werte. Das waren halt noch Zeiten, als man stolz war auf die Schienbeinnarbe vom Hinterhofkick und als der Knochenhöcker vom Schlüsselbeinbruch im Freibad von den Mädels als Heldenmal angesehen wurde. »Mein Gott», jault Brägel, »wir waren alle als junge Kerle im Sportverein, hatten blau-rote Ballonseiden-Trainingsanzüge, Wettkämpfe am Wochenende, Adidas Rom an den Füßen, und unser aller Motto war: ›Lieber tot als Zweiter.‹« Und er jammert weiter: »Heute lesen die Kids die Apotheken-Umschau und wollen eine Schönheits-OP zum Abi.« Und man könne ihnen auch tatsächlich schon Fett absaugen. Die meisten Jungen, so Brägel, strenge doch schon Wii an, sie gehen bei bestem Wetter zum Walken aufs Laufband oder wollen Golf spielen – wenn überhaupt. Ausnahms-

weise sind wir alle gesammelt bei ihm – gerade waren wir noch die Jugend, jetzt schimpfen wir auf sie. »Ist doch wahr«, jault Brägel, »ich muss Jan-Miguel mit Taschengeldentzug regelrecht zwingen, sich aufs Rad zu setzen.« Nach 20 Kilometern habe er dann keinen Bock mehr oder er müsse dringend heim, eine Krawallshow im Fernsehen anschauen, bei der sich prollige Menschen anschreien – nur, weil sie ihre Frauen getauscht oder zusammen gekocht haben. »Wo kann man Frauen tauschen?«, fragt der alte Hans, aber wir antworten nicht, schließlich hat er keine.

Brägel hat Jan-Miguel kürzlich zu einer RTF angemeldet. Dessen Antwort: »Da machst du ja auch mit, das ist peinlich. Außerdem macht so etwas keiner, den ich kenne.« Auch der Präsident leidet den Generationenfrust. Seine Kinder würden die Natur nur noch vom PC kennen, könnten nur in Facebook-Lyrik sprechen (Kommste heute zu mich, grins) und suchten überall nach dem Aufzug, weil sie vom

Treppensteigen kurzatmig werden. Nebenbei leiden sie nach mehreren Tonnen Schokoriegeln an chronischer Verstopfung und haben bereits einen Rundrücken vom Computer. »Und jeden Morgen die Diskussion: Bus oder Fahrrad«, schluchzt der Präsi, »dabei sind es gerade mal 600 Meter bis zur Schule, und das Rad hat 24 Gänge. Wir wären damals froh gewesen, wenn es zur Dreigangschaltung gereicht hätte.« Wir bestellen noch Hefe hell und sinnen auf Abhilfe. Man könnte die Brut zur Abhärtung in ein amerikanisches Drill-Camp schicken, aber das ist zu teuer.

Wir könnten anfangen Golf zu spielen, aber wer will das schon. »Wie wäre es, wenn ihr euren Nachwuchs mal verkloppt?«, fragt der alte Hans, aber da hört wieder keiner zu. Brägel hat schließlich eine Idee, die tatsächlich funktioniert. Der Lapp kauft sich Kniebundhose, Wollsocken, kariertes Hemd und Hut. Dazu noch einen Wanderstock mit Stocknägeln. So läuft er durch den Ort – Jan-Miguel ist entsetzt. »Wenn dich einer so sieht, bin ich tot«, jammert er. »Wieso«, kontert Brägel, »das ist doch altersspezifisch. Nächstes Wochenende fahren wir dann mit dem Zug nach Stuttgart und wutbürgern ein wenig gegen den Bahnhof – das ist ja auch ein Sport für Alte, sagt man.« Jan-Miguel ist daraufhin sofort eingeknickt, Louise auch. Brägel darf wieder sein Kelme-Trikot anziehen und radeln gehen. Nur halt nicht an der Schule vorbei, wenn es sich irgendwie machen lässt. Er hat's versprochen.

MIT DRIVE

BRÄGELS NEUER ZEITVERTREIB MACHT IHN UND GATTIN VIOLA GEMEINSAM GLÜCKLICH – UND DEN RADCLUB RATLOS …

2008 bis 2012

Brägel hat Stress zu Hause, was, wie er sagt, nur am Wetter liegt. Auf Nachfragen wird er etwas präziser und erklärt, dass er jetzt im Frühsommer eben fast jeden Abend eine kleine Trainingsrunde drehe und danach noch die längst fälligen Wartungsarbeiten an seinem Velo-Park durchführe. Und Viola würde es stören, dass er sein spezielles Kettenfett immer im Wohnzimmer aufträgt. »Ich habe ihr erklärt, dass ich dazu einen staubfreien Raum brauche, das war doch ein Kompliment, oder?«, sülzt er. Viola sei trotzdem not amused gewesen. Deshalb fahre er jetzt noch ein wenig mehr, was die Stimmung nicht gerade verbessern würde.

»Hart bleiben«, rät der alte Hans, der gut reden hat, weil er seit kurz nach dem letzten Krieg allein lebt. Wir anderen kennen aber den Konflikt zwischen Kilometersammeln und häuslichem Frieden nur zu gut und raten Brägel zu ein wenig Rücksicht. Bis zum nächsten Stammtisch hat sich das Klima bei Brägels aber eher noch verschlechtert. Der Lapp hatte Viola einen Blumenstrauß mitgebracht, der selbst für ungeübte Augen als Supermarkt-Arrangement für Dreineunundneunzig zu erkennen war. Danach ging er noch länger auf die Piste. »Erst dachte ich, alles ist okay, zumal am nächsten Abend der Tisch feierlich gedeckt war. Als ich dann aber fragte, warum, wurde es eisig.« Dann schweigt er, und wir müssen ihm aus der Nase ziehen, dass er den Geburtstag von Jan-Miguel vergessen hatte. »Und? Wie hast du

reagiert?«, fragt der Präsident. »Ich habe dem Kleinen 20 Euro gegeben und bin eine Runde trainieren gegangen.«

Keine Frage, da besteht Handlungsbedarf. Gemeinsames Radfahren, so viel ist klar, wird nicht funktionieren. Beim letzten Versuch war Viola schon nach zwei Wochen schneller als Brägel, was diesen fast für ewig aus dem Sattel getrieben hätte. Kultur ist auch schwierig: Brägel würde ja höchstens mal eine Fahrradtechnik-Ausstellung besuchen. »Golf«, sagt plötzlich der Präsi, »mach doch mit deiner Frau einen Golfkurs.« Das war natürlich ein Witz. Aber einer mit Folgen.

Brägel sagt erst mal nichts, doch die Idee hat ihm gefallen, denn zum nächsten Stammtisch erscheint er mit einer graugelben Stoffhose, einem weißen Polo-Shirt mit Krokodil und weißen Schuhen mit lächerlichen Lederläppchen drauf. »Ich komme gerade von der Driving Range – echt geil«, sagt er. Der alte Hans schaut ein wenig doof und murmelt »Ich dachte, seine Frau heißt Viola«, wir anderen schweigen erst mal entsetzt. Nun ja, Brägel ist ein wenig blasiert, Kohle hat er genug und seit einiger Zeit wohl auch keinen Sex. Aber GOLF? Als Radfahrer? Wir beleidigen ihn ein wenig, aber er faselt nur etwas von einem gaaaaanz tollen Gefühl, wenn der Ball fliegt, und dass Viola schon beim ersten Training 120 Meter geschafft habe und er immerhin 80. Wow – vor ein paar Tagen hat er sich kaum an den Namen seiner Frau erinnert, und jetzt ist er stolz auf sie. Da Brägel danach aber wie immer zwei Hefe hell trinkt und sich erkundigt, ob wir zum Start der Tour de France nach Monaco fahren sollen, denken wir, das gibt sich schon wieder.

Von wegen. Brägel blüht förmlich auf, trägt immer seltsamere Klamotten, telefoniert sogar am Stammtisch mit »Golffreunden« (»Ja, der Driver aus Carbon, supersupi-Zug, echt. See you am Abschlag, tschüssi«), stellt sich in der Umkleide vor den Spiegel und zeigt uns imaginär den perfekten Golfschwung. »Offen stehen, Muskulatur versammeln, aber trotzdem locker bleiben.« Kurz: Er ist auf dem Weg zum Golfer. Und wie alle Golfer redet er ständig darüber. »Was machst du«, fragt er am Stammtisch, »wenn im Loch ein Frosch sitzt, und der Ball nicht ganz reingeht?« Wir vermuten: drauftreten, aber Brägel erklärt minutenlang ein kompliziertes Verfahren, das uns nicht interessiert, was er aber nicht merkt.

Am nächsten Wochenende schwänzt er die erste lange Ausfahrt der Saison, weil er Platzreifeprüfung hat. Dafür kommt er mit Viola am späten Nachmittag ins Clubhaus, um mit uns noch was zu trinken. Und bringt ein befreundetes Pärchen mit – er Immobilien, sie irgendwas mit Marketing. Die beklagen sich prompt über die Speisekarte und dass es keinen Blanc de Noir aus Südbaden gebe. Als dann Frau Marketing den alten Hans fragt, warum er sich in seinem Alter so einen Stress antue, und ob man beim Radeln nicht sehr transpirieren würde, ist klar, dass die sinnstiftende Idee für Brägels Familie für uns zumindest keine ist. Wenn das so weitergeht, kauft er Viola irgendwann noch so einen schwarzen 200-PS Villenviertelpanzer, mit dem zierliche Anwaltsgattinnen immer drei Parkplätze vor dem Bäcker blockieren.

Zwei Tage später kommt Brägel tatsächlich mal wieder zur Ausfahrt, redet aber unentwegt von seinem neuen Super-Putter und dass wir doch mal mitkommen sollten in seinen Club, der so ähnlich wie Domäne Oberruppertsweiher heißt. Wir erinnern uns, dass wir bei einer Radrunde einmal auf der Terrasse dieses Clubs etwas trinken wollten, aber wegen unpassender Kleidung abgewiesen wurden. Brägel muss wieder aufhören mit dem Quatsch, so viel ist sicher. Wundersamerweise fährt er nämlich auch noch besser Rad. Wie das gehen soll, mit ein bisschen spazierengehen und Stöckchen schwingen, wissen wir zwar nicht, aber es macht uns Sorgen. Große Sorgen.

WILLKOMMEN ZU HAUSE

BRÄGEL HAT EIN NEUES FAHRRAD – UND WEISS AUCH, ES STANDESGEMÄSS ZU BEGRÜSSEN

2014

Wenn Männer glänzende Augen bekommen, seltsame Dinge sagen, verträumt an Ventilen spielen und versonnen an prominenter Stelle im Bücherregal einen Platz für 400 Seiten Betriebsanleitung suchen, dann ist es da – das neue Rad. Brägel hat sich wieder einmal selbst für ein, aus seiner Sicht, wunderbares Jahr belohnt und sich einen nagelneuen Renner gekauft. Man gönnt sich ja sonst nichts. Gleichzeitig hat er der Familie erklärt, dass 19 °C Innentemperatur im Haus künftig reichen müssten, weil Öl viel zu teuer sei, um damit das Weltall zu heizen. Außerdem werde der weihnachtliche Skiurlaub um drei Tage gekürzt, da er keine Lust habe, das österreichische Staatsdefizit an der Liftkasse auszugleichen. Aber das ist ein anderes Thema.

Der Preis für Brägels neues Juwel beträgt »weniger, als ihr denkt« – mehr ist dem Lapp partout nicht zu entlocken. Aber gut, jetzt ist es da, edel glänzend, elegant und so leicht, dass Brägel, wenn er davon erzählt, versucht, auf den Zehenspitzen zu stehen wie eine Ballerina. Zum Glück kann er das nicht mal im Ansatz, denn das würde doch eher bescheuert aussehen. Trotzdem glühen wir vor Neid, und über allem thront wieder mal die Frage: Was darf so ein neues Rad eigentlich im Haushalt? Und was nicht?

Zu nicht fällt uns eigentlich nicht viel ein. Völlig logisch ist dagegen, dass ein neues Rad die erste Zeit nachts im Schlafzimmer stehen darf.

So ein Rad ist wie ein Welpe, der ja auch nicht im Keller oder in der Garage übernachten muss. Und Partner, die sich um die Sauberkeit des Parketts respektive Teppichbodens sorgen, besänftigt man, indem man entweder die Kette vorher durch einen Lappen zieht oder das Rad nebst Ständer auf einem Saunatuch drapiert. Man sollte dabei aber darauf achten, dass der Lappen zum Kettenputzen auch einer ist und nicht eine Business-Bluse oder so etwas Ähnliches. »Meine Frau hat einmal gesagt, entweder ist das Rad im Schlafzimmer oder ich«, berichtet der Präsident. Wir waren uns sehr schnell einig, dass man schon verdammt viel Glück haben muss, wenn einem die Gattin so eine Steilvorlage präsentiert. Und so eine Trennung auf Zeit tut schließlich jeder Beziehung gut.

Unstrittig ist auch, dass ein neues Rad Zeit braucht. Viel Zeit. Nein, nicht zum Fahren, schon gar nicht im Winter. Aber es muss natürlich zu Beginn angemessen betüttelt werden. Brägel hat für das neue (Grundfarbe: Klavierlackschwarz) jetzt mal vier Flaschenhalter (magenta, grün, quietschgelb, weiß) ausgesucht, die natürlich alle bei realem und bei Kunstlicht begutachtet werden wollen. Das dauert und mag wohlüberlegt sein. Nach vier Stunden und in etwa so vielen Hefe hell in Brägels Wohnzimmer hat sich das Grün knapp durchgesetzt, weil es mit dem ebenfalls grünen Kinnband an Brägels Helm so trefflich korrespondiert. Zur Abrundung muss nun aber auch noch das weiße Lenkerband gegen ein grünes getauscht werden. Dito die Seilzughüllen.

In den kommenden Tagen werden wir uns noch mal bei Brägel treffen, weil ja auch noch die Luftpumpe und das Satteltäschchen optisch zu bestimmen sind. Wobei über Pumpe und Täschchen für Reserveschläuche unterm Sattel erst einmal grundsätzlich diskutiert werden sollte. Wenn mich einer fragt: Das geht bei einer 6,5-Kilo-Mühle, die mutmaßlich einen knapp fünfstelligen Preis hatte, überhaupt nicht.

Das neue Velo muss natürlich auch noch fotografisch erfasst und in der Nachbarschaft gebührend eingeführt werden. Für die Fotos hat Brägel einen Profi gebucht und danach zum finanziellen Ausgleich

die Innentemperatur zu Hause von 19 auf 17 °C gesenkt. Natürlich wurden auch wieder die Nachbarn auf der Straße abgefangen und zu einem Spontanbesuch in Brägels Wohnzimmer genötigt. Dort thront das Velo bis zur Schlafenszeit auf einem Ständer direkt vor dem Fernseher, und eine sichtlich genervte Viola serviert Glühwein oder ein Glas Feldsalat-Landgurken-Limonade (grün!). Der Radclub empfindet das im Übrigen einstimmig als das ganz normale Willkommensprogramm für Neuräder. So muss es sein.

Sorgen bereitet Brägel jetzt aber die Frage: Wann soll die Jungfernfahrt sein? Eines ist klar: bei dem Wetter nicht mehr in diesem Jahr. Im kommenden März vielleicht, aber nur wenn es da einen richtig warmen und trockenen Frühlingstag gibt. Und bis dahin wird das Neue jeden Tag poliert. Im Schlafzimmer, wo sonst?

EHEGLÜCK AM SAMSTAG

BRÄGEL TRAINIERT SEIT JAHREN SAMSTAGS MIT DEM RADCLUB. SEINE FRAU HAT NUN ABER ANDERE PLÄNE FÜR IHN

2015

Das Jahr zählt 365 Tage, aber leider nur 104 Sams- oder Sonntage. Zieht man davon noch mal 35 ab, weil es an denen regnet, schneit, stürmt oder die Erbtante mit einem großen Blumenstrauß besucht werden muss, bleiben noch etwa 70 Tage, an denen ein noch im Arbeitsprozess stehender Mensch ungestört Rad fahren kann. Das ist normalerweise auch völlig ausreichend – zumindest für alleinstehende Menschen. Wer allerdings einen nichtradelnden Partner an seiner Seite hat, für den kann es eng werden. Zeit ist bekanntlich nicht vermehrbar, und wenn einer etwas anderes will als der andere – dann kann es schon mal knallen.

Brägel hat derzeit das Problem, dass seine Viola den Wochenmarkt für sich entdeckt hat. Sie findet es herrlich, samstags mit einem großen Korb Richtung City zu schlendern, biodramatische Kresse, handverlesene heimische Kartoffeln, Senfkörner aus einem unaussprechlichen Inselstaat, Solidaritäts-Ouzo vom griechischen Kulturclub oder Eier von garantiert glücklichen Hühnern zu kaufen. Danach geht sie gern noch etwas bummeln und kann sich dabei gefühlt stundenlang beim Kauf von zwei (oder doch vier?) Designer-Geschirrtüchern oder einer neuartigen Parmesanreibe in einem hippen Möbelhaus aufhalten. Violas Samstagsausflug endet schließlich mit einem Glas Rosé (gern auch zwei) und ein paar Oliven auf der Terrasse einer In-Kneipe. Das alles wäre ja wunderbar, nur besteht sie im Sinne einer erfüllten Ehe mittlerweile darauf, dass Brägel sie begleitet. Aber der hat jeden Samstag einen in Stein gemeißelten Termin. Punkt 14:00 Uhr beginnt die Ausfahrt mit dem Radclub vor dem Clubhaus, und davor müsste er eigentlich das Auto waschen, den Rasen mähen, die Nasenhaare trimmen und sich durch das Kilo Sonderangebotsprospekte arbeiten, das die Post am Samstagmorgen in den Briefkasten quetscht, wenn sie nicht streikt.

Brägel erklärt sich trotzdem dazu bereit, Viola zu begleiten. Dafür will sie im Gegenzug mit ihm im wöchentlichen Wechsel trainieren, was Brägel aber auch nur mittelprächtig erstrebenswert findet. »Also gut, ich organisiere mir den Vormittag neu, aber um Punkt 14:00 Uhr bin ich auf dem Rad«, sagt Brägel. Viola nickt – »das schaffen wir locker.« Am nächsten Samstag stellt Brägel den Wecker auf 06:00 Uhr, damit nur ja genug Zeit bleibt. Viola erklärt ihm, dass sie nie vor 09:00 Uhr losgeht, und so startet der Tag schon mit leichten Misstönen. Endlich auf dem Markt, versucht Brägel mit Atemübungen seine Nerven zu beruhigen, wenn sich Viola minutenlang den Unterschied zwischen Folien- und Tunnelspargel erklären lässt. Sein Blick fällt immer wieder auf die Uhr, was seine Gattin bemerkt und bei ihr den normalen Ehereflex auslöst – sie macht noch ein bisschen ruhiger. Beim Eiermann kommt es fast zum Eklat. Brägel fragt den älteren Herr, ob er bescheuert sei, weil er die Eier einzeln, liebevoll und sehr, sehr bedächtig in den von Viola mitgebrachten Karton einsortiert. »Brüten Sie die auch aus?«, nölt Brägel genervt, was Viola animiert, noch elend lange Minuten die ebenfalls angebotenen Eierbecher zu begutachten. Schließlich kauft sie sogar einen (!) und bezahlt ihn mit ihrem gesammelten Kleingeld, das der Eiermann sehr langsam zählt.

Kurz nach elf ist der Markt erledigt, Bummeln steht an, was Brägel nicht besonders prickelnd findet, weil er in seinem Radtrikot in der Abteilung Damenoberbekleidung doch ein echter Blickfang ist. Brägel hatte aber darauf bestanden, so das Haus zu verlassen, um später keine Zeit zu verlieren. Keine Probleme dagegen zum Abschluss in der In-Kneipe. Zwischen gegelten Nerds und Zopfträgern mit lila Latz-

hosen fällt der Lapp mit seinem papageienbunten Mapei-Trikot nicht besonders auf. Da es eine Stunde vor dem Training eh schon wurscht ist, bestellt sich Brägel ein Hefe hell. »Wir haben keinen Kuchen«, sagt die Bedienung. Brägel stöhnt, ordert wie seine Gattin einen Rosé, den er sonst nur bei Stehempfängen der städtischen Galerie trinkt. Auch zur Teilnahme an diesen Veranstaltungen wurde Brägel früher monatlich von Viola genötigt. Ebenso zum Tragen eines schwarzen

Rollkragenpullovers. Als er dann einmal bei einer Vernissage etwas zu laut meckerte, auch ein Affe könne rote, blaue und gelbe Punkte auf einen schwarzen Karton klecksen, wurde er von Viola von der Kultur befreit.

Brägel überlegt, wie er sich auch in der Kneipe disqualifizieren kann, lässt es dann aber bleiben. Um 13:15 Uhr entlässt ihn Viola. Brägel rennt nach Hause und kommt gerade noch rechtzeitig zur Abfahrt. »Wollen wir künftig nicht lieber sonntags fahren?«, fragt er. Wollen wir nicht.

GEMEINSAM EINSAM

AN BRÄGEL IST EIN PAARTHERAPEUT VERLOREN GEGANGEN – MEINT ER ZUMINDEST. WER SEINE TIPPS FÜRS GEMEINSAME RADELN BEFOLGT, TUT DAS JEDOCH AUF EIGENE GEFAHR

2012 bis 2018

Es ist wieder Urlaubszeit, das heißt, jetzt fahren auch wieder Menschen zusammen Rad, die dies sonst übers Jahr tunlichst vermeiden, schon um des lieben häuslichen Friedens willen. Denn eines ist klar: Beim Paarradeln sind derart viele Fallen eingebaut, dass so mancher Urlaubsabend danach mit eisigem Abstand und einsamen Lesen eines 1.400-Seiten-Romans endet und nicht harmonisch mit Vino, launiger Konversation, Händchenhalten und gemeinsamem Meerblick.

Brägel hat in vielen, vielen Jahren so ziemlich alles falsch gemacht, was man in puncto Urlaubsradeln falsch machen kann. Da er aber zum Glück ein für seine Verhältnisse erstaunlich präzises Gedächtnis hat, kann er dem Club eine Einführung in die vermeidbarsten Fehler geben. »Das fängt schon bei der Wahl des Ortes an«, erklärt er am Stammtisch. Was er meint? Frauen haben ein sogenanntes Ach-wie-schön-Gen, das bedeutet, sie bevorzugen Regionen, die Ausblicke ermöglichen. Das Problem: Hügelige Landschaften oder gar Steilküsten mögen optisch reizvoll sein, aktivieren durch ihre Topografie aber das männliche Kampfradel-Gen. Und das heißt, Männer wie Brägel versuchen auch im Urlaub an Anstiegen jeden anderen im Sattel final zu zersägen. Dabei wird auch gegen die eigene Gattin getreten, als sei sie der Lieblingsgegner bei der normalen Samstagsausfahrt im Club.

»Da kann man nix machen«, jault Brägel, »wenn es hochgeht, schaltet der Kopf ab.« Wenn er denn je angeschaltet war, möchte man meinen, aber gut. Oben wartet er dann mit dem Fotoapparat im Anschlag und einem gönnerhaften »Hepp, hepp, Mausi«, was bei »Mausi« Mordfantasien auslöst, zumal sie mit rotem Kopf und Helm nicht fotografiert werden will. Brägel weiß das seit Jahren, kümmert sich aber nie darum. Das Ganze schafft auch bei 32 °C eine eisige Atmosphäre, die Brägel aber noch toppt, wenn er bei der Pause hartleibig »Zwei Expresso« ordert, obwohl ihm Viola schon eine Million Mal erklärt hat, dass es »Due Espressi« heißt, also ohne x, mit i und mit due. Brägel sagt dann gern: »Wer zahlt, schafft an, gell!« Die Folge: Viola besorgt sich für abends einen zweiten Historienschinken.

Platte Urlaubsregionen sind auch nicht unbedingt beziehungsfreundlicher, da Brägel zwar in der Ebene durchaus auch mal einfach mit seiner Partnerin dahinrollen, sich in seiner heroischen Selbstaufgabe aber nicht entscheiden kann, wer denn nun am besten vorn fährt. Dafür kann er aber ausnahmsweise nix, denn beides ist potenziell konfliktfähig. Schickt er Viola mit den Worten »Fahr du einfach so schnell du möchtest, ich rolle hinterher«, an die Spitze, stellt er sie auch in den Wind, der in südlichen Ebenen im Sommer oft recht brachial pfeift. Spannt sich Brägel selbst an die Spitze, entsteht schnell eine ungute Melange. Sie stört sein ständiges »Passt das Tempo denn?«-Gesabbel, er verrenkt sich fast den Halswirbel, weil er sich dauernd umdrehen muss, weil sie einfach nicht mehr antworten will. Nebeneinander fahren ist auch keine Lösung, weil dies in etlichen großen Urlaubsregionen eher heikel ist. Italien, Frankreich und Spanien mögen große Radnationen sein, aber bis zu den Autofahrern hat sich das noch nicht so richtig rumgesprochen. Wer innen fährt, läuft also Gefahr, den Urlaub im Krankenhaus zu beenden. Wenn er Glück hat.

Als harmoniestörend im Urlaub hat sich bei Brägels auch herausgestellt, dass der Lapp eigentlich schon vor der Abfahrt die Radeltage, die Touren und die angestrebten Kilometer festgezurrt hat. Änderungen am Plan sind nur durch Erdbeben, Hagelschlag oder schwere

Knochenbrüche möglich. Viola versteht dagegen unter Urlaub etwas, bei dem man sich treiben lässt und ganz spontan entscheidet. Da Brägel allerdings die Spontaneität einer Baggerschaufel hat, kann er damit nichts anfangen. Im Gegenteil: Wird am dritten Tag nicht die 82er-Runde gefahren, kauft er sich ein dreibändiges Kompendium über seltene Gräser in der Provence und liest sich beleidigt darin fest.

»Aber, Männer«, sagt er am Ende am Stammtisch, »es gibt die Lösung. Wir fahren zwar zusammen in den Urlaub, aber da schon seit Jahren nicht mehr zusammen Rad, sonst wären wir schon lange getrennt.« Ganz schön vernünftig von Brägel. Wobei am Ende natürlich eine Überlegung bleibt – sozusagen als Ratschlag: Wenn getrenntes Radeln ehefördernd ist, lässt sich dann im Bedarfsfall durch gemeinsame Touren eine rasche Scheidung erreichen? Man weiß es nicht, aber Brägel sollte es besser nicht ausprobieren.

Bibliografische Information der Deutschen Nationalbibliothek
Die Deutsche Nationalbibliothek verzeichnet diese Publikation in der Deutschen Nationalbibliografie; detaillierte bibliografische Daten sind im Internet über http://dnb.dnb.de abrufbar.

3. Auflage
ISBN 978-3-667-12947-5
© Delius Klasing Verlag GmbH, Bielefeld

Lektorat: Stephanie Jaeschke
Illustrationen: Cornelia von Seidlein
Einbandgestaltung: Felix Kempf, www.fx68.de
Satz: Axel Gerber
Lithografie: Mohn Media, Gütersloh
Druck: BoD Books on Demand, Nordersteht
Printed in Germany 2024

Alle Rechte vorbehalten! Ohne ausdrückliche Erlaubnis des Verlages darf das Werk weder komplett noch teilweise reproduziert, übertragen oder kopiert werden, wie z. B. manuell oder mithilfe elektronischer und mechanischer Systeme inklusive Fotokopieren, Bandaufzeichnung und Datenspeicherung.

Delius Klasing Verlag GmbH, Siekerwall 21, D - 33602 Bielefeld
Tel.: 0521/559-0, Fax: 0521/559-115
E-Mail: info@delius-klasing.de
www.delius-klasing.de